江西古村落档案丛书

主编 王德保　副主编 黄志繁

禽山之望

高安贾家村档案

龚志强　江小蓉　编著

南昌大学文化资源与产业研究院丛书

岳麓書社·长沙

村落一角

村中巷道(1)

村中巷道(2)

村中水塘

村中古樟

窗花(1)

窗花(2)

窗花(3)

厚德堂撑拱

种德堂天井

明月轩天井

赤溪

玉塔

贾氏宗祠内景

谦让墙

民居门额

贾石旧居

武馆内景

大王庙远景

序

近日，南昌大学黄志繁教授告知，由王德保教授和他主编的“江西古村落档案丛书”（以下简称“丛书”）10 种编写告竣，将要出版，并殷殷以写序为嘱。我阅读了志繁发来的书稿，感触良多。这里就将自己的一些感想写出，作为序言，以应编者的雅意。

所谓古村落，指的是历史久远、内涵丰富的现存村庄聚落。学者或谓，传统村落包含了中华文化的 DNA，此语说出了古村落最重要的研究价值所在。在当下，古村落的调查研究，不仅有助于了解中国传统社会，也是推动解决“三农问题”、促进农村社会走向现代化所必需的。自 20 世纪 30 年代费孝通《江村调查》等名著开其端，此后尤其是改革开放以来，历史学、人类学、社会学、民族学等领域的相关研究早已成为显学，成果汗牛充栋。

江西作为中国封建社会后期经济、文化发达区域之一，出现了数量众多、规模较大、类型和内涵丰富的古村落。进入 21 世纪以来国家评选“历史名镇名村”和“中国传统村落”，江西均名列前茅，自非偶然。[①] 研究中国古村落，江西可说是一个理

① 据梁洪生《珍如珠宝的江西古村》（《江西日报》2014 年 5 月 28 日）介绍，迄该文发表，国家评选的历史名镇名村，全国共有 528 处，江西有 33 处，居第 6 位；中国传统村落，全国共有 1561 个，江西有 89 个，居第 5 位。

想的地域。当代江西地区的古村落研究成果显著，和这样一个有利条件密不可分。

我没有能力全面评价当代江西古村落研究的得失，但我愿意借此机会谈谈与此研究有关的三位人物，以及他们所做工作的意义和启示。

我要谈的第一位人物是毛泽东。

对江西传统村落的调查研究，其实开展得相当之早。民国时期，很多省份的有关调查都以政府机构或学者为主导，与之不同，江西最大的特点是以毛泽东为代表的中国共产党人做了重要的开创性工作。早在1920年，毛泽东就到萍乡县安源镇进行了一周左右的调查，此后他又多次来此考察，并领导了著名的安源路矿工人大罢工。1927年后，在创建井冈山根据地和赣南闽西苏区的过程中，毛泽东做了大量农村调查，如“宁冈调查”“永新调查”“寻乌调查”“兴国调查”“长冈乡调查”“东塘等处调查”“木口村调查”等。毛泽东搞调查是为了真切了解社情，正确指导革命进程，因而和同时代他人所做社会调查目的不同，和今人的古村落研究侧重点也不一致，但因其数量较多且方法独特，深入细致，“拼着精力把一个地方研究透彻”①，他的调查报告至今仍是研究民国前期江西地方社会和村落历史的宝贵资料。

因此，江西传统村落的调查研究，毛泽东实为开辟者。对当代江西古村落的研究者而言，毛泽东是不可忽略的，特别是他在调查和著作中所体现出的那种改造社会的使命感，经世致用的鲜明立场，严谨的态度、方法，今天仍值得继承发扬。

第二位是我的老师周銮书先生。

1990年夏，时任中共江西省委宣传部副部长的銮书先生发现了历史文化内涵极为丰富又保存较好的千年古村——流坑。在谷霁光先生的鼓励和指导下，他随即组织了一支由多方面专

---

① 中共中央文献研究室编：《毛泽东农村调查文集》，北京：人民出版社，1982年，第56页。

业人士组成的队伍开展流坑历史文化调查。后应他要求，当时分别任教于江西师范大学和江西大学的梁洪生与我亦加入其中。历经数年，经多次深入流坑和周边村落勘察调研，并广泛查阅族谱、古籍和其他资料，最终形成了《千古一村——流坑历史文化的考察》一书（南昌：江西人民出版社，1997 年）和一批研究论文。对流坑村的历史文化调查，不仅直接促成古村成为国家重点文物保护单位和江西著名的旅游景区，更使之成为国内社会经济史和历史人类学研究的一个重要样本，而且直接推动了政府和学术界对江西古村落的调研、保护、开发工作。

在之后的十余年间，銮书老师还发现和初步考察了几十个古村落。仅我陪同他去过的，就有吉安市青原区渼陂村，吉安县唐贤坊，吉水县双元村，泰和县爵誉村，丰城市厚板塘、白马寨等十余处。除了写文章介绍宣传这些古村落，如何深入研究并保护好它们，更是他极为关心和尽力推动的。即使身罹重病，他也没有停下脚步，放弃努力。病笃时，他犹以“江西古村丛书”的研究编纂为念。

周銮书老师可说是开现代江西古村落研究风气的第一人。他所发起和领导的流坑调查，开创了一个整合不同学科专家，集中力量长期、细致地研究一个村落，并且将调研、保护和开发利用有机结合起来的研究模式。他对赣地相关史学研究和人才培养也有深刻影响。20 世纪 90 年代以来，包括他不少学生在内的江西历史学人普遍投身古村落研究，大批研究生也以此作为学位论文选题，和他往往有直接或间接的关系。

如今周师墓木已拱，我在深深地怀念他的同时，更加期盼后来者能像他那样，坚定执着，放眼长远，组织团队，抓住典型个案，持之以恒，扎实工作，创造新的研究典范，把江西古村落研究推向新的高度。

第三位，则是法国远东学院的劳格文教授。

这位外国学者从 1992 年开始，组织开展了前所未有的对闽、粤、赣交界区域客家社区和文化的大规模田野调查。调查范围广阔，经费较为充足，参加者众多，持续时间长而且扎实深入，成绩相当显著。劳格文教授迄今已出版了数十部内容充实的著作，大大拓展和深化了对客家古村落的研究，更可贵的是由此培养了一批地方学者。他们不仅熟悉人类学的田野调查方法和现代学术范式，而且有一定的国际视野。就江西而言，赣南地区客家村落调查大面积展开，成果众多，积累丰厚，省内尤其是赣南师范学院等单位的一批中青年学者崭露头角，相关研究逐渐和国际接轨，在很大程度上正是受益于此项计划。

劳格文教授和他的贡献在江西学术史上应具有重要地位。“劳格文计划”最重要的特色或可概括为：以现代学术理念为指导，国际合作，统筹规划，群体作战，大范围地开展田野调查。该计划以其显著成就，为江西古村落研究提供了一种理念、路径和方法的示范，很值得借鉴和推广。

对江西古村落研究做出重要贡献的当然不止以上三人。比如就在20世纪90年代前期，江西还有王沪宁、钱杭等人在泰和县开展村落家族文化调研，并出版了《当代中国村落家族文化——对中国社会现代化的一个探索》（王沪宁著，上海：上海人民出版社，1991年）和《传统与转型：江西泰和农村宗族形态——一项社会人类学的研究》（钱杭、谢维扬著，上海：上海社会科学院出版社，1995年）两部著作。两部著作的政治学和社会人类学特色突出，对相关研究有较大影响。江西大学梁淼泰教授也在1991年出版了《明清景德镇城市经济研究》（南昌：江西人民出版社，2004年）一书。此书积三十余年之功，对明清时期的景德镇瓷业经济和社会进行了深入探索，实为不可多得的力作，对江西古市镇研究亦产生了积极影响。

值得注意的是，流坑调查、“劳格文计划”和上述两项重要成果都出现于20世纪90年代前期，而且四者正好是一村（流坑村）、一县（泰和县）、一市（景德镇）、一片（赣南地区），有点有面，颇具代表性。而且正是在它们的影响推动下，江西出现了古村落调研热，1994年兴起的赣文化研究热潮也与此不无关联。因此可以说，20 世纪 90 年代前期江西古村落研究进入了一个新的历史阶段。

近二十年来，包括古村落在内的江西历史文化研究成绩显著，这一点毋庸置疑。但如果从有关调研的宗旨和视野、广度和深度、重要成果的数量以及国内外学术界的认可度这些方面来看，今日江西古村落研究似乎还没有超越刚开始的阶段，还需要更多的努力。而努力的方向，我以为在很大程度上就在于上述三位先进为我们展示的精神和路径。认真回顾、思考和借鉴、践行他们的工作理念和方式方法，对于深化和推进江西古村落研究是很必要也很重要的。这是为什么我要在此谈论他们的原因，也是我很想向江西学术界朋友提出的一点建议。

古人云："序者，叙典籍之所以作。"所以写了上面许多话之后，还是要回到"丛书"上来。

本"丛书"是由黄志繁博士牵头组织进行的南昌大学赣学研究项目下古村落调研计划的首批成果。第一批著作共计 10 种，研究对象均为江西比较典型、知名度较高的古村落。而其中的绝大部分，都是周銮书先生生前一直期望能够组织开展调研并编成"江西古村丛书"的对象。由于种种因素特别是人员的制约，周老师没能像调查流坑村那样实现愿望。现在，先生的遗愿终于变为现实，令人欣慰。

以我之见，本"丛书"有几个优点：

一是调研比较深入。"丛书"的作者多是年富力强的中青年学者，为了完成本书编撰，他们在充分利用前人工作成果的同时，深入古村落，做了大量调研工作，从而能把研究对象的基本情况比较全面地发掘和展示出来。特别是，多位作者选择了家乡村落进行研究，有近便和熟悉的优势；还有的作者对相关古村落的研究有一定基础，如廖艳彬当年硕士论文的研究对象就是槎滩陂和爵誉村，原在丰城工作的毛静对白马寨早有关注和多次考察，撰述自然更加深入扎实。

二是体例谨严。"丛书"在编写之初，就拟定了编写体例，各书均由导言、村图、建筑、历史人物、民俗文化（教育与文化）、文献、自主内容、附录八个部分组成。这样，一方面，全书结构和内容较为规范；另一方面，“自主内容”一章的设置，也给予作者自由发挥的空间，可以根据研究对象的特性突出特色。“丛书”成于众手，却能做到既比较整齐，又各有特色，它的编写体例是重要的保证。

三是注重历史信息和资料的保存。黄博士告诉我，“丛书”的基本目的之一，就是想把江西主要古村落的历史面貌和重要资料保存下来。将来即使古村落被改变甚至破坏，通过“丛书”人们还可以了解到它们在历史上的大致情况。因此，书中不仅尽量对村落的历史和现状有较为细致的描摹，而且以较大篇幅收录了族谱、契约和碑刻等方面的资料。这使本“丛书”具有突出的存故特色与较大的史料价值，便于学者利用。“丛书”的最大价值，应该就在这一方面。

“丛书”的面世，是江西古村落研究的重要成果，而且据我所知，此类丛书在江西还属首部，当然值得祝贺。但我想更为重要的是，“丛书”的完成和出版，不仅意味着这一批具有典型意义的古村落得到了较为深入的研究，见证着一批中青年研究者的成长和有所成就，而且意味着主持者和参与者正在沿着正确的方向实实在在地努力和前进，因而大有希望。

“丛书”当然也有不足。作为以保存资料为主要目的的著作，“丛书”研究深度上相对欠缺，对江西古村落具有规律性的内容和特质探讨不够。如果在全书之首有一个总论性的讨论，应可弥补。此外，“丛书”虽然重视村落文献的搜集，但基本限于族谱资料，碑刻、契约文书很少，正史、方志、文集等其他方面的资料更很少涉及。这都是令人遗憾的，需要在今后改进。

是为序。

邵鸿

2015 年 7 月 11 日

目录

导言

高安市是由赣西进入省会南昌的咽喉要地。这里区位优越，物产丰富，人才辈出，自古以来就有“江右上县”[①]之誉。高安建县始于汉高祖六年(前201)，取名建成，是江西历史最悠久的“豫章十八县”之一，后因避唐太子李建成讳而改名高安。在较长的历史时期内，高安都是州、府治所，是地区政治、经济和文化中心。贾家村位于高安市新街镇景贤村境内，距高安市城区约25千米，距省会南昌约80千米，交通十分便利。这里有省道清高公路直达高安市区和樟树市，赣粤高速公路从村东外围穿过。贾家村始建于明洪武年间，迄今已有600多年的历史。村落文化底蕴十分深厚，保留着一大批明清至民国时期的建筑，是典型的赣中古村落，有“江南古村望畲山”之说。2007年，贾家村被列入第三批中国历史文化名村名录。

贾姓是我国多源流、多民族的古老姓氏，历代名人辈出，其族裔在海内外流布甚广。高安贾氏自北宋初年迁入以来，迄今已有千年，其先祖贾建深是鄢陵人，生于唐光化元年(898)。贾建深生三子一女，长子贾俊、次子贾杰、幼子贾仁，女儿贾明贞。贾仁又生三子，长子贾湖、次子贾海、幼子贾川。贾湖，字本渊，生于后晋开运三年(946)，北宋开宝元年(968)进士，

① 江西省高安县史志编纂委员会编纂：《高安县志》，南昌：江西人民出版社，1988年，第1页。

官至筠州刺史。贾湖有三子，长子九四定居筠州高明门外斛里（今高安坪湖），次子九五迁居安庆，幼子九六回归祖籍鄢陵。贾湖致仕后，未回原籍，而是与长子九四一起定居高安，成为高安贾氏始祖。

元末，大规模战乱导致全国人口锐减，许多地方都出现地广人稀的现象。明初由官府组织或民间自发形成的人口迁徙活动十分频繁。洪武年间，定居于高安坪湖的贾家也开始向周边地区分迁。当时，贾湖第十五世孙贾德容有三子，幼子贾怀迁居畲山。此后，贾仲良之孙贾从荣又从营下迁居三湖，贾仲良次子贾幼镗从营下迁居梅溪。据贾氏族谱记载，贾怀见高安城南数十里的畲山一带地形好似金盆，且“山水佳胜，川原平旷”①，认为此地宜居，便从高安城高明门外的坪湖迁居此地。从此，高安贾氏便有了畲山这一重要支派，因此，贾家村又称“畲山贾家”。

贾家村处于丘陵、山地环抱的一块盆地中，村北有郁郁葱葱的钧山、三台山，村南有宛如屏障的阁皂山，村东有碧波如镜的庐泉湖，村西有潺潺流淌的赤溪，加之村前阡陌纵横，沃野千畴，整个村落自然环境十分优美。所谓“山管人丁，水管财”，从自然条件来看，贾家村的确是不可多得的宜居之地。贾家村与周边自然环境高度和谐，其600多年的繁荣发展也正是根基于此。

高安是江西人口大县之一，全县总人口超过百万。境内村落大多以姓命名，一村一姓较为多见，同姓村人口最多的是灰埠镇五里谌家、新街镇畲山贾家和上湖乡的珠湖傅家，素有“傅一千，贾八百，五里谌家无底隔”之称。② 如今的贾家村是高安市数一数二的大村落，同时又是著名的先进村、

---

① 《贾氏九修族谱序》，载《畲山贾氏九修族谱》（1932年刻印）卷首。

② 《高安县志》，第75页。

文明村，先后荣获“中国历史文化名村”“国家特色景观旅游名村”和“全国生态文化村”等 20 多项称号，在省内外有着广泛的影响力。

村图

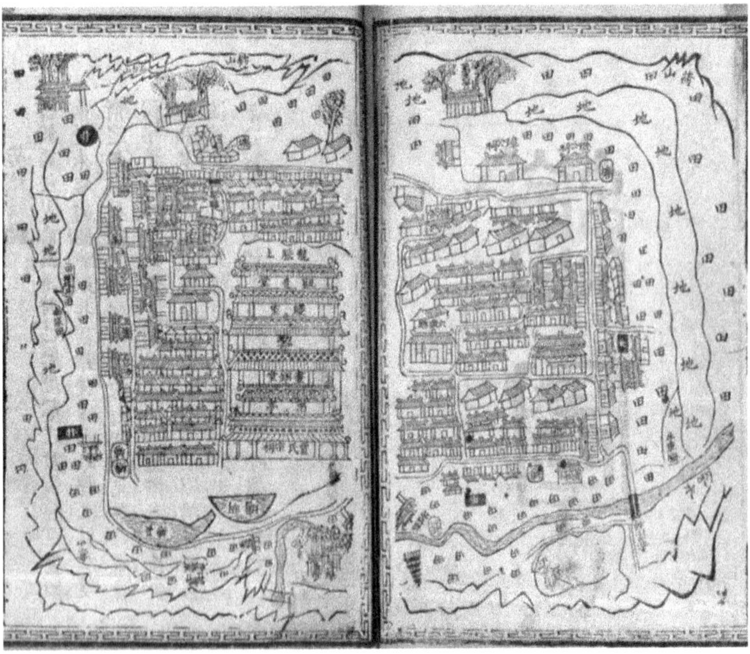

古村图

摘自《畲山贾氏十修族谱》(1995 年刻印)卷首《基址图》。

建筑

传统乡村是美丽中国的精神家园，乡村古建筑蕴含了乡村文化的精髓，是每一座古村落历史的生动写照。每一座乡村古建筑都能反映不同历史时期的地域文化和建筑特点，同时又体现了主人的文化旨趣和人生追求。因此，一名德国学者曾说："地球上人类的每个物质成就，不论是一间房屋、一个农庄或一个城镇，都代表着自然和人文因素的综合。"①的确，乡村古建筑就是人们适应自然环境并对之进行精心改造的产物，它体现了人们对人与自然、人与人、人与建筑的多重关系的整体把握。从这个意义上来说，传统乡村古建筑群就是田园诗、交响曲，是传统村落活着的历史，彰显了中国传统文化中独特的人文观念。贾家村保留着数量众多的明清至民国时期的乡村古建筑，其建筑布局独特、类型多样、形态各异、功能完备，而且保存较为完整，是赣中地区不可多得的乡村古建筑群。

一、村落建筑的整体格局

贾家村是高安大地上的一个大型村落，村落基址总面积达300余亩，有各类建筑500余幢，其中明清至民国时期的建筑122幢，总面积约22000平方米。贾家村自明洪武年间开基以

① 转引自程极悦、程硕：《徜徉古建博物馆：徽派古建筑》，合肥：黄山书社，2000年，第33页。

来，随着贾氏宗族人口的不断增长，整个村落至明中晚期渐成规模，清中期臻于鼎盛，村落建筑布局系统、严谨且文化意蕴十分深厚。贾家村北面约 1.5 千米处有座三台山，被贾家人视为龙脉所在。因此，全村的主要建筑均呈偏西约 20 度坐北朝南，与三台山一线垂直布置。[①] 宗祠是宗族社会的象征，因此通常是我国传统村落建筑群的核心。贾家村古建筑群基本上就是以贾氏宗祠、村北入口处的畲堆和村北的三台山形成的中轴线为中心展开布局的。同时，还有一些寺庵、道观、佛塔和私塾等建筑，分布在村落四周，村落整体布局表现出较强的内聚性特点。

三台山远景

贾家村古建筑群的突出特点之一是重防御。村子外围的房屋一栋紧靠一栋连接起来，只在四面留下八个进出村子的路口，并在路口设立八座可随时启闭的关门，村子内部则有六十四条街巷相连，从而构成全村围垒式的建筑格局。村落的整体布局暗含着太极八卦思想，八座关门代表八卦，六十四条巷道则对

① 蔡晴、姚糖：《传统乡土聚落环境意义的解读——以高安贾家村为例》，《农业考古》2012 第 4 期。

鸡公门

应六十四卦。这八座关门分别是村东的八度门、羊背门，村西的金星门、鸡公门、尚武门，村南的玉门，村北的翰第阁与外翰第。关门大部分是砖石结构，墙基用麻条石垒砌，墙身用青砖垒砌。砌墙用的黏合物是纸浆石灰膏，黏性特别强。关门设有厚木门，上面镶有铁皮。大门内用大木杠或铁棍为闩，异常坚固。[①] 以前关门朝启夕闭，村子里安排有专人值守。一条外环关道和八座关门将整个村落分隔为关内、关外两个部分，从关门通过主巷道进入关内，各主巷道又与许多支巷道相连，最后形成以怡爱堂、舜夫公祠、厚德堂等建筑为中心的网状街巷格局。关内、关外的整体布局既有对外防御功能，又反映了宗族内部鲜明的等级序列。关内住的是有钱、有地位的贾氏族人，而关外住的是佃户、长工等贫民。因此，关内建筑不仅体量普遍大于关外建筑，而且建筑装饰也更为华丽。目前，村西的金星门、鸡公门保存较为完整，村北的外翰第得到修复，

外翰第

① 刘金成主编：《贾家村》，北京：中国文史出版社，2011 年，第 32 页。

其他五座关门则仅存遗迹。

巷道是连接古村建筑的通道，贾家村内保存较为完整的历史街巷有 17 条。其中，东巷、周公巷、祠前巷、西巷与北巷共同组成贯通全村的环形巷道。此外，还有南北走向、长达 70 米的官道。村内密如蛛网的巷道连接着各家各户，形成了特殊的村落空间网络系统。

东巷

官道

村内的五口古井、十二口水塘和地下及路边的沟渠共同构成了古村的给排水系统。五口古井沿关外主巷道周边分布，分别为陆房井、东房井、西房井、铨公井和古四井，是全村数千人的饮用水来源。其中，古四井为清代水井，其余的井均为明

陆房井

东房井

代井字形水井。古村排水系统的设计十分精妙，每座宅院通过天井、暗沟、阴沟与村中的水塘相连，水塘又与村外的小溪连通。因此，整个村落排水十分顺畅，下大雨时宅院无积水，路面上行走不湿鞋。

村中水塘

二、村落的建筑形态与功能

贾家村古建筑数量多且类型丰富，有精巧别致的民宅、大气庄重的官厅、恢宏肃穆的祠庙、清静素雅的私塾和宽敞简朴的武馆，此外还有当铺、作坊等商业建筑，以关门为代表的防卫建筑，以玉塔为代表的景观建筑等。据统计，全村古建筑可分为宗祠、住宅（包括官厅和民居）、私塾、当铺、水井、巷道、牌坊、桥梁、庙宇、寺塔十大类。数量众多的古建筑及其多样化的建筑形态，展现了贾家村长期繁荣发展的历史。

贾家村建筑是典型的赣派建筑风格，其主要特点是外观简约质朴，重视内部功能与装饰。村内建筑均采用青砖灰瓦建造，屋顶主要为硬山式，外观风格古朴庄重。建筑两侧墙体上有高高的封火山墙，墙体或采用首尾相连的回字形图案装饰，或采用内置砖雕，通风采光孔也往往用石材镂空雕刻而成，设计十

怡爱堂

分精巧。建筑内部采用木结构框架，多为穿斗式、抬梁式或两者混合式。其中，贾氏宗祠采用了减柱挑梁的技术拓展内部空间。村中部分古建筑在支撑木架的承重柱上使用了一斗二升式样的斗拱。怡爱堂、舜夫公祠在柱础和木柱之间使用了柱櫍防潮，这在江西民居古建筑中较为少见。柱櫍是宋式大木作构件，是垫于柱脚下、柱础上的圆木板，分上欹、下平两部分，欹的直径与柱径同，平的直径则比柱径宽。櫍的木纹呈水平方向，与柱身的木纹方向成正角，可阻隔潮气上升，防止柱子腐坏。在贾家村清代修建的官厅、宗祠等重要建筑中，撑拱往往采用雕刻精细的狮兽，而普通民居则多用夔龙或云板，显示出等级有序的特点。

怡爱堂采光通风孔

贾氏宗祠内的牌匾

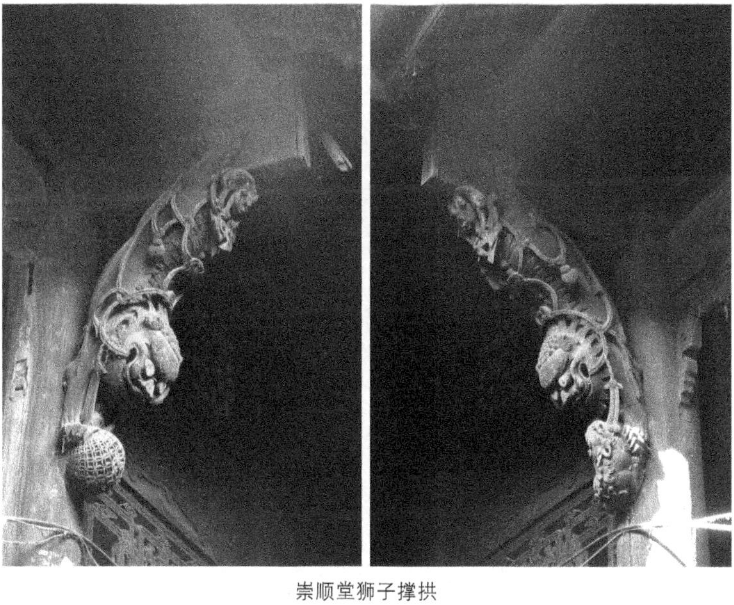

崇顺堂狮子撑拱

舜夫公祠柱榍

崇义堂撑拱

江南传统民居大多采用天井式的格局。以天井为中心组合一进的单元平面布局，是江西民居的基本构成法则。江西民居中的天井形式主要有土形天井、水形天井和坑池天井三种。明代住宅多采用不结心的水形天井，而清代天井多有结心，并且用考究的天井饰面铺装，大多是青石板材。贾家村古建筑中的官厅和普通民宅基本都有“四水归堂”的天井，大的 20 多平方米，小的约 2 平方米。天井是为建筑内部汇水、采光和通风而设计的，同时可以起到营造共享空间和优化室内环境的作用。这些天井由青砖或长条石砌就，均为长方形，四角的角石有的刻着竹子，象征“节节高升”；有的刻着猛兽，象征“驱凶辟

崇义堂天井

明月轩天井角石

祥和堂天井出水孔

邪”；有的不刻图案，象征做人“方方正正”“清清白白”。天井的排水孔都暗藏在不同的地方，有的天井多达四五个排水孔，也颇有文化喻义。例如，排水孔大多使用铜钱图案，象征“财不外流”。全村古建筑中的近百个天井通过暗沟在地下互相连通，生活污水和雨水则由村中排水沟流入水塘中，最后经由村外小溪流入肖江。古村巷道两侧的排水沟有暗沟和明沟两种形式。暗沟的设计科学，沟上覆盖石板，与巷道融为一体。①

明沟

村中串联的巷道墙壁中嵌有泰山石，除了被赋予辟邪的功能外，还用以标记“此路可通”。贾家村巷道交叉口多为丁字形，有人丁兴旺之意。同时，在道路交叉口处，建筑之间的错位设计为行人留出了更大的行动空间。一些巷道交叉口还有“谦让墙”，即房子转角处的墙体使用削去棱角的方石，一方面扩大巷道转角空间以方便行人，另一方面也显示了贾氏宗族提倡谦让的处世哲学。

丁字巷

① 刘金成主编：《贾家村》，第 31 页。

厚德堂“鹤鹿同春”木雕

贾家村的古建筑广泛采用了砖雕、石雕和木雕等建筑构件进行内部装饰，雕刻题材广泛、形式多样。雕刻技法有浮雕、透雕、镂雕、塑雕、圆雕等，雕刻题材则有戏剧人物、花卉、古玩、几何图形等。这些建筑雕刻十分精美，代表了当时赣派民居建筑雕刻艺术的最高水平，也体现了主人的思想观念、文化旨趣和身份地位。这些建筑雕刻大多体现了忠孝节义等封建伦理道德观念。例如，以“岳母刺字”为题材表现“忠”、以“卧冰求鲤”为题材表现“孝”、以“苏武牧羊”为题材表现“节”、以“孔融让梨”为题材表现“义”。同时，一些建筑雕刻还体现了贾家人朴素的生活观念和美好的愿望。例如，厚德堂的“喜上眉梢”“鹤鹿同春”“玉兰吐香”；泰盛堂的“岁寒三友”“犀牛望月”“封侯得禄”“连年有余”；种德堂的“八仙过海”“三阳开泰”；等等。

种德堂“八仙过海”木雕

表 1　贾家村古建筑木雕装饰简表

题材		喻义、含义
植物	松	松鹤延年
	竹	高雅脱俗
	梅	坚韧不拔
	兰	谦谦君子
	菊	坚贞不屈
	牡丹	繁荣昌盛、功名富贵
	莲花	一路连（莲）科、连（莲）生贵子、喜结连（莲）理
	灵芝	称心如意、长寿福禄
	瓜瓞	儿孙满堂
	石榴	多子多孙
	佛手	赐福祛邪
	荔枝	早早（枣枣）得利（荔）
	红枣	
动物	猴	封侯（猴）得禄
	羊	三阳（羊）开泰
	鹿	食禄（鹿）
	蝙蝠	五福（蝠）捧寿，避祸祛邪
	凤凰	祥瑞太平
	仙鹤	松鹤延年
	夔龙	辅弼良臣
	鸳鸯	夫妻和睦
	犀牛	心有灵犀
	狮子	祥狮献瑞
	骏马	马上封侯、奋发向上
	麒麟	祥瑞长寿、招财进宝

续表

题材		喻义、含义
动物	鲤鱼	吉庆双利(鲤)、连年有余(鱼)
	蜜蜂	马上封(蜂)侯
	蝴蝶	耄耋(蝶)长寿
	麋鹿	升官发财
自然界事物	云彩	祥云福瑞、大吉大利
	太阳	阳刚、光明、生命、希望
	月亮	阴柔、美丽、贞洁、永恒
文房物件	诗	书香门第、博学多才
	书	
	棋	
	琴	
	画	
	博古纹	清雅高洁
汉字	福	幸福、福气
	禄	福禄、厚禄
	寿	长寿
	喜	喜庆
	吉	吉祥、吉利
	财	财富
日常物品	瓶	平安如意
	扇	驱邪行善
	铜钱	辟邪、富贵昌盛
	银锭	连中三元、吉祥如意
	灯笼	添丁
	升斗	升官

三、村落的文化意蕴

贾家村北面的钩山、三台山是贾家村的两座大靠山，村前是沃野千畴，远望可见阁皂山峰峦起伏，与月嶂山共同形成贾家村的南面屏障，赤溪绕村而过，为村子带来充足洁净的水源，同时提供了排水的顺畅渠道。贾家村有“畲山八景”之说，分别是阁峰前峙、钩岭后藩、玉塔凌汉、赤水漾澜、台山拱秀、星堆联行、砚洲浮印、月嶂衔环。这八景分布在贾家村四周，集中反映了贾家村的环境特征，同时也是贾家人对村落环境的一种礼赞。

村南田野

赤溪

畲堆是贾家村内一处独特且十分重要的人文景观，并以之为中心产生了“畲堆”崇拜习俗。另外，贾家人对村中水流也进

畲堆

行了人为调节，不仅在房屋的建设中注重排水设施的配置，而且在村内开挖了12口水塘，通过水塘和沟渠加强对自然水流的引导与利用。

玉塔

为了进一步改善村落人居环境，并为宗族的繁荣发展创造更加有利的条件，贾家人还在村南、村北营造了“玉塔凌汉”“星堆联行”两处人文景观。水口指的是村口水流出处，地点与村口相同。[①] 水口是村落宗族观念、文化气息和园林景观特征的重要体现。贾家人对村落水口的营建颇费了一番心思。贾家村的水口位于村东南约0.7千米处的赤溪转弯处，这里有砚洲（赤溪中有一洲，形似砚台，故名）。为增强水口锁钥

① 殷永达：《论徽州传统村落水口模式及其文化内涵》，《东南文化》1991年第2期。

砚洲

的气势，贾家人在此建有七级玉塔、翠竹禅林和文昌宫，并广植树木。砚洲以东，沿赤溪有连绵的土丘和一座略大的山丘——月光山。月光山以东是赤溪桥。这些自然与人工景观的组合搭配，是古代江西、福建、徽州等地营建水口的典型做法。① 此外，贾家人还在村落的西北方向人工堆砌了形如北斗的七个土石岗，名为“星堆联行”。因为贾家村的整体布局形似八卦，状如明月，而村西北的七星堆犹如北斗星护卫着这轮明月。北斗七星中的天权星即文曲星，是主文运的，因此，所谓“星堆联行”也寄托了贾家人“文运亨通，科甲连绵”的美好愿望。

四、村落的主要建筑

贾家村建筑数量众多，类型丰富，形式精美，文化内涵深厚。村中现存建筑跨越明、清、民国三个时期，建筑品级高且历史风貌保存完好，其中贾氏宗祠、怡爱堂、泰盛堂、赐福堂

① 蔡晴、姚糖：《传统乡土聚落环境意义的解读——以高安贾家村为例》，《农业考古》2012 第 4 期。

四座古建筑为省级重点文物保护单位。

（一）祠堂

1. 贾氏宗祠

贾氏宗祠始建于明景泰年间，由畲山贾氏二世祖贾信主持修建，此后屡有修葺。至清嘉庆四年(1799)八月，由于贾氏宗祠年久失修，在贾绍文主持下，由族人集资重建，至次年九月竣工，规模更胜于前代。贾氏宗祠位于古村建筑群的南北中轴线上，前对祠前巷，后有上龙腾巷，坐北朝南，依照地形顺势渐高，颇富变化，象征“步步高升”。祠堂主体建筑采用硬山式顶，内部采用抬梁与穿斗混合式框架结构，为四进式穿堂建筑，东西宽 17.5 米，南北长 107.4 米，由昼锦堂、拜亭、寝宫、观音堂四部分组成。两侧廊道、厢房、楼阁均沿中轴线对称分布。

贾氏宗祠

一进昼锦堂。门楼上题“中宪大夫第”，下书“金盆福祉”，大门两侧有一对寮山青石石鼓，显得庄严肃穆。昼锦堂前端木构架采用了挑梁减柱法，使房屋承重立柱减少而内部使用空间扩大。整个建筑为天井廊院式结构，天井为回字形结构，中间由四根粗大石柱支撑一座重檐四垂顶式雨亭，雨亭顶部为三层八卦形藻井，藻井最上层为圆形，正中镶嵌一枚宝相花。昼锦

昼锦堂

堂的天井和雨亭设计十分精巧，在我国江南古建筑中较为罕见，充分体现了“四水归堂”“天圆地方”的传统文化内涵。昼锦堂梁坊间挂有“荣封三代”“兄弟同科”“龙章宠锡”等金字匾额，东西两侧建有两层式廊道。

雨亭藻井

二进拜亭。拜亭前院地砖铺设为八卦形图案，庭院的围墙也因之采用八卦形。拜亭是贾家人面朝寝宫祭拜先祖的地方，是为了避免族人在祭拜时遭受日晒雨淋而建。拜亭梁枋上的木雕，工艺精湛巧妙，左右两侧的弯月形雕花板上，分别刻有“龙吐莲花”“双龙拱磬”等吉祥图案，撑拱则采用“狮子滚绣球”的造型。

拜亭

三进寝宫。寝宫供奉着贾氏历代先祖的牌位，为抬梁和穿斗式混合框架结构。寝宫平日庄严静谧，大门紧闭，只在年节祭祖时对族众开放。寝宫前建有两座焚香炉，为祭祀时鸣炮焚香之用，既营造了庄严的氛围，又保持了环境的整洁。

寝宫

四进观音堂。这是明代贾家人为敬奉观音菩萨而建，以侧廊与寝宫连接。观音堂前的天井中安置一口太平缸，盛满清水

观音堂

以防火灾，也可用于栽种睡莲来美化庭院。观音堂门上悬有大匾，上刻“观音堂”三个镏金大字，堂内供奉观音菩萨。

贾氏宗祠气势恢宏，内涵丰富，其间的梁架结构及精雕细刻的建筑构造集中体现了我国古代高超的建筑工艺。宗祠中的石雕多见于柱础、抱鼓石和坐狮等，木雕则多见于梁柱、撑拱、门板、窗棂，其雕刻技艺精湛，题材丰富多样。贾氏宗祠集中

拜亭藻井

体现了中国古建筑“天人合一”“天圆地方”“崇宗敬祖”“忠孝节义”等传统思想文化，是不可多得的江南祠堂建筑典范。

2. 舜夫公祠(陆家厅)

舜夫公祠位于官道、羊背巷和上龙腾巷三巷交汇处，为明代中期祠堂建筑。因畲山贾氏分为铨、陆、东、西四房，贾信(字舜夫)是陆房始祖，故这座祠堂名舜夫公祠。又因这座祠堂是贾信长孙贾濂的六个儿子廷贵、廷重、廷献、廷实、廷美、

舜夫公祠

舜夫公祠门匾

廷臣共同出资修建，所以又名陆家厅。舜夫公祠建筑总面积为200.4平方米，部分建筑经历过修缮，但主体建筑保留了鲜明的明代建筑风格，采用抬梁式木框架结构，工艺简洁、粗犷、厚重。大厅、厢房均用方形青砖铺地。该建筑整体上分为两进四间，二进厢房为长条形，地面比大厅地面低25厘米，形制十分独特。

舜夫公祠内景

（二）官厅

贾家人把在外为官的人在家乡建造的房屋叫作官厅。官厅建筑通常面积较大、用材讲究、装饰华美。目前，贾家村保存较好的官厅有两栋，分别为厚德堂和泰盛堂。

1. 厚德堂

厚德堂位于贾家村官道西侧，是村中住宅建筑中的精品，为清代早期两进单层建筑，采用抬梁式与穿斗式混合木结构，建筑面积达728.5平方米。厚德堂坐北朝南，四面山墙底部由采自高安太阳、灰埠两镇之间的寮山石砌筑，高1.5米，整个墙体异常坚固。整个建筑设有六个天井，其中四个为厢房内的虎眼天井，天井处置有影壁，由青砖砌成“福”“禄”“寿”“喜”

厚德堂

圆形字样。房子有前后两个天井，前、中、后三个厅堂，每个厅堂依次比天井高一步，中厅两侧设小门连通屋外，后厅前有一块硕大长形条石台地，象征“步步高升”。房子屋顶为水平滴檐，两侧为翘角山墙，山墙上设有透窗。庭前有一小院，房子正门辟于前庭东南角上，为双开一字门，入门迎面为砖砌照壁。

厚德堂撑拱

厚德堂的建筑装饰为木雕、石雕，采用圆雕、镂雕和高浮雕等技法制作。其中，撑拱、垂莲柱以浮雕或圆雕手法装饰，纹饰有卷云、鱼藻、莲瓣、几何图案，雕刻刀法娴熟，线条流畅。后厅檐下的撑拱就是采用了圆雕技法，左侧为雄狮，右侧为雌狮，雕刻精美，栩栩如生。屋内的隔扇以及漏窗均为镂空，图案丰富多样。房屋外墙上有石刻多处，纹饰有鹿、凤、蝙蝠、八卦

厚德堂石雕花窗

等。四个外墙角均内凹，以利行人，俗称“谦让墙”，反映了主人与人为善的人生哲学。1941 年初春，上高会战前夕，国民党第 74 军军长王耀武曾入住厚德堂。

2. 泰盛堂

这是一座保存较好的明晚期住宅建筑，坐北朝南，建筑面积 262. 1 平方米，由一座官厅和三栋民房组成，四座建筑由 2. 5 米高的围墙连为一体，院内均用条形麻石铺地，室内用方形青砖铺垫。上下堂明间开阔。檐下撑拱为镂空雕刻的缠枝花卉。隔扇与透窗主体图案为夔龙纹饰，绦环板上有花鸟等浮雕图案。其余三栋房屋为两进三间，抬梁穿斗结构，建筑用材与官厅均有差异，雕刻题材由夔龙、花鸟等图案组成，后堂均为硕大条形麻石台地。

（三）民宅

贾家村保存较好、品质较高的民宅古建筑大多是族人在外经商发迹后回乡建造的房屋，以怡爱堂、崇义堂、养恬堂为代表。

1. 怡爱堂

怡爱堂位于上龙腾巷，坐北朝南，为单栋明初建筑，面阔 14. 9 米，进深 11. 1 米，总面积 200. 2 平方米。怡爱堂设双开一

怡爱堂

字门，外墙为青砖所砌，两侧山墙为马头墙，屋顶覆青灰瓦，顶棚为彻上露明造。怡爱堂的整体构架为抬梁式与穿斗式相结合的木框架结构。明间后壁上设有神龛，简洁古朴。四面上枋分别刻有“福”“寿”“康”“宁”四字，门额上刻有“福”字，四间正房的门楣上则分别刻有“元”“亨”“利”“贞”四字。怡爱堂在石质柱础和木柱之间使用了柱櫍防潮，这在江西古民居建筑中

怡爱堂匾额

怡爱堂柱椟

较为少见。怡爱堂的木椟直径 40 厘米，高 18 厘米，木纹为水平状；其下鼓形石柱础的直径 54 厘米，高 14 厘米。由于年代已久，木椟表面已经风化为粉状，上敧有细叶状雕饰，下平略粗，显得十分稳重。

2. 崇义堂

崇义堂位于贾家村东南角上，是清代煤矿主贾世伟所建，

崇义堂

崇义堂天井角石

崇义堂撑拱

堂号中蕴含了主人做人做事崇尚信义的宗旨。据说贾世伟当年在家乡开办煤矿，由于没有挖到煤而欠了不少钱。过年时，工人们到他家索要工钱，他没钱支付，他的母亲当了耳环替他付工钱。过完年，工人们终于挖到煤了，他的生活从此富裕起来，于是他修建了这座崇义堂。崇义堂的屋角均为弧形，没有棱角，象征主人为人谦和，做生意讲究和气生财。屋内天井中央有三块条石，代表主人的贫穷、宽裕、富足三个人生阶段，象征“步步登高”。天井的四角立有竹节形角石，象征“生意兴隆节

崇义堂天井出水孔

节高”；出水孔为镂空莲花，莲花为水生植物，象征“水涨船高，财源滚滚”。崇义堂采用抬梁式与穿斗式混合框架结构修建，屋内宽敞明亮，建筑构件的做工十分精美，尤其是檐下鳌鱼撑拱形态逼真、活灵活现，堪称木雕精品。

3. 养恬堂

养恬堂是贾家村内一座保存完好的清代民居建筑，内设古代小姐起居的闺阁。二楼回廊式绣花楼和天井正上方的回廊护栏上的雕花隔扇十分精美，题材取自《三国演义》中的“三顾茅庐”“东吴招亲”“空城计”“煮酒论英雄”等。养恬堂的木雕特色鲜明，房子内众多木雕建筑饰件有多种类型：有鸳鸯、荷花、菱角等婚恋爱情题材的；也有“松竹梅兰”“渔樵耕读”“四爱图”（周敦颐爱莲、陶渊明爱菊、王羲之爱鹅、林逋爱梅）等文化题材的；还有“五福临门”“五猴拜寿”“喜上眉梢”等吉祥喜庆题材的。

（四）私塾、武馆

1. 私塾

贾家村内保存较完好的私塾有四座，分别是明月轩、皖月轩、文昌书院和鹤鹿书院。这四座私塾都是庭院式建筑，厅堂两侧为厢房，房屋结构十分利于采光，建筑格调古朴、典雅、庄重，建筑中的匾联、雕刻、摆设等都十分考究。私塾中的木雕、石雕都散发出浓郁的文化气息，如明月轩厢房板壁上有梅花、竹子、荷花、牡丹题材的木雕，分别象征“梅花香自苦寒来”“高风亮节”“出淤泥而不染”“荣华富贵”。有的天井四角竖立着长方形印章石，

明月轩

明月轩天井出水孔

象征“登科掌印”；有的天井出水口是桃子形状，象征塾师“桃李满天下”。

2. 武馆

贾家人历来有习武传统，村中的武馆位于养恬堂前，门额上题“畲山精武”四个大字，这座武馆为庭院式建筑，八字门

武馆外观

墙，开阔的大院落为习武提供了必要的场地空间，在院墙下摆放着兵器架和石锁等练武器具。武馆内没有华丽的木雕，也没有精美的石刻，整个武馆显得简朴大气，大门墙上书一个硕大的“武”字。

武馆庭院

（五）当铺、作坊

1. 当铺

贾家村有东西两个当铺，显示了村内浓重的商业文化氛围。保存较好的东当铺在村内的官道南端，门旁挂有一块黑色“典当”木牌。当铺建筑设计蕴含着浓郁的商业文化特色。进入店内迎面是典当柜台，柜台上方一个天窗呈倒漏斗形，直通房顶。天花板装饰为镏金宝相花纹饰。各厢房内均设有一个倒漏斗形聚光天

东当铺

西当铺

窗，蕴含着“日进斗金”的美好愿望。当铺里的两个天井与民居天井略有不同，靠近典当柜的天井为两层，上层略低于厅面，下雨即会水漫井池，取民间“水漫喻财满”“水涨为财涨”之意。天井的下水孔为铜钱形，出水口较小，意为细水长流。

东当铺天井

东当铺斗形天窗

2. 作坊

村内现存的作坊是一处建于明代的豆腐作坊，坐落在贾氏宗祠观音堂的西侧。这座豆腐作坊外表简约明快，区别于其他建筑高大华丽的特征；构造低矮，且无楼板，突出了作坊的实用性。

豆腐作坊

豆腐作坊内景

（六）桥梁、牌坊遗址

1. 桥梁

四座古桥在村庄外围的赤溪上，分别为下路桥、花股桥、赤溪桥、庵下桥，其中下路桥为明代建筑，其余均为宋代建筑。古桥现均保存完好，仍在使用。庵下桥桥面宽 2 米，长 9 米，为 9 块条形麻石铺筑而成，3 孔，4 个桥墩，中间 2 个桥墩的上游方向为船形（俗称“风水啄”），均用长方体麻石垒砌而成。花股桥长 5 米，赤溪桥长 6 米，两座桥均为双孔，中间为单个船形桥墩，其建筑特色与庵下桥相同，桥面为 6 块条形麻石铺成。下路桥为单孔拱桥，桥面长 4 米，宽 2 米，以石板铺就。

2. 牌坊遗址

牌坊遗址有三处，分别是明代的贾信牌坊遗址、双节牌坊遗址和清代的孝子牌坊遗址。此三处牌坊均为石制，石雕雕刻细腻，图案清晰。这些牌坊在“文化大革命”时期已被毁，遗址处可见倒塌的牌坊石构件。

（七）宗教建筑

贾家村内外的庵、堂、寺、观共有十余处。这些宗教建筑涉及儒释道三教，还掺杂着民间信仰。

1. 普贤禅寺

普贤禅寺位于贾家村北的杨家岭下，占地约 40 亩，历史上香火十分旺盛。“文化大革命”时期被毁。2004 年，普贤禅寺被修复，重建的大雄宝殿气势宏伟，一并被修复的还有天王殿、观音殿、厢房、斋房、钟楼、鼓楼、宝塔等建筑。

2. 先农庙

我国古代先农与风伯、雨师、灵星、社、稷并称“国之六神”，人们通常在田野上设坛祭祀先农。先农，即神农，远古称帝社、王社，至汉代时始称先农。贾家村的先农庙位于贾家村南，是一座明代砖木结构建筑，建筑面积约 240 平方米。先

普贤禅寺

先农庙

农庙是人们祈求风调雨顺、五谷丰登的庙宇，地位重要，故历经数百年尚能保存完好。

3. 翠竹禅林

翠竹禅林，又名翠竹庵，位于贾家村南的玉塔西侧约 50 米处，“文化大革命”时期被毁，现被修复，占地约 1000 平方米。翠竹禅林是清嘉庆初年贾绍文为拱卫贾家村的水口而主持修建的，也是贾家人闲暇时游赏的胜地，其遗址上仍有当年约一亩大的放生池和两棵古树。

4. 文昌宫

文昌宫位于贾家村南，也是清嘉庆初年贾绍文为鼓励族人读书仕进而主持修建的。文昌宫与翠竹禅林相邻，占地约 300 平方米，“文化大革命”时期被毁。历史上，贾家人为祈求子孙文运昌盛、金榜题名，每年农历二月初二都要在此举行祭孔仪式。文昌宫遗址现存两人合抱的古柏一棵，树冠庞大，枝繁叶茂。

5. 万寿宫

万寿宫位于贾家村东北，约建于清中期，1958 年“大跃进”时被毁。万寿宫是为纪念江西地方保护神许逊真君而建。许逊，字敬之，是道教四大天师之一。明清时期，江西商品经济发达，经营瓷器、茶叶、大米、木材和丝绸的商人行走全国各地，他们往往会在聚集之处兴建万寿宫，因此，万寿宫也就成为江西商人聚会、议事的会馆。

6. 大王庙

大王庙位于贾家村北，是村中商人为祈求神灵保佑平安、

大王庙

发财而建的祭庙。每年农历八月初一，贾家人要在这里举行隆重的大王庙祭会。“文化大革命”时期，大王庙被毁，1988 年被修复。

7. 五公庙

五公庙位于贾家村东南，已有 500 多年的历史，相传是为纪念明代一位名叫谌飞龙的医生而建。据说，谌飞龙是四川人，在家中排行第五，从父亲那里学得祖传医术。他医术十分高超，在乡里颇有名气。有一年，江西多地暴发瘟疫，许多人染病身亡，贾家村也有不少人患病。当时，贾家在四川为官的族人便恳请谌飞龙的父亲让谌飞龙赴贾家村治病救人，谌父慨然允诺。谌飞龙立即赶到贾家村，冒着生命危险抢救病人。他的善举深深地打动了村中一个姑娘的芳心，姑娘自告奋勇与他一起在村中救护病人，在他们的努力下，疫情终于得到控制。此后，两人日久生情，结为夫妻，谌飞龙便留在这里继续行医。他医术精湛，医德高尚，免费救治贫寒之人。他在这里行医几十年后去世，救治了无数病人。为了纪念谌飞龙，人们在村外修建了一座庙，庙里供奉他的神像，因他排行第五，故名五公庙。每年农历五月二十四日，人们都要从五公庙中抬出神像在贾家村八尺巷游行，次日请戏班在贾氏宗祠前唱完戏后，再将神像送回五公庙。这两日，人们都要带上供品到五公庙来祭祀，祈求神医保佑家人安康。

8. 金真殿

金真殿位于贾家村东南，大殿内供奉许逊真君的神像。金真殿的香火十分旺盛，来这里求子嗣的香客较多。

9. 土地庙

土地庙位于贾家村西，又称福德庙、伯公庙，为民间供奉土地神的庙宇。

（八）关门、古巷道

1. 关门

贾家村的八个关门使整个村落形成“关内”“关外”两部分，既有防御功能，又反映了村落内部明晰的等级序列，现有金星门、外翰第、鸡公门三个关门保存较为完整，而其他五个关门仅剩遗迹。

2. 古巷道

贾家村内的古巷道纵横交错，布局合理，保存相对完整，数量多达 64 条，最长的古巷道有 303 米。其中，外环路由东巷、周公巷、祠前巷、西巷、北巷和两祠巷组成，路面宽 2.9~3.4 米，均以青砖、麻石铺就，一侧有排水的暗沟或明沟。官道是贾家村最为典型的古巷道，南北长 70 米，路面宽 2.6 米，用大石板铺筑而成，因其两边的建筑就是官厅，故名。其他有名可考的古巷道有南北走向的玉带巷、玉环巷、崇顺巷、铨公巷、玉塔巷等，东西走向的上龙腾巷、羊背巷、鸡公巷、金星巷、尚武巷等，巷宽为 1.2~1.5 米。

北巷

鸡公巷

表2　贾家村主要古巷道情况表

序号	名称	走向	长度	序号	名称	走向	长度
1	北巷	东西	200米	10	羊背巷	东西	100米
2	两祠巷	东西	55米	11	金星巷	东西	60米
3	东巷	南北	220米	12	崇顺巷	东西	108米
4	周公巷	东西	120米	13	玉带巷	南北	190米
5	祠前巷	东西	100米	14	铨公巷	南北	102米
6	西巷	南北	303米	15	官道	南北	70米
7	尚武巷	东西	90米	16	玉塔巷	南北	100米
8	鸡公巷	东西	65米	17	玉环巷	南北	156米
9	上龙腾巷	东西	115米				

五、畲山八景

一些古村落环境优美，加之历史上文风蔚然，往往出现与村落相关的成组的景观名胜，人们通常就用“八景”或“十景”来进行概括。贾家村有“畲山八景”之说，其中的“玉塔凌汉”“星堆联行”是人文景观，其余六处则是由贾家村周边的自然形胜构成的景致。可见，“畲山八景”是贾家人对村落自然环境选择和主动营造的结果。“畲山八景”的构建，体现了贾家人对环境的适度调控，反映了天人合一的整体和谐观念。当然，贾家人推出“畲山八景”也有美化桑梓形象、提高其社会知名度的目的。历史上就有不少文人墨士为“畲山八景”吟诗作赋。显然，“畲山八景”早已经被当成文学创作的重要对象，由此进一步深化了贾家村的文化内蕴。

阁峰前峙：阁峰，即阁皂山，因“形如阁，色如皂”而得名，传说是东汉道教著名人物葛玄得道飞升之地。因葛玄被尊为道教灵宝派祖师，所以阁皂山被尊为道教灵宝派的祖山，是道教的第三十六福地。人们从贾家村向南遥望，便隐约可见峰峦起伏的阁皂山犹如一道大屏风横亘在赣江之滨。

钩岭后藩：钧岭，即钧山，在贾家村的北面，距离贾家村约 5 千米。北宋著名史学家刘恕就是钧山人，其父刘涣、其子刘羲仲皆精通文史，并称“高安三刘”。钧山山形壁立，像一道藩篱护卫着贾家村。

玉塔凌汉：玉塔，又名文景塔，位于贾家村南的赤溪湾处。这里是贾家村的水口。玉塔始建于明景泰元年(1450)，“文化大革命”期间被毁，2002 年被修复。

赤水漾澜：赤水，即赤溪。这条河汇聚九子岭的稳泉、庐泉二水，自北而南绕贾家村西而过，最后向东流入肖江。赤溪近村之处水面宽阔，河床上多红石赤沙，在阳光映衬下水泛红光，故名。两岸草木生长茂盛，风光秀丽。

台山拱秀：台山，即三台山，在贾家村的北面，距离贾家村约 1.5 千米，因三山相连，层叠而进，故名。三台山三山连拱，直贯贾家村口的畲堆，畲山即指此山。三台山被贾家人视为龙脉所在，山中树木土石均被严密保护，不得砍伐、采挖。因此，满山郁郁葱葱，景致秀丽。

星堆联行：星堆，指的是贾家村西北的七个土石岗。这是历史上贾家人用土石人工堆砌而成的。贾家村布局似八卦，状如明月，村西北的七星堆犹如北斗星护卫着这轮明月。北斗七星中的天权星即文曲星，主文运。贾家人在村西北营建北斗七星堆，旨在祈愿村中文风昌盛、人才辈出。目前仅存遗迹。

砚洲浮印：玉塔下的赤溪中有一洲，形似砚台，故名砚洲。这里塔如笔、洲如砚、天做纸、水做墨，文房四宝一应俱全。同时，砚洲中一块高地形似一方玉印。据说涨水季节，砚洲始终不会被淹没，这玉印形高地更是突出于水面，因而便有了“砚洲浮印”之说。此景也是寄托了贾家人期盼子弟金榜题名的美好愿望。

月嶂衔环：月嶂，即月嶂山，位于贾家村南约 1 千米处。

赤溪在月嶂山下宛转流过，溪曲如环，形成“月嶂衔环”的景致。月嶂山上原有一棵千年桂花树，金秋时节，桂花盛开，香飘四野，此时的月嶂山宛如月宫一般。如今该树只留下树根。

历史人物

贾怀

贾怀(1366—1440)，字季良，又字愈奇，是高安贾氏始祖贾湖的第十七世孙，也是畲山贾氏开基祖。明初，高安城南门外坪湖贾氏人丁兴旺，族人相继外迁。贾怀有次路过畲山一带，见此地山环水绕，是一块不可多得的风水宝地，遂从坪湖迁来此地定居。贾怀性情宽厚，乐于助人。他十分重视对子弟的教育，曾花费重金让长子贾信随江西名士练子宁学习，其他三个儿子也各有所成。后来，贾信因学问品行出众而入仕，累官至广东廉州知府。父以子贵，贾怀也因此被朝廷敕封为刑部清吏司主事，例赠中宪大夫。

贾信

贾信(1384—1451)，字舜夫，畲山贾氏二世祖，贾怀的长子，为“瑞州十大名宦”之一。贾信自幼听从父亲教诲，刻苦读书，青少年时曾追随练子宁先生外出游学，以博学和德行闻名，后被举荐为礼部儒士。宣德年间，贾信出任刑部广东清吏司主事，后升任工部郎中，累官至广东廉州知府。廉州盛产珍珠，一名被派驻该地的范姓太监利用职权大肆渔利，导致当地商业凋敝。贾信到任后了解到这一情况，便上本弹劾范姓太监，使其被调离廉州。在知府任上，他施善政，减轻了百姓的负担，当地百姓感激地称他为“贾父”。由于贾信为官清正廉明，政声卓著，深得百姓拥戴和朝廷嘉许，他的父母、妻子也因此受到朝廷的敕封。

贾瑄

贾瑄（1469—1560），字廷玉，又字东冈，明嘉靖元年（1522）明经进士。贾瑄少年时期入学读书，学习成绩优异。但是贾瑄成人后，连娶四房妻妾均未获子嗣，最后娶蓝氏，终于生了四个儿子。贾瑄直至五十三岁时才被选拔为明经进士，后来被朝廷任命为福建布政使司经历。不过，此时他已无意仕途，在家专心教子。在他的精心培养下，四个儿子均成长为有识之士。贾瑄晚年在家修身养性，去世时年过九旬。

贾嗣谊

贾嗣谊（1741—1788），字洛才，号梅坞，年方五岁时父母双亡，由伯父贾元超抚养长大。嗣谊幼时十分聪慧，师从高安名士陈洪淡，文采出众，十六岁时在童子试中拔得头筹。不幸的是，后来伯父双眼失明，家计日渐窘迫，嗣谊不得不弃儒经商。他经商致富后，热心宗族事务，常常资助贫穷的族人经商，或是在灾荒之年周恤邻里，因而在族中声望极高。乾隆三十三年（1768），当朝帝师朱轼的侄子朱必场率人侵挖贾氏祖山台盆岭的煤矿，嗣谊与族人嗣邑、嗣顶、绍文协力赴官府控告，并筹资遣族人必斋进京面见朱轼，说明缘由，最终平息了争端，保全了祖山。嗣谊子嗣众多，共有十子一女。他十分重视教育子弟，长子席珍早年被他送至庐山白鹿洞书院学习，后来于乾隆五十一年（1786）中举，成为畲山贾家中的第一个举人。同时，嗣谊还整顿了乾隆中期以来宗族渐衰的文风，考取功名的人也因此增多。嘉庆年间，族中凡愿意经商者，嗣谊也都出资帮助、出谋献策，族中有不少家境贫穷的人经他帮助之后，都过上了富裕的生活。嗣谊去世后，三子醇于嘉庆二十一年(1816)中举，八子献珍亦于道光元年(1821)中恩科举人，其余诸子也各有所成，可谓一门显赫一时。

贾绍文

贾绍文(1741—1820)，字中甫，号笔溪，自幼家境富裕，擅长诗文，颇富才华，但终未获功名，注籍太学后专心在家督课子弟。他为人慷慨，热心宗族事务，为宗族凝心聚力做出了重要贡献。乾隆三十三年(1768)，贾氏祖山三台山被外人侵挖，年轻的绍文挺身而出，联合族人到官府控告，最终保全了祖山。由于乾隆初年贾氏宗族事务主持乏人，族产散入各房，导致族中祭祀、宗祠修缮等事务陷入瘫痪。后来，绍文主持召集族众恢复祭田、重置族产，终于使宗族公共经费有了充足来源。嘉庆四年(1799)八月，由于贾氏宗祠年久失修，他率先捐重资并亲自督工修缮扩建，至次年九月竣工，重修后的贾氏宗祠恢宏大气。同时，他主持修复了文昌宫，作为族中办学之所，又修缮了村前赤溪边的翠竹庵以拱卫水口。此外，他还在高安城内置下一处房产，作为进城赶考的族中士子和商贩的落脚之地。重修族谱是重要的宗族事务，绍文参与了乾隆四十五年(1780)的四修族谱活动，并主持了嘉庆十七年(1812)的五修族谱活动，为宗族事务做出了突出贡献。此外，他十分重视对子弟的教育，不惜重金延师教子。长子麟书才华出众，于嘉庆五年(1800)中恩科举人，后出任玉山县教谕，其他五子亦各有所成。嘉庆二十四年(1819)，朝廷敕封绍文为修职郎。

贾玉书

贾玉书(1759—1822)，字瑞征，号文轩。玉书早年习儒，大哥席珍中举后，他弃儒经商，往来湖北、湖南、贵州等地贩运物资，获利颇丰。在他的带领下，族人中有经商头脑的人也很快发家致富了。父亲去世后，玉书全力支持大哥席珍进京赶考，同时抚育幼小的弟弟们。可是，席珍在京城参加会试返乡后不久病亡，玉书只好一人承担起养家的重任。他一方面安排三弟醇前往南昌豫章书院读书，另一方面则聘请名师来家中教八弟献珍、九弟怀珍读书，此后还送他们到南昌豫章书院求学。后来，三弟醇与八弟献珍都考取了功名。在玉书的精心安排下，四弟心成、七弟宝元和十弟怀珍在附近集市上贩卖花布，五弟正元负责管理仓库，六弟售元则继承玉书旧业，远游荆楚经商。众兄弟们可谓读书的功成名就，经商的发家致富，都过上了富足的生活。在玉书的主持下，兄弟们分家单过，但他仍然与八弟献珍生活在一起，督促献珍专心读书应举，直至献珍考取功名才分家。玉书为人正直，周济穷人，热心族中事务。嘉庆四年(1799)，贾绍文主持修复贾氏宗祠，玉书率先捐银数百两，并亲自参与督工修造。至晚年，他不问世事，只以督课子弟读书为己任。

贾献珍

贾献珍(1782—1856)，字越来，号实圃。献珍父母早逝，由二哥玉书抚育长大成人，十四岁即入府学，食廪饩，成为贡生。嘉庆十六年(1811)，清仁宗驾临五台山，献珍应诏献赋，被录用为八旗官学汉教习。两年后，献珍被挑选为誊录，又因教习期满，奉旨以知县候用。道光元年(1821)，献珍被派往山西夏县任知县。献珍为官正直，绝不趋炎附势。献珍刚到任，就遇到一个妻子与他人通奸而合谋杀夫的案子，前任知县担心此案影响自己的升迁，因此隐而不报。知府发文要求审理，献珍审出实情。但是，前任知县对献珍多方诽谤，并且诱使犯人翻供。献珍怒而掌掴前任知县，说：“泰山可以移动，此案不能改。何必多说?”此后，献珍历任浮山、猗氏、芮城、万泉、临晋、右玉等地知县。临晋地处交通要道，往来官员、使节众多。有次某将军从新疆入朝觐见，其随员沿途扰民，献珍守正不阿，严惩肇事者，并上书禀明知府。从此没人敢在临晋闹事，上级亦因此看重献珍。后来，献珍又调任左云、大同知县。晚年在泽州府讲学。献珍有三个儿子，也都做过地方官。

贾奎耀

贾奎耀(1817—1883)，字实夫，号琴南。为人严谨朴实，嗜学如渴。咸丰九年(1859)，与堂弟明耀一同中己未科举人。次年，兄弟二人一同北上进京参加会试，途中见一些大城市的风尚十分奢靡，奎耀不由感叹道：“世风到了如此地步，我为何还如此执着追求功名?”于是，他与弟弟分别，返回故里，从此不求闻达，不问世事，唯以书画自娱。有时候他会到田间与老农谈论田家劳作之苦，颇有陶渊明之遗风。当时，虽然奎耀不求人知，但很多人却想结识他，不少人更是慕名把子弟送来他门下读书，因此，他身边的从游之士常常多达数十人。奎耀以成就后学为己任，循循善诱，因材施教，因而每次当地科考选拔的士人多出自他的门下。但他从不居功自傲，为人谦和，与农夫牧子也能相处融洽，大事则循礼而为，尤其喜欢鼓励年轻人读书。他的书房名曰“小万卷书藏”，收藏了很多书。他在庭院空地种了一丛竹子，养了数种花，供平日欣赏把玩。一日，有人送来他十分喜爱的兰花，当他跨过栏杆去培植时不幸失足摔倒，以致一病不起。奎耀膝下无子，二弟将儿子代清过继给他。在他的悉心教诲下，代清先在童子试中高中第一名，又于同治十二年(1873)中癸酉科举人。但不幸的是，代清在光绪四年(1878)先于他过世。

贾济川

贾济川(1818—1864)，原名壁耀，字石生。济川自小读书，但应试并不如意，甚至取得秀才资格也颇费周折。后来，他父亲去湖南常德做生意，认为长子奎耀应继续读书应举，三子、四子年纪尚幼，而济川办事颇为干练，所以想让他弃儒经商。但济川很快就中了秀才，紧接着又在道光二十六年(1846)中举。次年，他赴京参加会试落榜，于是花钱捐了个内阁中书的官职。后来，他因父亲去世回乡丁忧。返回朝中任职后，他得到桂良、潘世恩的器重。后任浙江处州府同知，加知府衔。咸丰五年(1855)，他担任浙江乡试内帘监试官，又在咸丰九年(1859)担任恩科同考官。咸丰十年(1860)，太平军进攻浙江，他招兵练勇进行抵抗。浙江巡抚王有龄令其总理文案，后来又令其总理宁波营务处。同治三年(1864)，济川赴任署浙江乍浦同知，在途中病逝。

贾代叩

贾代叩(1813—1882)，字庆堂，在兄弟五人中排行第三。代叩的父亲贾耀开早年在汉口经商，后来因生意惨淡回到家乡，投靠在谌姓村庄的姐姐家，为姐姐家帮忙耕田。此时，代叩已是少年，每天随父亲早出晚归在田间劳作。待到成年，他见农民遇上丰收年也仅能糊口，年景不好则要饿肚子，于是弃农经商，与贩卖花布的族人合伙做生意。咸丰年间，江西发生战乱，当地客商时常遭到抢劫，代叩的合伙人力不能支，因而散伙。战乱后，花布货源较少，价格高昂，他拿出所有积蓄贩卖花布，获利是往常的三倍，几年的工夫他就发财了。他平日生活俭朴，饮食简单，华丽的衣服只在庆典时才穿一下。他与人交往讲究以诚信为本，所以在当时花布行业中声望很高。每年新花布上市，买主都到湖口县流澌桥一带的花布行中与卖主交易，按照惯例是以买客到达先后次第开秤。有一次代叩到得稍迟了些，按规定不能插队。他担心布价上涨，采购不到花布，失去赚钱的机会。于是，他就到外面把装花布的芦粟包全部订购，与卖包人约定不能卖与其他人。后来，先到的花布客商买好花布后却没有包装，无法运输。于是，这些客商只好来找代叩通融，要求将芦粟包拿来分给大家，而他们同意让代叩采购足够的花布运回销售，代叩因此在这次生意中获得了丰厚的利润。由此可见，代叩在生意场上不仅胆略过人，而且智谋也胜人一筹。

贾耀笑

贾耀笑(1819—1876)，自幼聪慧且很有胆略，他的舅舅邓某十分器重他。舅舅是一名漆商，在河南睢州东关的集市上开店。后来，耀笑就到舅舅店里做事。耀笑勤谨练达，各种事情都能做得井井有条，不多久就能在生意场上应付自如，舅舅因此十分高兴。咸丰年间捻军攻打睢州，耀笑在常李市被抓，幸亏他十分机智，躲在枯井里逃了出来。几天后，当他逃回东关集市时，捻军已经被清军打退。但集市已半为焦土，尸横遍野，惨不忍睹。舅舅的店被抢掠一空，舅舅不知所终。此后，他孤苦伶仃，十分落魄，只好在集市上吹箫乞讨。耀笑曾与一个在睢州卖桐油的西藏富商来往较为密切。由于时局动荡，这个西藏商人萌生归意，他知道耀笑诚实守信，于是把各处囤积的桐油交给耀笑出售，每年只要本钱，不要利润。数年下来，耀笑诚信经营，为那个西藏商人卖掉了桐油，自己也赚了一大笔钱。后来，他便在睢州长岗集开起自己的店铺来，从此过上了富足的生活。

贾代发

贾代发(1872—1922)，号达轩。代发出生时母亲已经失明，是由乳母抚养长大的。他父亲贾耀光在湖北某地开设漆铺，见家中多有不顺，心中十分忧虑。代发童年时便随父亲一同来到湖北，读了几年书后，就开始学习经商。后来，他父亲因年老力衰，在外难以维持，就关了漆铺回到家乡。数年后，代发刚刚成家，父母就先后去世，家中从此败落。代发为了谋生，曾来到瑞州南城开了个小店，但生意不好，一年不到就关门了。后来，族兄贾代徐去湖北施南经商，代发考虑再三，想重操旧业，就与代徐结伴同往。到了施南后，代发本钱不足，每次采购货物有限，一年只能跑一个来回。但几年下来，在他的辛苦经营下，家境渐渐宽裕。代发在施南待的日子久了，对当地情况渐渐熟悉，有个叫刘木斋的老板聘请他一起打理生意，两人相处十分融洽。刘木斋后来让他独立经营位于茅坝的分号。他经商以诚信为本，在施南声望日高，生意兴隆，成为当地巨富。他在家乡时乐于助人，积极参与公益事业。他在施南告诫同乡不要喝酒、赌博。有的人输光了家财，他便资助使其恢复旧业；有的人年纪大了不能返乡，他便给其路费使其早日回家。此外，他还常常周济失业的人和岁末陷入贫寒中的人。1922 年初秋，代发在茅坝遭遇暴徒，不幸被杀。

贾秋华

贾秋华(1875—1930)，字义林，谱名家骅，在家中排行第四。他幼年时家道中落，未能获得读书的机会，从小便在家务农。但他的眼界和才华非一般人可比，因见三哥骐生在钱庄做事而过上富裕生活，于是决定外出经商。秋华前往赣州贩运木材，屡屡获利丰厚。他用经商赚来的钱在家乡购置田产，几年的时间便富甲一方。秋华富裕后更是乐善好施，平日施棺木、济贫困，做了许多善事，又在家开设一个杂货店以便利乡人，对各种公益事业也竭力支持。他生性豪侠，喜欢结交武林豪杰，曾得到高人的真传，学得高超医术，为乡邻治疗跌打损伤，往往药到病除。

贾石

贾石(1919—1988)，原名贾守厚，是贾代发之孙。幼年在家乡景贤小学读书，后来考入高安县立初级中学。在校读书期间，贾石酷爱体育运动，中学毕业后，即受聘景贤小学担任体育教员，不久转任笃志小学体育教员。他性情耿直，好打抱不平，因此被中共地下党员、珠湖小学教员杨实人看中，吸收他参加地下革命活动。他逐步成为一名追求革命理想的进步青年。1937 年冬，经杨实人介绍，他到南昌新四军办事处报名参军，并改名贾石。1938 年，贾石奔赴延安，入抗日军政大学学习，并加入中国共产党。1939 年，他在中共中央军委总政治部任干事。1941 年，他被派往陕甘宁边区政府担任西北土产公司三边分公司副经理，开始从事商贸工作，在职期间想方设法冲破重重困难，开拓商贸渠道。1946 年，他被调往西满军区驻满洲里办事处任处长，开始从事对外贸易工作。此后，他先后担任嫩江军区后勤部部长、兴安省财政厅厅长、牡丹江省财政厅厅长、东北财经委员会财政金融贸易处处长，沈阳市财政局局长。中华人民共和国成立后，贾石历任贸易部国外贸易司副司长，对外贸易部局长、部长助理、副部长，对外经济贸易部副部长兼进出口管理委员会、外资管理委员会副主任，香港华润（集团）有限公司董事长，中国国际贸易促进委员会会长等职务。贾石以出色的外交与商贸才能，为中国对外贸易赢得了良好声誉。1988 年 9 月，贾石因病去世。

贾克玖

贾克玖（1949—2010），在家中排行第九。1968 年 1 月，他参军入伍。1972 年 12 月，他在部队加入了中国共产党。1973 年 2 月，他退伍回到家乡。此后，他担任过村治保主任、生产大队大队长、村党支部副书记，1989 年 8 月任景贤村党支部书记。他长期工作在农村一线，担任村干部 30 余年，勤奋务实，无私奉献，团结和带领村民一心一意谋发展。他为贾家古村的规划、修复和开发做出了重大贡献，人们亲切地称他为“玖爷”。他先后荣获“江西省优秀村党支部书记”“宜春市五十佳党支部书记”“十佳宜春人”“高安市优秀党支部书记”“高安市十佳村干部”“高安市劳动模范”等诸多称号。2010 年 10 月，贾克玖因病逝世。他的事迹被编成高安采茶戏《玖爷和他的贾家村》上演。

民俗文化

贾家村人口众多，传统节庆期间村中气氛十分喜庆，特色民俗活动丰富多彩。

一、春节习俗

（一）正月初一族拜

正月初一，贾家村要举行族拜，在外的族人都会赶回来相聚。一早，各堂男丁就会提着写有各自堂名的红灯笼、带着香烛鞭炮来到贾氏宗祠祭拜列祖列宗。拜完祖宗之后，族人之间相互拜年，然后大家围坐在八仙桌旁喝红糖水、吃四方糕。

（二）正月初三请菩萨

正月初三下午 3 点左右，贾家人抬着轿子和祭品到村外的大王庙、土地庙请菩萨，一路上敲锣打鼓，鞭炮、土铳齐鸣，场面十分热闹。这天村中百无禁忌，大家打牌、唱戏、吃喝。因此，贾家村有句俗话说："第一请菩萨，第二娶老婆。"意即请菩萨和娶老婆是两件特别开心的事。欢庆至子夜时分，族中尊长开始下令分时段发出迎请菩萨的三通锣响。第一通锣响提醒各家准备请菩萨；第二通锣响提醒各家备好三牲（牛、羊、猪）；第三通锣响是在凌晨五六点钟，请菩萨正式开始。人们抬着菩萨经过各家门口，每家每户都要放鞭炮并用三牲供奉，绕行全村后菩萨最后被迎请到贾氏宗祠。初四上午，人们再将菩萨送回庙中供奉。

（三）正月初四畲堆聚会

初四上午送完菩萨后，全村男女老幼都会聚集到村北入口处的畲堆上观看打铳比赛。小伙子们持铳列队对靶射击，比的是打铳的技巧和精准度。下午，畲堆则成了女人的表演场，全村新娶的媳妇齐聚于此举行“三比”：一比美，看谁的装扮最漂亮；二比才，看谁的针线活做得好；三比艺，看谁吟诗作赋有文采。

（四）正月初八赶集开圩

正月初八是贾家村旁的傅家圩新年头一个圩日。贾家村不少族人在此经商，因此这天也是贾家人开年经商的吉日。每年开圩，这里的戏台上都会进行唱戏、舞龙舞狮和武术表演等民俗活动以助兴。至今，贾家村还保存着一块当年傅家圩古戏台上的横匾。

（五）正月初九出差龙

正月初七之后，贾家人就开始制作龙灯，龙身由竹篾扎成并糊上鲜艳的彩纸。差龙，又名竹节龙，制作方法是在扎好的圆筒形竹笼上糊上棉纸，画上龙鳞，配上龙头，再用棕绳串联起来。差龙的龙头点三支烛，龙尾点三支烛，其余各节点两支烛。贾家有铨、陆、东、西四大房，每房出两条龙，每条龙配十一人，加上锣鼓班，整个舞龙队伍多达二百余人。正月初九至十五每个晚上都要出差龙，各舞龙队先到贾氏宗祠前集合，出龙时鞭炮齐鸣，鼓乐喧天，场面十分壮观。贾家村出差龙行程为：初十朝大王庙、十一朝紫府观、十二朝翠竹庵、十三朝万寿宫、十四朝普贤禅寺。差龙向庙进发时，庙主事先要在路上流水处插香，意为“龙遇水活”“龙随香走”，俗称“走神路”。到了庙里，庙主先为龙队祈祷，龙队朝拜菩萨后进行舞龙表演。

（六）正月初十舞夜龙

贾家村有正月初十晚上舞夜龙的习俗，这一方面增添了节日的喜庆气氛，另一方面是为了祈求风调雨顺。相传清初有一年大旱，贾家人决定舞夜龙求雨，每房出两条龙，四房共出八条龙。龙身上插上点燃的香，舞动起来很是壮观。舞完夜龙后，人们将龙身上未烧完的香和各家各户送来的香一起在贾氏宗祠前水塘边点燃，虔诚祈求龙王降雨。三天后，大雨从天而降，而且这一年舞龙头的小伙子喜得贵子。从此，舞夜龙成为贾家村的传统民俗。为了不耽误农时，贾家人把舞夜龙定在每年正月初十晚上举行。村中流传的童谣唱道："舞龙头，舞龙尾，个个孩儿来求雨。求一点，舀一勺，上田盛满下田落。今年田不干，降下大雨满田涨。……"参加舞夜龙的都是村中十来岁的男孩，他们穿行在街巷中，一边舞龙一边唱着童谣。贾家人认为舞龙头会带来好运，为免起争端，村中立下规矩，龙头由这年结婚的新郎官来舞，如果人数较多，就选排行大的。这叫娶亲迎龙，早生贵子。若是下半年舞夜龙，必定是因为遭逢大旱，为了求雨而迎龙。

（七）正月十五滚龙

正月十五，新年庆祝活动达到最后的高潮。这天上午，全村舞龙队伍一齐出场，每支舞龙队都由精壮的小伙子组成，他们从贾氏宗祠一直舞到傅家圩。敲锣打鼓的舞龙队行进到各家各户门前时，人们鸣爆竹相迎，场面十分热闹。

二、五公庙会

五公庙会是贾家村传承至今的民俗活动，主要是祈求先祖保佑合家平安，风调雨顺。每年农历五月二十四日，人们都要从五公庙中抬出神像游遍贾家村的主要街巷。五月二十五日，请戏班唱完戏后，人们又将神像送回五公庙。这两日，人们都要带上供品到五公庙祭祀，祈求家人安康。此外，贾家人还会请来当地戏班在贾氏宗祠前进行求雨演出，场面热闹非凡。

三、手工技艺

（一）织布

清代织布机

纺纱织布是贾家村妇女的传统手工艺之一，村中至今保存着清代的织布机。手工织布的工艺极为复杂，从采棉纺线到上机织布要经过轧花、弹花、纺线、浆染、落线、刷线、织布、了机等大小七十二道工序。

（二）纳鞋底

纳鞋底是贾家村妇女的传统手工艺之一，先把若干层白布叠在一起，每层中间都抹上糨糊，使其紧紧地黏合在一起，然后用白线纳起来。针脚越细密，鞋子的寿命越长，穿着也越舒服。用这样纳好的鞋底做的布鞋通爽透气、舒适轻便。

（三）挑花

挑花是贾家村妇女日常习作的又一项传统手工艺。挑花图案一般用在枕头、枕巾、被面、围裙、荷包、门帘、童衣、兜肚等物品上。挑花的构图形式大多为“米”字形，呈放射状，图案上下左右对称，纹样环环紧扣，中心则是一个单独纹样。

四、传统美食

（一）四方糕

“四方糕”是贾家村的特色美食，有俗语称：“吃了四方糕，红红火火走四方。”传说明嘉靖年间，村里有个小伙子自幼父母双亡，由兄嫂抚养长大。他长大后决定到广东经商挣钱报答兄嫂。出发前一天，嫂子连夜做了四十四块四方糕，用红纸包好给他带着路上吃。临行时，嫂子关切地对他说：“这四十四块四方糕愿你走四方、红四方、吃四方。”在亲人的激励和关爱中，小伙子在外经商获得成功，第二年年关便带着丰厚的钱财回来了。四方糕是贾家村婚嫁、寿诞、建房上梁、走亲访友等活动中的必备茶点。

（二）四盘两碗

清代高安名宦朱轼历康雍乾三朝，曾当过乾隆皇帝的老师，被誉为“帝师元老”。雍正四年(1726)正月，因母亲病故，朱轼回乡守孝。朱轼与畲山贾氏有姻亲关系，丁忧期间常与贾家人往来。每逢朱轼来访，贾家人便设宴隆重款待。但朱轼为官清廉，生活简朴，他对贾家人说，不必这么铺张，只需“四盘两碗”，即菠菜一盘、韭菜烧豆腐一盘、猪耳朵一盘、咸鸡蛋一盘、蒸蛋一碗、红烧冬瓜一碗。“四盘两碗”以素菜为主，体现了朱轼清廉俭朴的本色，因此也被称为“朱公席”。从此，“四盘两碗”成为高安一带民间待客的传统宴席。

（三）手工挂面

贾家村出产的手工挂面细如发丝、洁白光韧。手工挂面选料考究，制作精细，整个制作要经过和面、盘条、绕条、拉条等十几道工序。手工挂面用开水煮两三分钟即熟，入口绵软，回味悠长。

（四）土扎粉

土扎粉是贾家村的一种传统手工米制食品，其制作原料是早籼米。制作土扎粉，首先要把大米浸泡透，然后放在缸里发酵近一个月。接下来就是磨浆、过滤、揉成粉团，再将粉团放在甑中蒸，蒸过后又用石碓捶，捶后再蒸，如此这般，粉团就变得韧性十足了。然后就是上扎架扎粉，扎架有点像绞车；用力扳动绞棍，粉团便通过扎架上的孔板形成银丝般的扎粉，倾泻到下面烧开水的大锅里。最后，就是把煮过后的扎粉摊片、晒干。土扎粉有独特的醇香风味，可煮、可炒、可凉拌。

（五）麻糍

麻糍是贾家人喜欢食用的一种传统糕点，以糯米为原料，具有软而不黏、味香色好、煎煮皆宜等特点。制作麻糍的过程如下：先将糯米碾白、洗净，浸一天一夜，滤干蒸熟，倒入竹盘内，拌适量碱水，待米饭成金黄色后，用甑再蒸一次，然后倒入石臼内，用木杆舂至不见米粒、表面光滑时，取出切条或填入有花纹的模具内压成圆饼状，冷却后放入碱水内保存。麻糍可以水煮、油炒，拌白糖或加食盐蒸食。

（六）畲山酒药

畲山酒药是贾家村特色产品，贾家村家家都有用这种酒药酿米酒的习惯。人们想喝米酒时，将适量酒药与蒸熟的糯米粉均匀搅拌后贮藏，过几日便可喝到醇香无比的米酒。

文献

本章内容悉录自贾氏族谱。文中有个别模糊不清之字用□表示。

一、书信、族谱源流、谱序、谱跋、家训

河南祥符赵尚书讳玒寄舜夫公书

予在家闲暇，一日鄢陵舍亲贾愚持兼帛、赍族谱来求余文。披阅再三，有本渊仕赵宋，迁江西筠州刺史，老辞上解组，命长子九四就任所田庄居住。余素知是旧知贾兄宗系，今因本布政司参议祝令人来京，将此谱寄付兄看，以便增修，只此寄意。

鄢陵贾氏族谱源流

贾建深，字允源，汴梁鄢陵人也，生于李唐光化戍（戊）午四月二十一日卯时。岁未周，父伯澄早卒，母孔氏劬劳纺织，教养有成。公资性明敏，博通“五经”，动止有常，喜怒不形于色，邻郡生徒受学者常百数十人。是时，襄阳武当县尚书郑公，闻其贤能，以女明洁招公为婿。事闻当朝，召拜河南江北等处行中书省[1]参知政事。母孔氏，妻郑氏，封夫人。母卒于辛巳

① 此处误。当时并无河南江北等处行中书省之称，下同。

七月十五日申时，奉棺还葬许州襄城县南凤凰坡。公生三子，曰俊、曰杰、曰仁。女明贤，适河东大同总管徐伟。公在任政声扬溢，抚字有方，不升不调。卒甲戌四月初八日未时，享年七十有七。妻亦卒于本年十月十七日申时，享年六十有五。俱奉棺各葬于母夫人墓旁，子孙仍归鄢陵。贾俊，字彦伟，生壬午十二月初十日卯时，娶太原知制诰易焕女，以故官嫡长子起选翰林，考通经学，受列议大夫，掌真州政事知州①，在官开河立坝，有功于朝，多受赏劳。生子二，曰纲、曰纪。公夫妻殁葬于彼，二子亦居于彼坝上，此不备载。贾杰，字彦英，生乙酉六月十七日酉时，娶祥符县尉任度女，无嗣，夫妻皆享年七十之上。殁葬本县，地名乌龙冈。贾仁，字彦德，生丁亥八月十一日申时，娶南阳太守郑以道女，生子三人，曰湖、曰海、曰川。公殁戊戌九月十六日未时，享年七十有二。妻殁己亥二月十二日未时。俱葬乌龙冈。贾湖字本渊，生后晋开运丙午七月初一日申时，娶新野县侍郎胡公炳之女。公戊辰科与弟海公同中进士。公中第二十一名，受资德郎、河东平阳路判。因平王钟主持镇江西，移檄调筠州刺史。② 生子三人，曰九四、九五、九六，俱读书好善，自号居士，不愿仕宦。公七十有余，力以老辞，上许致仕，率长子九四就任所高明门外斛里保依庄田居焉。

贾氏重修族谱旧序

家之有谱，犹国之有史，故古今之谱皆所以著姓氏而立宗法也。著之以姓者，考其祖考之所自出；别之以氏者，考其子孙之所由分；立之以大宗者，使之同尊其祖也；列之以小宗者，使之各亲其亲也。尊尊者，仁之爱；亲亲者，义之敬。尊尊亲

---

① 此处误。当时并无真州之称，亦无知州之职。又，下文祥符县、平阳路、建康路等地名并非文章所述时代的地名。

② 此处误。平王钟指的是钟传，下文南平王亦指此人，但钟传与贾湖并非同一时代之人。

亲，名分秩如，恩意蔼如，则凡所以敦族谊而厚一本者无所不至。后世此法不修，作谱而得其善者盖鲜矣。至宋欧苏二公始为得其旨。然欧之追远犹失之泛，苏之自详犹近于隘，惟程子以义而立始祖为得其善焉。余观贾氏重修之谱，因三先生之事而会乃祖大郡伯之意，自始祖建深而上不复远追者，戒其泛也；自是以下各得其详者，广其隘也。正而直书者，苏之仿宗法也；旁而横书者，欧之效年表也。横书而类系者，父子之相生，嫡庶以之而明矣；直书而联系者，兄弟之行列，长幼以之而序矣；娶而书其下者，夫妇之倡随也；生而殁葬者，人事之始终也。繇李唐咸通迄我大明正德，岁经六百有余，自鄢陵至斛里及畲山，世历二十有五，披图一览，了然具见，此贾氏之谱所以为善也。此廷贵辈可谓能悉其心而推其意也。嗟夫！谱之以始祖者，以一人之身系千万之人，以千万之人而属之一人之身，则凡其所厚者，无不有以厚之；富贵贤达者，尊而敬之；贫贱愚鲁者，矜而恤之。喜有庆，忧有吊，役有助，难有拯，死有葬，本愈固而其末愈茂，源愈深而其派愈长。贾氏之后嗣盛奚有异于是耶？余重廷贵之请言，自不容于靳，遂述其事于谱云。

时明正德十五年庚辰岁仲秋月穀旦，赐进士出身、文林郎、提督直隶学政渝川傅元序。

畲山贾氏重修族谱旧序

畲山贾氏，高邑著姓也，其先世居汴梁之鄢陵。李唐咸通间，建深始生[①]，俊伟有成人状，识者知其不凡。父伯澄早卒，赖母孔氏以纺织为教养之资。学既优，僖宗朝召拜为河南江北行中书省参和(知)政事。深生三子，曰俊、曰杰、曰仁。俊以嫡入翰林，考通经学，授列议大夫，掌真州政，开河立坝有功，多受赏赉。仁生湖与海，兄弟同中宋开宝戊辰进士。海历任江

① 与上文所述贾建深生年有很大出入。

东建康路推官，湖初任河东平阳路判。时南平王镇江西，移檄升筠州刺史[1]，年七十以老辞。长子九四，就高明门外斛里，依父任所制田宅，遂筑室而居于斯；次子九五居安庆；幼子九六仍归鄢陵。至国朝洪武初，九四之十世孙季良，学精天文地理，择所居之美，得畲山里，遂迁之。而长兄孟良尚居斛里，次兄仲良则分居营下焉。季良生子四，长名信，字舜夫者，赋资颖拔，明《书经》，时以博学擅名。宣宗章皇帝选授刑部广东清吏司主事，敕封父季良如信官，母南氏封安人，如信配蓝氏之封。次升郎中，继升广东廉州府知府，尝慨："十四世祖清甫以前，屡值兵燹，宗祀不绝如线。延及于信，叨承禄位，实由先德。不于此时联宗派而谱之，安在其为尊祖而睦族也乎？"此十八世之谱所由作也。迨今去世益远，子孙益繁，宗子瑚为宗学之冢嗣，从勉之长孙也，体先人之心，惧宗派久而或紊，于是重修二十三世谱。谱成，白之族长，谋之弟侄，裒财锓梓将授之同宗者，以次昭穆，以示劝惩，而以自序之为轻且亵，乃致谱嘱予以代之言。予深嘉其一图之中，簪绂之传，源流派分，锱铢不爽，若忠若义者激于外，若节若懿者范于内，学优才裕，而将以为科目之光者又骎骎向用，诚为百代之家乘也。然气化有升降，故人事不能以不异。凡为贾之后者，所贵开心明目，律用是从，否用是违，则以世传世，子可为孝子，孙可为慈孙。仰而无忝于先，俯而有开于后，祖宗之庆泽犹未有涯涘，否则谱之有无奚关于轻重耶？权衡人物，太史职也，于是乎书。

时明正德十五年庚辰仲春之吉，赐进士出身、翰林院编修安成邹守益序。

畲山贾氏重修族谱后旧序

古者，天子建德，因生以赐姓，胙之土而命之氏。诸侯以

① 此处误。南平王钟传与贾湖并非同一时代之人。

字为氏，因以为族，官有世功则有官族。至于士庶人，又以义起之也。氏肇于盘古之际，姓始于人皇之后。氏以姓属，姓以族分，乃所以崇恩爱、厚亲姓、远禽兽、别婚姻也。然则家之有谱，用之纪姓氏、书宗法，而备载人事之始终。第贵类分而病牵合，贵切实而病多援。如狄青遭遇不自附狄梁公之后，世论优之；郭崇韬既贵而拜郭子仪之墓，识者嗤焉。概可见矣。长安贾氏，其始祖建深为河南江北行中书省参知政事，其二世祖俊为列议大夫，其三世祖湖与海同中开宝戊辰进士，以迄于二十世祖信守官廉郡，诚官族也。至二十三世宗子瑚，见族衍益繁，惧其久而或紊，于是竭群力币聘名公属序，先后仿旧谱例而重修之，董率其事者珂瑨，至善、本善、辅善、和善、修善、为善、容善、承绪大有功焉。越明年，绣梓就绪，珂瑨辈以族谱者，苏老泉尝释之为世系也。夫老泉之心，岂不曰："前有作而后靡有述，则世系莫详。"故欲垂训后世，以时修之，使姓氏、宗法、人事始终历百千万载得有所据。彼能言其祖，郯子见称，不知其先，籍谈贻笑，类系于记载之备与否也。此珂瑨辈所以惓惓属望于其后世子孙，欲其体今日之心而举行之，犹今日体先世之心而举行之。若夫传世远近，簪绂贵盛，固有邹君编修、毛君侍御、傅君豸史三大手笔在焉，予何容喙，特书此以镂珂瑨辈之意，而殿群玉之队云。

时明正德十五年庚辰岁季春月下浣之吉，新喻章锦顿首拜撰。

贾氏三修族谱旧序

古者，小史掌邦国之志，奠世系，辨昭穆，盖其慎哉！近世以来，世家巨族竞尚族谱，视古加重，然尊尊亲亲之意稍稍衰焉。何以故？古以敦宗谊而后世以炫宗望，其所为教异也。吾乡贾氏，筠之望族也，先世居鄢陵，自湖公调筠州刺史，率长子九四于城南斛里居焉，高安有贾自兹始。传十七世而有孟良、仲良、季良兄弟。孟良世居平湖，仲良始分营下，长与夫子从荣迁三湖，幼镗夫迁梅溪。季良识畲山为毓秀之区，遂托居于其地。长子舜夫才尤超轶，以博学擅名，由主事历任广东廉州守，清慎廉明，多惠政，善庆绵长，故尔才俊间起。丁巳秋，族绅士恻然动念，取往昔家乘合数派而增辑之。谱成嘱序于予，予与贾氏旧联姻娅，与诸君子尝相往来，知其风淳俗厚，人朴行古，未尝有骄矜华侈态。今观贾氏之谱，其世系之详，昭穆之辨，披阅之下，了如指掌。睹世代源委之所自，尊尊之心生焉；睹支派远近亲疏之有等，亲亲之义起焉。缘联疏戚而一之则宗谊重，宗谊重则礼俗成，国家恒必赖之。是谱也，岂不犹良史哉？而贾氏之衣冠文物，策名仕进，将必有列钟鼎而膺华膴者，岂特媲勋廉郡，为吾乡望已哉？予故乐道其盛而为之书。

赐进士出身、诰授通议大夫、仓场总督、户部侍郎、年家眷弟陈守创顿首拜撰，皇清乾隆二年丁巳孟冬月穀旦。

畲山贾氏三修族谱旧序(一)[①]

窃维谱所繇重，尚已谱也者，谱其族也。长幼尊卑，非谱不辨；孝友睦姻，非谱不兴；德行文艺，非谱不著；婚姻嫁娶，非谱莫稽；存殁宅兆，非谱莫考。修之宁等夷事哉？筠阳贾生步青，丙午科分闱所得佳士也。予自赣调仕南昌府新建县，下车即首询。瑞之贾姓为筠仁里，治距其乡百余里，固招之，乃来。予见其举止端庄，言论质朴，浑然有仁人长者风。久之，备道其家世，原本风俗俭素，惧其族久益繁，谱缺弗续，固尝念之。未几，贾生携谱来，嘱余为序。余维谱者，传家书也，述前不据为妄，传后不信则诬。按贾氏之谱始于鄢陵参政建深公，而择高安之平湖则筠州刺史湖公也。其分居畲山及三湖、

① 序号为整理者所加，下同。

梅溪，实始于十世孟良、仲良、季良。自良而上，知之略而多阙文，嗣后近者书其生殁葬娶为详，行实、履历、勋业不数书，书率有据，足征贾氏事迹矣。其间五服九族，派列分明，宗支条列，昭穆井然，隆杀秩然，珠联绳引，历历如见，所谓信而可传者非耶？夫以贾氏之绵绵相继，闻硕相望，蔼然孝悌之风、浑乎淳朴之行昭然若揭，非其先世修德励行，孰克致此？而谱者兢兢，言必中伦，书必中节，绝去夸诩粉饰之习而一主于忠信质实，以训励其子孙，使之观源以知流，因异以致同，联疏以为戚，而不以诬妄参焉，则贾氏谱者意也。盖谱之重于世也久矣！自是以往，宗人士于焉益敦其本而益厚其俗，祖宗之灵爽又阴护而默佑之。才俊鹊起，科甲蝉联，予将拭目以观其后。

时皇清乾隆二年丁巳仲秋月之吉，赐进士第、文林郎、知赣州府石城县调南昌府新建县事、年通家弟宣义朱允元顿首拜撰。

畲山贾氏三修族谱旧序（二）

《礼》有之："万物本乎天，人本乎祖。"是敦本之道莫大乎尊祖，此谱之所由系也。自宋以来，士大夫家无不修明族牒。而筠南贾氏为吾邑巨族，其先世太守公勋著廉郡，泽及珠池，载在郡乘，焜耀耳目。迄今贤哲叠兴，人才蔚起，则奠世系、辨昭穆不诚亟务哉？今观贾氏之谱，溯自鄢陵湖公莅筠州为初祖，重始迁也。嗣若孟良居平湖，仲良居营下，后一迁三湖，一迁梅溪。季良居畲山，原其所自始，循其所自分，远不外附，近不内遗，所谓一本者，胥于此而见矣。予尝谓："人生百行多由勉强，惟孝弟出于自然。"以伦常之理本在人心故也，但无所触，则不生耳。今则卷帙昭然，披览之下，父子兄弟之伦了然共见。由是心以有所触而动，而兴孝兴弟有不卜而知者。然则贾氏之敦伦纪、振纲常、为宗族光者，何莫非尊祖之所致耶？嗟嗟！吾筠之以世族名者不少矣！能轸念于祖之所自出者，指盖不多屈焉。贾氏独能合志尊祖，会同宗而续新之。由远而近，若是其详；由亲及疏，若是其洽。虽有支分派别之殊，而尊祖之心则一，其意善，其法良矣！自兹以往，吾愿族之闻人膴仕，后先济美，俾湖公名宦暨乡贤太守公之绩益彰，庶百世下称贾氏之著于不衰。谱既竣，贾公天衢长兄缄书索予序，以予同出邑侯林半野、学宪杨念亭两夫子门，谊不容辞，于是乎书。

时皇清乾隆二年丁巳孟冬月穀旦，赐进士出身、翰林院庶吉士、年愚弟吴学瀚顿首拜撰。

畲山贾氏三修族谱源流

谱，所以传信也。我贾氏自汉唐来，以姓字焜耀史册者固无限，然滥稽逖附不惟不足为谱重，且恐其诬我先人，故吾族之谱断自建深公为始祖，谨所自出也。建深幼子仁公生子二，长子湖公与弟海公同中宋开宝戊辰进士。湖公调筠州刺史，长子九四公遂家于高明门外斛里，是为高邑贾氏始祖也。九四公次子行谏公，行谏生吉祥公，吉祥长子继宗公，继宗生昶公，昶长子贯道公，贯道长子日谦公，日谦长子孔坚公，孔坚长子尚仁公，尚仁长子重德公，重德长子益昂公，益昂次子文公，文公长子清甫公，清甫生显叔公，显叔长子德容公。德容生三子：长孟良公世居平湖；次仲良公迁居营下，后分三湖、梅溪；幼季良公卜居畲山里，是为青族派祖也，再传有太守舜夫公，得鄢陵贾氏源流始定族谱。至五世祖廷贵公等复增辑之时，惟前明正德之十五年也。迄于今，年历百余，人阅六世矣！岁月既深，支派蕃衍，有室庐僻远渐次相忘、久客不归流传外籍者，于是因众成疏，因疏成涣，因涣成疑，而敦本睦族之意稍稍衰焉。前此族绅士虽欲重修，无如资用浩繁，故皆有其志而未逮也。青自顾半通未绾，显扬有待，仰怀先彦，俯念来者。当斯时而不奋勉修辑，虽存者岁时有聚首之欢，而殁者纪载多缺略之憾。爰集族内同志相与矢心协力，存信阙疑，兢兢义例惟谨，源总为一，派列为三，谱分为四。阅六月而谱告成。斯举也，愿后之继今，亦犹今之继昔，敦本睦族，莫此为大。夫岂敢谓青一人力哉？亦幸无负于先绅士之素志云尔。

时皇清乾隆二年丁巳岁孟冬月之吉，二十八世孙步青顿首拜撰。

畲山贾氏三修族谱引言

盖闻千叶敷荣，不逾一本，众流分派，总属同源。吾族受姓，由来久矣！历数前徽，代多名哲。学通今古，撤御座之金莲；策奏治安，调汉家之玉烛。言语妙天下，金阙扬名；谋猷冠群英，云台树绩。渊博则神雀有颂，综核则至言可师。莅官与廉范齐名，民歌来晚；治水嗣大禹立法，计别上中。龙池染翰，乔梓世掌，丝纶洛水；宣猷昆季，碑传棠棣。百知惕于衾影，却果何殊却金；五凤飞入翰林，奇姿兼以奇遇。凡兹徽扬史册，勋纪太常，莫能殚述者也。然而宗远必先祖近，由亲乃可及疏。溯我祖湖公，字本渊，再字中立，河南鄢陵县人，第进士于开宝，授刺史于筠州，后与长男九四公卜居斛里，传十六世至德容公，生子三：长孟良公世居平湖；次仲良公居营下，生子二，一居三湖，一居梅溪；我祖季良公居畲山，生子四，长舜夫公，次周夫公，三鲁夫公，四汉夫公。舜夫公官廉州太守，莅事廉明，以清白称，具载省、郡、邑志，是为雯焕等所自出之祖。暨叔祖周夫公、鲁夫公、汉夫公，并皆克绍前业兼裕后嗣者也。佳山胜水供骚人逸士之吟，沃壤膏腴作盈室宁家之计。由是人文蔚起，竞称阀阅之家；子孙殷蕃，不乏簪缨之胄。盖先畴可服，旧德难忘。爰复兴族谱之修，昭穆可考；用效欧公之式，义例攸遵。惟兹远引遐稽，非侈传闻广见，盖由鼻祖以逮，厥考世系必详，自孙曾而及云仍，亢宗是望。庶几问官克符郯子之对，数典毋踵籍谈之讥。

时皇清乾隆二年丁巳岁孟冬月谷旦，耳孙雯焕、经邦、飞鹏、元弼、梦熊同顿首拜撰。

畲山贾氏三修族谱识

族之有谱也，上以纪源流，次以别支派。源深则流长，支分则派远，谱之所系綦重哉！溯我远祖参政建深公，开封鄢陵人也。其孙中立公，名湖，字本渊，中宋开宝戊辰进士，初授河东平阳路判，旋升筠州刺史，及解组置庄田于高明门外斛里，率长子九四公家焉。传十六世至德容公，生子三，长孟良公居平湖。次仲良公析居营下，生子二，长禹夫子从荣迁三湖，次汤夫迁梅溪。季良公则迁畲山，即栋之始基祖也。历北而南，见畲山川原平旷，山水秀丽，有阁峰前峙，钧岭后藩，又有稳泉映带乎左，大峰磐巩其右。经营而宅居于斯，其为我后人计者，诚深且远也。公生子四：长伯祖舜夫公，次祖周夫公，又其次则叔祖鲁夫公、汉夫公。四公皆具英敏特达之资，以故一时家业渐盛。而伯祖赋资尤颖，以博学擅名，由主事历升广东廉州守，屡著奇勋。任主事时与鄢陵尚书赵友善，因得远祖源流，厘定族谱世系之昭穆、长幼之次序、分迁之源流、里居之同异，井井绳绳，有条有序，诚为百代之信乘哉！迄于今，历世既久，生齿益繁。莫为之前，虽美不彰；莫为之后，虽盛弗传。谱帙之朽蠹，将何以考先代之世系，启后世之孝思乎？岁丁巳，族人士论及增修，咸曰："急务也。"爰是由今溯古，准旧增新，直书以明父子，横书以联兄弟，一脉收而泾渭别，非种锄而真伪分。书爵、书名、书字、书行、纪生、纪殁、纪娶、纪葬，可以会万殊于一本，可以聚百代于一堂，先世之源流因兹益著，后代之支派由是而开，洵盛举也！谱成敬撰数言，以述其所自云。

时皇清乾隆二年丁巳岁孟冬月，二十八世孙为栋薰沐敬撰。

贾氏廷贵公支谱序(一)

尝闻故家巨族更历数世，鲜有不失其宗者，故君子重焉。诚见夫同宗之为重，而宗子为尤重也。畲山贾氏于筠南望族，簪缨仕宦，代不乏人，其载之史而详之志者迄今昭然耳目，盖家声之赫奕由来旧矣。今年秋，重修族谱，工已告竣，而廷贵支派复出其支谱示予，而嘱之序。予披阅良久，喜而为之言曰：“廷贵，贾氏宗子也，其特表而详载之也亦宜。公以冢孙入主宗祀，智识超卓，学问宏深，一时荐绅大夫争与之交游。用是上取鄢陵世系，下及畬山宗派，重订而增修之，经营两载，始告成功，于是见廷贵公之善承先烈而佑启后贤也。且公尝念乃祖太守勋猷，务追配前人，嗣后诸先达辈皆能不陨其家声。于今人敦礼让，俗尚淳庞，非其先有令德，孰克致此？独是支分派别之际，族盛人繁，其序易淆，其情易涣，非特表焉以昭信纪实，将数世而遥，谁复识所为宗支也者而重之。今观斯谱，推其所自始则原于季良，循其所自分则断自廷贵，近者不疏而远者不遗，序者不淆而萃者不涣，孝弟之心亦可油然而兴矣！为其子若孙者，昭前之令德，加之以敬谨，是则是效，以穷其源，以浚其流，则宗法立，而家道正，而达道行，此可久可大之良规也。行见才俊奋起，书香远绍，功名事业不难追述前徽，则所以焜耀家乘者又曷可胜道哉？”

时乾隆丁巳仲冬，赐进士第、文林郎、知南昌府新建县事、年家眷弟宣义朱允元和斋氏顿首拜撰。

贾氏廷贵公支谱序(二)

家谱何为而作也？上以维系宗祖，而下以联属支派，而所以维持防范之者，则在乎子孙之贤，戚而不疏，厚而不薄，合而不离，以承其世德而已矣！廷贵贾公，从勉公之冢孙。季良公卜居斯里，人文蔚起，豪杰奋兴。长子舜夫出抚廉郡，懋建鸿猷；长孙宗学智深识远，承先启后。而廷贵宗子袭先世簪缨之裔，承祖考诗礼之训，思以显亲扬名，流传勿替。因谨按旧谱重新世系，殚心竭力，独任焦劳，且函书致币，征当时名士如安成学士邹、渝川豸史傅、吉水侍御毛三大手笔参阅校正始获告竣，惟冀后之子孙世守勿失。其后又得赞周、帝锡、静侯，三世济美，蜚声黉序，类皆能缵先绪、成先德，以永垂于无疆也。自明迄今，由来已久，墨光蠹蚀，字迹尘飞。族人士首倡举事，不数月而谱成，非廷贵公前有所作而后人将何所述欤？故廷贵宗属触目警心，思水木之本源，念前人之劳瘁，自恨先哲云径老成，其萎恐衰微凌替，弗上承祖志，因谋之宗属人士续新本支世派，而益思所以维持而防范之。以里戚故，索予序。予素知贾氏者，故推其家世源流之盛及敦睦忠厚之思，以致联属之意云。此非特足以继美先世，所以垂裕于将来，必自此而基也。为其后者又当何如耶？亦曰宝玩兹谱而不忘耳！

时乾隆丁巳仲冬，文林郎、知江南徽州府祁门县事、年家眷弟毛豸绣顿首拜撰。

贾氏廷贵公支谱序(三)

张子曰："乾称父，坤称母"，理一也。孟子曰："亲亲而仁民，仁民而爱物"，分殊也。要之，张子之"理一"即孟子之"分殊"，孟子之"分殊"即张子之"理一"也。盖理本太极，分阴分阳，何尝不殊，一祖之有千之(支)者如之；理周万化，皆根太极，何尝不一，千支之共一祖者亦如之。若贾氏之谱系繇来善矣！自编姓受氏以来，而贾为著姓，派衍支繁，虽数不下亿万年，绵历乎千祀，而其源流之分合又岂有异理也哉？迨季良公乔迁畲山，冠带蝉联，炳烺史志，难更仆数。而廷贵系公之裔，廉州二千石之嫡曾孙也。姿禀迈众，及补弟子员后，即名冠郡庠，为安成翰林邹、渝川豸史傅、吉水侍御毛所器识，三大手笔光于族谱。公以族之大宗，复惓惓于后裔，以为显荣科第，不若理学之为优，于是理究濂溪之大理，参以欧谱、苏谱、程谱而神明之，殚心竭力举合族之纪载，独任独抒而旧谱重新，逅今畲山之族谱不两期而告竣者，皆廷贵公之力也。迨廷贵公之嗣孙等惧家乘之久而蠹蚀，而乃祖之勋绩远而泯没也。于是倡为支谱之修，不日而镌之梨枣，乃面晤问序于予。予曰：“谱者，普也。取其合，未取其分，既合谱矣，又奚以支为？余低徊久之而释其意矣！《诗》曰：‘宗子维城。’《记》曰：‘庶子不祭。’明乎大宗为合族之所宗，有百世不迁之制，而用为之督也。既谋之族众诸人士，专辑本支成帙，以笃敬宗尊祖之义于不朽，谁曰不宜？虽然，犹有说，夫亭毒有不敝之理，无不敝之物。余忝至戚，尤愿贵支竭其力、尽其情、广其志、通其德，成不朽事业，以为举族倡。然后以两大为册，以造化为思，以诚心为管，以性命为神，留而无有载，著而无有迹。谱之进乎是者，至矣！合之不胜合，分之不胜分，而分之合之不见其分合也。是诚先孺（儒）之志也夫！余必嘉羡贵族之谱之至善也矣！”遂书之以弁其首。

时乾隆丁巳仲冬月，年家眷侍教生枫峰席交顿首拜撰。

贾氏四修族谱旧序

今上御极之四十有五载，深仁厚泽，沦浃肌髓。凡属士庶靡不切尊亲之戴，矧世家巨族尤多读书稽古之彦者乎？贾氏固高邑之著姓也！甲午冬，余膺简命，秉铎高邑。阅丙申冬，举行宪乞之典时，贾公名定远，实应介宾选，揖让进退间，予见其丰神奕奕，举止端方，知为硕德士。维时名噪胶序、捷足云路者不一而足。迩者，功令宣布民间谱系毋得扳附帝王后，并字句间有涉忌讳者悉令更改之。此非但禁以法制，实动以天良，俾之尊尊亲亲之毋敢忽也。贾氏世守忠顺，人文挺秀。定远公等念切尊亲，相与纂修族谱，谨扳附，厘剔忌讳，而问序于余。按谱，贾之先居汴之鄢陵，参政建深公生三子，曰俊、曰杰、曰仁。仁生湖与海，兄弟同中宋开宝戊辰进士。湖升筠州刺史，置庄产于高明门外之斛里，率长子九四公家于是焉。此贾氏居高邑之始也。嗣是十六传德容公，生子三，曰孟良、仲良、季良。孟居斛里，仲居营下，生子二，后一迁三湖，一迁梅溪。

季居畲山，生子四，长舜夫公，任廉州太守，尝慨然曰："吾家十四世以前，屡值兵燹，宗祀不绝如缕矣。今居官而不动念先绪，咎将安归乎？"因致书于尚书赵讳玨者，取鄢陵贾氏，合三派而谱之。其间迁徙源流、爵勋科甲，班班可考，无烦赘也。厥后，宗子瑚公等于前明正德十五年又重修焉。迄我国朝丁巳，元璜、元骥、步青公等复纠三支而续修之，是经三修矣。今定远公集同志而四修之，而尊尊亲亲之义益凛焉。其敬宗收族之念，为何如哉？余因缀数言，以弁其首。是为序。

皇清乾隆四十五年庚子仲春月吉旦，乡进士、候选知县、借补高安县训导胡洪璸顿首拜撰。

贾氏四修族谱自序

谱，何为而作也？凡以谱其世次，使远有所考，散有所属也。千世百世之祖若宗，吾乌乎知之？有谱而原原本本可以上溯。一迁再迁之支与派，吾乌乎知之？有谱而后枝枝叶叶可以历稽。谱之为义顾不重哉？吾族谱系自我祖太守舜夫公取鄢陵贾氏世系源流，合三派而谱之，历宗子瑚公于前明正德十五年又重修焉。迨国朝丁巳，元璜、元骥、步青等鸠同宗之人相与续纂，是已三修矣。厥后，枝叶益盛，生齿益繁，甚惧伦序不明，世系或紊，每欲大会族众取谱而更新之，以为敦本睦族之计，而特虑功程浩大，难以告竣，故郁焉有志不克伸。今圣天子厘定文体，敦崇正学，凡杂籍异书一切销毁，并功令煌煌，民间旧谱字句有涉忌讳者速应更改。故一时世家巨阀靡不以谱为兢兢也。而予也年虽迟暮，幸沐皇恩，安敢以斯举视为缓图哉？于是与族中之贤者能者，同心戮力，共襄厥事。不惟于功令毋敢有违，亦所以尊祖敬宗，笃亲收族，俾后之子孙顾谱生情，因谱励行，循名较实，不徒以覆瓿视之也，则于昔人苏子匹夫而化乡人之语庶有合乎？是为序。

时皇清乾隆四十五年庚子季春月吉旦，十世孙定远谨撰。

畲山四修族谱跋

盖闻万象繁滋，无本不立；百年美盛，非文不行。是以典籍犹存，代云遥而传必久；文献不足，世虽述而实难稽。第学者交讥纪载之芜秽，而后世竞尚编录之严明，岂非以国有信史可以验风化之隆替、辨人物之臧否，犹家有实牒然后知世代之远近、昭品行之得失乎？然气化之常，往者过而来者续；继序之理，祖为作应孙为绳。溯余族谱为畲山二世祖廉州太守舜夫公所肇修也，惟本河南尚书赵亲寄鄢陵源流而推建深公为始祖，诚以远宗而或失之妄，不若近祖而得核其实也。建深幼子仁生湖公，与弟海同中大宋开宝进士，由河东平阳刺史迁筠州刺史，解组后率长子九四公家于城南斛里。至十六传而德容公生子三人，长孟良公世居斛里，次仲良公始居营下，其后一迁三湖，一迁梅溪。我祖季良择所居之善而得畲山，遂卜宅于斯焉。明其所自，始别其所由分，未有如予太守公所手定之谱至清且晰也。是正德庚辰，五世祖廷贵公见族盛人繁，惧积久而难稽，于是拉集同宗，合二派而重修之。迨及今上御之二年丁巳，去正德庚辰其间历年既远，支派愈繁，十二世祖步青公暨族中绅士合志廑念前谱将蠹，恐其无以上承先烈，下启方来，因而再三踵修。上下八百余年，昭穆井井；流传三十余世，名序班班。要由先哲留心，乘为世法；是以后贤接武，用笃宗盟。迄于今，阅岁又复四十有奇，荷祖宗庆泽，丁齿户籍较胜于前，不及是时而增修之，恐人异世殊，将何所据以征实乎？房祖定远公先声一倡，合族人士翕然响应，咸以是为急务而续前规。由是汇稿就镘，源流悉据往帙，义例一准前民。经始于己亥之冬，功成乎庚子之夏。谓非余太守公之灵有以默牖其衷耶？要而论之，人以谱传，臧否攸系，身为祖考所传衍之身，将志存祖考所期待之志。自今伊始，凡我同宗，无论为士、为农、为工、为贾，各勤尔业，以务本而立诚；曰孝、曰悌、曰节、曰义，共效所长，俾积厚而流光。斯仰焉无忝于先，俯焉足式于后。若夫显荣爵秩，则存乎其人之才力，视乎其命之通亨，有之固足为谱重，而不必仅以是为谱重也。盖谱者，所以稽世系、汇宗族，俾人皆敦德俗、尽效良，此余太守公作谱之初心也。愿与诸公共勉之。是为跋。

时清乾隆四十五年庚子季春月縠旦，十三世孙令世顿首谨撰。

五修族谱序

贾之先，姬姓侯爵也，故封在今同州蒲城，子孙因以国为氏。春秋时有贾华、贾辛、贾佗，仕于晋。汉初，贾山之祖祛为魏王时博士弟子，居颍川。长沙太傅以吴公之荐受知孝文，居洛阳。而捐之则太傅曾孙，逵则太傅九世孙，光武中与胶东侯复居南阳冠军，其地皆隶今河南。高安之有贾氏，自宋本渊公为筠州刺史，由鄢陵而析居于斛里，其望亦出自河南。后徙于畲山，则自季良公始，距刺史公盖十七传矣。季良公之子太守舜夫公，得祥符赵公所寄鄢陵宗系，据以定其世次，简而核详，而该此族谱之所由昉也。自是而再修、三修，悉奉此为准焉，承先志也。夫以太守公之学之识，所交皆当代巨儒，亦何难综汇经史、博征传记。远溯得国命氏之初，缕别历代相承之绪，而自参政公以上从其略焉。所见异词、所闻异词、所传闻异词，不敢妄引而诬其祖也。自刺史公以下，特加详焉。系之以姓，缀之以族，辨之以昭穆，不欲外视而遗其亲也，其致慎而不苟也。如是，绍文自束发受书，即取家谱反覆究观，窃叹义例谨严，其用意至深，而用力至勤矣！乾隆庚子，叔父又超公有四修之举。绍文获与分校之役，今三十余年矣！每念弱冠以来，老成继殒，外侮迭加，猥以不肖之姿，忝先人之后，幸克保护维持、无玷前徽者，虽群从昆弟佽助之力居多，而庆泽之悠长久而愈光，讵敢忘其所自哉？今虽宗祠聿新，百废具举，而家乘旷而弗修，将必有任其咎者。予虽老矣，奚容诿其事以有待乎？于是忘其固陋，商诸宗彦，会族中能文之士，重加审定，命儿辈缮写成帙，既蒇事，为述其颠末如此，其纂录校雠则诸君分任其功，予第乐观其成耳。若夫历世久远，及时增续，是又后人之责，而予之所厚望也夫！

时清嘉庆十七年壬申孟夏之吉，十一世孙绍文谨识。

书五修族谱后

编年之体本于《春秋》，自子长易之为纪传，其后递相祖述。读史者目纪传之体为正史，而古史之法微矣。涑水《资治通鉴》，编年体也。朱子因其书而为《纲目》，表岁以首年，因年以著统，大书以提要，分注以备言，而《春秋》之旨复见。谱犹史也，义既从同，例亦当遵。按吾族之谱始之者，二世祖太守公得河南尚书赵抄寄鄢陵贾氏源流，因将居筠湖公以下十七世续辑成牒，此寻本溯原(源)，辨昭列穆，无滥稽，亦无淆乱，已得史家谨严之义也。越四传，廷贵公等鸠各派而增修之，亦遵旧程而无扳附，代未远并少遗忘焉。自廷贵公重修之年至乾隆丁巳，则阅世凡七，历年百余矣！我曾祖渭公公暨同时诸先达相与悉心考订，不欲使年湮世远，昭穆紊淆。虽生娶殁葬缺略居半，是亦存信阙疑、无乖史义也。后经四十余年，又超公恐其历久如故，力鸠宗人而四修之。维时辛亦随诸先达与纂修事，虽旧缺者无从查补，新增者亦莫周知，或存或佚，要惟是疑以传疑，信以传信，如三修之不得矜为完牒已耳。谱成后，爰命各支订草谱一册，每于腊祭日将本年之生娶殁葬逐一载明，以免遗漏。迄今五修，笔溪公主其事。去岁十月初曾集族中士缮稿，见各支草谱纪庚而不纪年，虽云无缺，抑犹与史家编年之例有违。于是诸同事不辞烦苦，将近而易考者依世纪而添注详明，远而难稽者亦按鉴史而核载清晰，其中缺略未全，亦惟庚与年并佚，茫无可据者耳。序、传、赞有涉忌讳及逾分过当者，悉更之。稿既成，鸠工捡刷，将告功，笔溪公序之于前，命辛跋之于后。辛不娴于辞，固不免贻续貂之笑，然喜其史例悉合，世系加详，而又不忍没诸同事考订之苦心也，于是乎书。

时清嘉庆十七年孟夏之吉，十三世孙辛谨跋。

畲山贾氏六修族谱序

吾族之有谱，由来旧矣。自前明以来，凡五修。今自嘉庆辛未年兴修后，又三十年矣。丁众户繁，若不急为兴修，久必有遗忘散失之虑。兹道光壬寅正月，众议将各支抄谱付诸剞劂，致信于予，予以任山西大同县知县，事未能襄理其间。窃惟近数十年来，人丁益增，烟户益繁，各执其业，托业不一，而其和协辑睦之情，合族中总不改乎其旧，洵有大可喜者焉。

时清道光二十二年壬寅仲夏月之吉，舜夫公支下十二世孙献珍谨识。

六修族谱启

闻之国史肇自唐虞，家乘繁于汉魏。伊古袁杨之族，俱有绨缃；挽近王葛之宗，类多谱牒。吾族鄢陵世胄，由刺史而遂家筠州斛里，乔迁至畲山，而始宏世业。二世祖太守公获彪冈之源流，仿庐陵之程式，始得远引遐稽，因而分支别派。迨后，户列千余，踵成四次。迄今年逾三十，理届六修，用是商诸族众，布告宗盟，法先民之矩矱，酌古准今，集后起之纷纭，增新仍故，丁灶醵敛悉由旧章，善恶褒讥俱遵前辙。议定九月入局，司局者宜戮力精详；限以八月收钱，轮钱者当及时交纳。共襄踊跃，毋任因循。

清道光二十一年辛丑仲夏之月，舜夫公支下十二世孙思成谨启。

六修族谱跋

去岁辛丑，族众老以谱届三十年，谋所以新之。因八兄仕大同，爰以总理之任责成于予。予樗栎材也，性直而喜言，学荒而寡识，虽五修时克与篆校，然此后实未尝干与众事也。今众老谬许为识途之老马，予亦何忍强为辞哉？虽然，余始而唯唯，继绸(紬)绎以思，觉今此之事较前修为倍难，难于材用与人力之两不赡也。先是笔溪叔经理众务，昼锦堂积有余资，凡一切糜费咸取给焉。今则公无宿储，专恃丁灶之醵敛，统计所入不过贰百金，况未能及时交纳，无论其不足以蒇事也。即谋之，伊始用已不敷矣。以云人力，吾族虽号多才，然或以负笈，或以舌耕，家食者卒鲜。且是役非可旦暮计，必赖有持重老成为之总其全、核其数，斯材不匮而用有经。予自顾头颅衰朽过甚，补助之资、算确之义二者均抱歉焉。徒随诸君子暨子侄辈对阅雠校，将何以胜任而愉快乎？幸有待诏祁山暨太学生信孚皆勇于赴义者也。旧岁众议甫定时，祁山先期垫银百余两，远市纸墨并起局应用等物，俾经始无掣肘之虞。迨局之既久，凡有所需无不立应，较之五修时取诸昼锦堂尤甚便。信孚以耄耋之年司出纳之任，不辞劳，不避怨，事无巨细，咸笔之于书。自始事以迄终局，无一日旷功，无一事废弛。今五月，工告竣，族众老见兹谱之成，成于二公之力为多，且以得绍前修为喜，而予更有进焉者：昔老泉作苏氏族谱，立亭刻石，岁时拜奠，会族人而告诫。吾族风俗素厚，固少如苏之所谓某人某人，尤愿同吾谱者拜奠之余，益相与维持其恩爱，使亲亲长长之义不致以代远族繁而稍替焉，则谱之大有裨于族也，而岂徒叙次之虚文哉？

时清道光二十二年壬寅仲夏月榖旦，舜夫公支下十二世孙定珍谨跋。

畲山贾氏七修族谱序

予家之谱以三十年而一修，主其事者，非年高德茂之人，即通经足用之士。诚以谱之为任甚大，为责甚重也。兹自壬寅年六修以来，又届三十年矣！族之诸君子咸请于予与岐山曰：

"六修之谱，实圃公主持其事，然以任山西大同县事务，未克身亲其局，当时莫不惋惜。今公与岐山非有仕宦之劳也，可以身亲其局，共成其事，俾谱中之冗者修之，鄙者饰之，不惟族中幸甚，即同族合修之众，亦未尝不幸甚。公与岐山其无辞。"予曰："予何能胜其事哉！实圃叔当六修之时，继笔溪公五修之后，局中章程、则例皆守笔溪公之旧，故虽未亲其局，而事无废弛，不啻身其局而亲之也。今以予继实圃叔之后，其任之大、责之重，何如耶？恐不能如实圃叔之继笔溪公也，况余久抛不律，学浅才疏，不及实圃叔万一，而族中事之难者，又甚于实圃叔时。诸君子必欲余主其事，是犹以驽钝之材，而乘骐骥之任也，余惧其颠蹶矣。"言未已，诸君子又曰："公性廉明且梗直，遇事辄言不少避忌，族之人咸敬之、信之，兼之岐山六修时在局襄事，事无巨细，无不周知。使今日之举，公不主持之，恐人各挟其意见，以相龃龉，其有害于族谊者不少，公其能辞其责乎？"余因不忍再拒其请，于是与岐山举族中诸君子缮写之本，付诸剞劂。其一切订讹雠伪之事，则皆诸君子襄理之功，而予何力之有焉？至于考世系、辨昭穆，前此谱中序之最详且悉，可无容赘。是为序。

时清同治十一年壬申仲夏月穀旦，十三世孙世擎谨撰。

畲山贾氏八修族谱序

自来门第之盛衰，人才之优劣，生齿之盈虚，财源之厚薄，大之天下与国，小之一族一家，虽曰气运使然，而人事究不能无责焉。我族自始祖开基以来，诗礼传家，义方垂训。一时为士者立品端方，为农者饬躬谨厚，即为工、为商者均能各安本分，以争竞刻薄为警戒，风纯俗美，日上蒸蒸。故不十传，户开八百，财累万千，入胶庠者有人，贡成均者有人，至十传后乃更大启文明，登贤书、入仕版，联翩接踵，多士如林，猗欤盛哉！虽其间气运不无稍歉之时，而栽培振作，祖宗之遗泽未湮，子孙之敬承弗替。故至七修族谱之时，门第、人才、生齿、财源尚能调护维持，不改其旧。谚曰：“源远者流长，根深者蒂固。”此之谓矣！兹届八修之期，检视谱牒，静验人情，门第不如昔之盛也，人才不如昔之优也，生齿不如昔之盈也，财源不如昔之厚也。岂昔之气运皆逢其泰，今之气运独际其否欤？推求其故，昔之人以忠厚存心，今之人以忮求为事。譬如种树培养之、灌溉之，未有不枝叶畅茂者；斫削之、摇撼之，未有不根株倾覆者。虽然，气运未尝不可转也，寒往则暑来，冬去则春至，天道循环，自然之理。使果能如昔之栽培振作，植其本根，养其元气，尽人事以挽回气运，安见今之门第、人才、生齿、财源，不日盛、日优、日盈、日厚耶？用是敬告同人，论诸合族，毋诈虞以待人，毋侥薄以成俗；求名者毋存侥幸心，求利者毋作机巧事；父尽其慈，子尽其孝，兄尽其爱，弟尽其恭，夫妇尽其倡随。行见善气薰蒸，天心感召，有不太和翔洽、日臻昌盛者，无是理也。是则予之所厚望矣！

舜夫公支下十四世孙又山谨撰，清光绪二十八年壬寅夏月榖旦。

贾氏九修族谱序

谱之为义，大矣哉！载祖宗之源流，录子孙之支派。源远则流长，支分则派别，远惧忘其所自出，分恐散而难遍稽，故谱必以三十年而一新。法至良，意至美，祖宗之源流可溯，子孙之昭穆不紊，支派之迁徙不致遗忘。《记》曰：“亲亲故尊祖，尊祖故敬宗，敬宗故收族。”一本惇九族睦，彝伦攸叙，谱之增修不诚重哉！若畲山贾氏之重修宗谱，适相侔焉。世为望族，甲于高安。巨公大手，代不乏人。其于纂录之法，固已无善不备。断立始祖，参程子以义起例，不必远考遐稽。直书横书，仿欧苏之宗法年表；类系联系，明人伦之长幼亲疏。纪婚娶，辨正庶之阶级；缮生殁，全人生之始终。秩序不乱，开卷了然，皆由先正笔削严加，以故后贤率循有准，岂世俗之谱所能企及哉？先世始祖参政建深公居汴之鄢陵，生子三，俊、杰与仁。仁生湖与海，同中宋开宝戊辰进士。湖调升筠州刺史，以老解组，置庄产高明门外斛里，率长子九四家于斯焉。此高安始有贾氏之祖。至十六传，德容公生子三，孟良、仲良、季良。孟良居斛里。仲良居营下，生子二，长与夫子从荣迁三湖，次镗夫迁梅溪。季良善郭璞青囊术，择居得畲山里，见山水佳胜，川原平旷，真钟毓之区，遂乔迁家居焉。生子四，长舜夫、次周夫、三鲁夫、四汉夫。舜夫公由主事历任广东廉州守，政绩卓著，邑乘载之。然则季良公者，乃畲山族祖也。自肇基以来，蛰蛰绵绵，孙支蕃衍，有明迄今不数百年，丁口数千，财源百万，巍科显宦，奕代联翩。荷先灵之呵护，遗泽正自攸长；启后代之昌隆，发祥更征广大。由此而士修德业，农力耕耘，工安技艺，商阜货财，门闾之光大必有更盛者矣！今谱届九修，族人士赞襄一堂，克承先志，昭示来兹。协乃心慎、乃事励、乃修为。谱集大成，诸君之力多焉。主其事者曰耀祥、曰春华，戮力同心，毋旷厥职，其克有勋。将告竣，致谱属余代序。心仪其饬躬谨，处事平素孚众望，克继乃祖乃父敬宗收族志，世济其美。余虽年逾古稀，毛锥老秃，辱以世好姻娅，强撮数言，以弁其首。是为序。

时民国二十一年壬申仲夏月榖旦，清郡庠生、眷愚弟唐戴尧祖勋甫谨撰。

畲山贾氏九修族谱序

吾族之有谱，始自我祖太守舜夫公，其派衍源流、世系支分，前辈均言之甚详，了如指掌，毋庸赘述矣。第踵修至明正德十五年庚辰，瑚公乃继曾祖太守公之志，复为重修。后至清乾隆二年丁巳为三修，计相距重修二百一十有七年，三修及四修相距四十有三年，四修至五修相距三十有二年。四修时在清乾隆四十五年庚子，五修时在清嘉庆十七年壬申。自五修至六修、七修、八修均相距三十年，以合古道三十年不修即为不孝之戒。六修时在清道光二十二年壬寅，七修时在清同治十一年壬申，八修时在清光绪二十八年壬寅。惟初修乃由二世祖太守公得河南尚书赵亲寄来鄢陵源流，缮辑成帙。至于时期，甚难稽考，未敢擅纪于皇皇之谱端。重修至三修、四修、五修年数相间颇远，嗣后逐渐收缩。推原其故，由初之丁口稀、门第简，虽久亦不难于综核汇集之。迩以人丁日繁，门第日广，使时间延长，生殁嫁娶不无遗误。故自五修始，以三十年为定例，久之恐有讹舛之虞，后均沿其例而继起之。兹届九修之期，族中诸同志推余与耀祥叔主其事，且以余八修时在局襄事，兴修手续则例略得清悉。余自顾不逮胜其重任，然以事在宗支，情难诿却，只得以谫陋之才襄此大成之举，尚日夕惶惶，恐有陨越，以遗后人羞。幸诸同志咸踊跃而赞助之，于是九修之谱获以告竣焉。追念八修时，又山公主其事，事无巨细，皆身任之，不辞劳怨，不惮繁难，尝对余叹曰："曩者，吾族冠裳济济，盛极一时。匪第广大之乡，洵乃文明之族，即令为工为农者，俱纯厚朴实，毫无诈伪行为，风纯俗美，日上蒸蒸，诚有不可思议之概。迨至今日，户口不如昔时之多，丁财不如昔时之盛，人才经济，渐见微弱，岂真气运使然？究人事不可无责焉！"诚哉斯言也！驹光易度，瞬息已阅三十年矣！噫！又山公又安知后之视今亦犹今之视昔，对此不禁感慨系之矣！且溯吾祖卜宅于斯也，观气象，择膏壤，不避艰巨，辛苦经营。今之子孙，得以适然安居者，皆吾祖遗泽之所赐也。尚望合族诸君当念祖宗创业艰难，急应培养振作，共同奋勉，上继先烈之志，下树子孙之贤，庶几乎天定胜人，人定亦可胜天也。是为序。

时民国二十一年壬申仲夏月穀旦，舜夫公支下十六世孙春华谨撰。

旧谱家训（共计十一条）

一、本族由鄢陵至吾筠高明门外斛里，而迁居是方，世以簪绂相承。盖由吾宗祖敦行谨厚之所致，凡为之后者仰承休光，务宜修德，以守世业，则宗嗣可继，而流传可远也。

一、有田则有租，有租则有税，贡赋上供，庶世之职。每秋成之余，各宜遵依程限，及时输纳，以免追捕。

一、治家以勤俭为先，接人以礼让为本。吾子孙当戒骄奢，崇诚朴用，昭祖宗忠厚传家之训可也。

一、同族房分支派，固有亲疏，然以祖宗视之，均为一体，各宜敦尚和睦，以厚同本之情。

一、本家自祖宗以来，教家以严，名分式序。迩者或有干犯长上，欺凌卑幼，致相戕贼者，宜禀知族长，以凭剖决，不许隐情径自紊渎官府，违者责之。

一、延师教子，父母当然。每岁必择请学行俱优之士董戒督率，庶可望其有成焉。

一、祖考以来，缔婚阀阅，自相比类。凡我宗支一体，遵守旧法，毋得苟图富贵，有玷清白。

一、祖宗祭祀，子孙报本之诚。凡春秋时，至各宜处修嘉荐，勿致陨越以贻羞也。

一、三台山，即静水岭，俗名“后龙山”。系合族众业，为阳基紧脉所关。第其山韫煤，一经蛊挖，则地气泄，而民多疾疫，其害不可胜言。为之后者，理宜培植山林，保护龙脉，不得因贫窭而生觊觎。倘有计图挖煤、私自砍伐者，除涂谱出族外，更行闻公究治。非过严也，不如是，不足以防未然耳。

一、祖山坟墓，原死者栖身之地。各宜修理，毋使混迷。断不许私将父母暗侵古冢，致遭阴谴，犯者罚令自迁。

一、祖居斛里，今号平湖，清甫生显叔，显叔生德容、德常。德常屋基三分平分：孟良为德容长子，一分居内；次子仲良，一分居前；幼子季良，一分居中。洪武初，仲、季分迁，其地现存，当世世明究，无失先业云。

二、传记

季良公墓志

正统辛酉之冬，十月既望，旭与贾先生握手语于筠阳元妙之观。先生字舜夫，信其名也，现任刑部郎中，以丁父忧卜葬而寓于斯。先生父曰季良，名怀，别字愈奇。其于旭也，垂髫称契，皆居于筠南之四十里中。贾处西里，李处东里，而旧族贾衍高明，李衍朝阳，相隔不过数里。兹值季良藏玉时也，当有言以志不朽。然予生不敏，未娴于辞，亦勉为詹詹，以告后之君子。季良公于元至正丙午之二十六年正月十四日未时生，于明正统五年庚申正月初十日未时殁，享年七十有五，葬吊钟岭，首辰趾戌。翁性宽和，凝重状，貌长胖，美目丰髭，至老童颜鹤发。举止有常，与物无竞，学问纯粹。生居平湖旧族，距九四公所袭荫土田六七里，即进士中立公所迁居也。家资颇富，周恤乡里，不望其报。尝以其余赠谢季清，买马走常山驿。当道者嘉其德义，举以冠带，不受。自以旧族人数繁衍，择所居之美，得畲山，乃南乡之一仁里也。娶南安人，生子三。庶室徐，生子一。八孙，二曾孙，三女。居恒严督诸子孙，令其从师远游，曰青出于蓝，古言岂欺？譬之水源清则流亦清也。遂具重资将长嗣信从事于子宁练先生之阁皂山房。郡邑闻其贤，荐为礼部儒士，充令史，初授刑部主事，继升郎中。翁以子贵，封为承德郎、南京刑部广东清吏司主事。自今观之，虽其子之有以荣亲，然亦季良翁庭训之所致也。予于故交之谊，相契有终，乌能已于言而不为志之以属千秋云。

时明洪武四年辛亥，岁进士、现任兵科给事宣使[①]安陆李旭顿首拜撰。

---

① 此处误。明代并无此官职。

太守舜夫公传

公姓贾，名信，字舜夫，筠阳之高安畲山里人也。本先祖刺史公簪缨之裔，承厥考季良公义方之训，明《书经》，学纯而行端。我宣宗章皇帝崇治右文，选材效用，故公膺宠召，得任刑部广东清吏司主事。蒙恩推例，敕封父季良如己官，母南氏封安人，如己配之封。次升郎中，继升广东廉州府知府。先是其地守珠池，太监范肆厥强悍，网利蠹政，商贾滞郁弗通。公具奏劾去之，商受其惠，时以为还珠孟尝复见。雷、廉二郡，军粮互运，民劳财匮，呻吟之声塞于道路。公奏准各运纳定额，雷、廉之人受世世利，其时垂髫戴白者望风拜首，咸有“贾父”之称，至今生祠犹享祀弗替。初廉人罔知学，公修举学政，奖进贤材，遂荐获科目之效。《诗》曰：“岂弟君子，遐不作人。”公其有之。凡弊革利兴，政通人和，率多类是。由是廉干之实，见称当道，朝廷有交章之荐，闾巷多甘棠之思。汉宣帝有曰，庶民安其田里，而无愁叹之声者，政平讼理也。与我共此者，其惟良二千石乎？故因其治效，辄以玺书勉励，增秩赐金，或爵至关内侯，政绩如公，岂得以二千石终哉？故公历仕三朝，至景皇帝方欲擢以重位，竟以入觐寻卒，此所以有天胡夺予信之速之叹也。厥子扶榇返葬故邱，廉闻而悲之。呜呼！公何以得此于人哉！秉彝通天下情故耳。司马迁传循吏，自吴公以下惟六人。而韩延寿好古教化，乃不与其甄录，论者为之饮恨。予适以奉天子明命，为南巡之行，次筠阳与宋侯披阅郡志，获睹公于《名宦》之列，则知公之实足以为后来者劝，遂为之作传云。

明正德十三年戊寅仲夏月端阳日，赐进士出身、巡按湖广监察御史吉水毛伯温撰。

周夫公补传

客岁冬，重修族谱，族人士各谋诸缙绅先生为祖父之有硕德者传，抑或前人有芳行懿徽，历缺纪载，而为之补传者。呜呼！此不皆孝子慈孙之用心也哉？周夫公者，季良公之次子，与辛支祖太守舜夫公暨叔祖鲁夫公、汉夫公皆兄弟也。相传当时有四友之目，虽显晦殊途，其为人大概与太守公相伯仲，而公于旧谱独阙传。今岁春，谱将告竣。公支远孙辈感事兴怀，因属辛言曰："吾支祖周夫公，湮晦数百年，吾支罪也。今幸族谱重新，烦述数言以纪其略。"辛始闻而难之，以为数百年后追述数百年以前之人，将何以存实迹也？既而访诸族内诸先辈及年高德邵(劭)之耆英，咸曰："公生平敦孝友，培家学，所行罔有逾分事。"辛谨维斯言，窃觉大足征信也。夫根之深者枝自茂，源之远者流自长。今公支递衍十四世矣！其间书香蝉联，勋爵继美，而入胶庠者数十人，又且户齿繁盛，人多俊伟，自非公有是种种诸德行曷克致此哉？矧旧谱所载公图内有曰："善承先志。"则公之敦孝友可征也。又曰："尊师重友，训课子孙。"则公之培家学又可征也。且有曰："确循礼法。"则公之行无逾分，不更可征哉？特辛也不文，不克肖乎公之芳行懿徽，为足惜耳。然于族谊有不容辞，因不揣固陋，敬述数言，敢谓能补前修之缺略哉？亦为公之远孙辈少尽厥心云尔。

时清乾隆四十五年庚子，十二世孙辛顿首谨述。

乡饮大宾鲁夫公补传

数百年后，追述数百年以前之人，此实难矣！然苟有文可稽，有献可考，则虽千载后，犹足征信也，况数百年哉？愉支祖鲁夫公，承德郎季良公之三子，太守舜夫公之胞弟也。虽其生平行谊少所纪载，犹幸于家谱中见我公世系横列下特注有"隐德"二字。呜呼！此亦可以想见其为人矣！且愉更访之族内诸长老，咸为愉言曰："公之制行，自昔传为端凝质直，克敦孝友，重然诺，喜愠不形，嚬笑不苟，人往往莫窥其涯际。至其秉姿聪颖，学问淹通，则又其余事也。虽终鲜建白，实与太守舜夫公并称'二难'，故其时郡侯李公举为乡饮大宾。"愉窃观乡饮巨典，凡大宾之举，必乡之缙绅先生始获膺之，他如衡门处士，即齿德兼优，亦第置之耆宾已耳。公，处士也，而当代有司偏以大宾礼之，其为人不愈可想见乎哉？今岁己亥，族先辈增辑族谱，愉亦忝与纂修，是不揣鄙陋，谨因谱之所注与夫长老之所传，略加撰述，以次其事，非敢谓能补前人所未及，亦聊以备稽考于后人尔。至公之生娶殁葬及后嗣繁衍，谱内载之详矣。故不复再赘。

乾隆四十五年庚子季春之吉，十一世孙嗣愉谨撰。

汉夫公补传

世之评别家世者，类以后嗣之兴衰而指为先德之隆替，斯其说不尽然。夫古今有莫易之理，而宇宙多难齐之数，此得丧荣辱圣贤所为莫能自主也。余因二世叔祖考汉夫公之不永其传而有感焉。公，季良公之幼子，舜夫公之季弟也。庶妣徐氏生公于明永乐之庚子。甫冠失怙，凡作养成就悉赖诸兄维持。虽生平德行文艺纪载多缺略，然以余得诸故老所称述，谓公才力过人，磊落英多，不侮矜寡，不畏强御。当公之世，季良公定居畲山，不过数十余年，里有欺其新造而侵侮之者，公正色直词，喻之以义，俾强不得以凌弱、众不得以暴寡而后止，是公洵能继乃父卜宅之志，而佐诸兄以奠厥攸居者也。宜其爰及苗裔，共绵宗祀于弗替，胡为乎传世八九而公之子若孙竟绝无有存者？岂非数之实有不同耶？虽然，天理之在人心，终古不泯。公之功足以裕后。虽不食报于所亲，而春秋时至，三房云仍靡弗感念公功而虔修祀典，律以视叔犹父之义。凡畲山里何莫非其子孙哉？且余按之族谱载，公支下丁齿颇繁。奈值明末兵荒，民人多流离迁徙，注籍他乡，孑遗如朝力亦出亡在外，莫识所往。夫天道无往不复，公之子孙既有去此而他适者，则阅世生人，阅人成世，将所以大其家而世其族者，安必不于异域殊方媲美畲山而容有过焉者乎？乃知执兴衰以论先德者，皆昧于数而暗于理也。予因取而记之，以补前修之一缺云。

时清乾隆四十五年庚子季春，十二世孙令世顿首谨撰。

从安公行谊录

公名镇，字从安，季良公之五孙，鲁夫公之冢嗣也。余尝谨按旧谱，参以故老传闻，而得悉乎公之行谊焉。维公之德，先民是程；维公之业，与祖比伦。温恭本乎天植，孝友出于性成。心大古之浑朴，乐施与以济贫。饮人以和，俾心醉而弗觉；责己以道，恒重周以自铭。遇公事则耿介自矢，毫无私心；理家务则勤俭处己，丰裕待人。且高尚其志，势利不得以相惊；自励其心，声色不致以营情。从伯父于粤东，恪守清廉之家训；钟名甥于翰苑，无愧舅氏之仪型。以故乡邻羡公宽厚，族众乐公和平。一时之浇者悚然悟，狡者复乎诚。公亦恬然无竞于世，而益日趋于善行。宜其优游逸豫而永享乎遐龄，桂茂兰芳，森森玉树之盈庭。愧余不敏，维是表扬先德，式慰我公之灵。

时清乾隆二年丁巳岁孟冬月榖旦，十世孙步青顿首拜撰。

宗学公传

吾祖宗择居以来，代产贤哲，为畲山之望久矣！而其间克承先烈以裕后嗣者，惟我宗学公为最著。公，从勉公之嫡嗣，太守公之冢孙。濂，其名也。质性聪颖，状貌魁梧。髫龄随祖公于粤东，通达吏治，洞悉时宜，大司寇赵公雅器重之，一时声名藉甚。凡所为兴学校，革盐池，免互运，诸善政固太守公之经猷素裕，亦由我公之宣力效劳相济，以成其美。后祖公以朝觐殁京都，公奉柩归葬故里，长途执绋，曲尽情文，独建牌坊，识者觇公之用意仁厚、举动嘉臧，而卜其后裔之繁盛也。举子六：长廷贵公，游邑庠，为黉序长；次廷重公，补郡廪，将贡而殁；三廷献公，孝友仁爱，人无间言；四廷实公，少有干略，遇事老成；五廷美公，秉姿惇厚，式扩前产；六廷臣公，怀仁慕义，礼士尊贤。六公皆其卓荦之才，树端方之范。其后子孙益繁，职秉司铎、身游庠序者数十余人。非我公贻谋之臧、垂训之善，曷克致此乎？昔邹太史作谱序云“仰而无忝于先，俯而有开于后”者，公足以当之矣！骥思公之德不能忘也！爰偕本支昆季叔侄辈特书此以志盛。

清乾隆二年丁巳岁孟冬月，七世孙元骥等顿首谨识。

廷贵公传

公讳廷贵，宗学公之冢嗣，太守公之嫡曾孙也。自幼颖敏不群，磊落负奇气。父宗学公甚爱之，谓吾儿他日庶可嗣响郡侯。而公髫年即善体父志，与弟廷重公攻苦下帷，弱冠策名上庠，弟饩食黉序。一时儒林推为翘楚，莫不以国士目公，文人才士争相为友，声名益噪。弘治乙卯，有同学劝之曰：“以公抱不世之才，何难大魁江省？”公正色曰：“穷、通，命也！吾岂屑与世之奔竞夤缘者争得失于一旦乎？”公愈加磨砺，志弥锐，学弥精，虽皓首穷经，《鹿鸣》未赋，而惟以诗书垂训后昆，则家学之渊源固方兴而未艾也。且持躬凝重，不趋势利，不事干谒，不假粉饰。人有犯之者，辄面斥之；有不善者，必直谴之。当时比之王彦方云。居恒孝友性成，善事二人，友于兄弟。处宗族正直不阿，待臧获宽严交济，举一切爱人恤物、排难解纷之事，莫不直任无辞，迄今里党中犹且服其公正。而公惟以屡困棘闱，艰于一第，不获慰父泉壤为恨。德有余而报不足，所谓天道是耶？非耶？抑将以事业勋庸有志未逮者，迟俟诸子若孙而善为绳继之，则其所以报我公之德、满宗族之心，而大慰乎太守公之望者，又当何如耶？骥生也晚，惟据旧谱所载，参以故老所传，而括其大概，以垂不朽云。

赞曰：“台山苍苍，赤水汤汤，追念古道，山高水长；台山苍苍，赤水汤汤，缅我公德，厥后自昌。”

时清乾隆二年丁巳岁仲冬月上浣穀旦，七世孙元骥顿首谨撰。

从仕郎廷玉公行实

璜，公六世孙也。尝稽之旧谱，询之耆老，颇悉公之行谊。诚恐世远人遥，湮没弗彰，应举其大概，为公纪之。公名瑄，字廷玉，再字东冈，宗源公之子，从衡公之孙，太守舜夫公之曾孙也。生平读书怀古，夷然有羲皇以上之风，虽席丰履厚，满而不溢，泊乎若无世味者，其行谊卓卓，又多为人所莫及。夫何雁行翼折，而手足鲜助。且其始曾艰于嗣，妣刘氏仅生一女，继娶者三，竟未获举一男。是时功名之念遂不敌夫似续之思，爰觅贤配，得蓝氏女，娶之，举子四：长化善，天资颖拔，弱冠补弟子员；次瑞善，孝友成性，郡守周公良宾举为乡饮耆宾；又次性善、翀善，亦皆才识超迈，为时所推重。由是，四公所出，共计十有七男，而粹公、一范系籍胶庠，更为昆弟中之卓尔不群者。迄今后嗣繁衍，颇继先声，得非我公修德之所致者欤？公生于明成化己丑，早游郡庠，旋食廪饩，至嘉靖壬午科举岁进士。越数载，钦授福建布政司经历。公以课后为心，未赴任。嗟嗟！以公之读书好古、行谊卓越，使居其位而展其蕴，安见陪贰中遂无公辅之器哉？乃公不以圭组为荣，不以名位为乐，而执经抱史，恬养于林泉者又三十余年，岂以功名事业非儒者事哉？抑我公之严庭训、培家学，深冀乎后来书香之弗替已耳。摭拾而谨述之，以付诸梓，用彰先德，且勖后人。

时清乾隆二年丁巳岁孟冬月縠旦，六世孙元璜谨识。

和善公传

公名协，字和善，季良公之五世孙，从敬公之曾孙，廷享公之长男也。公幼笃志诗书，务期功名立就，不图甫冠失怙，遂废厥业。母氏蓝，生公两载即弃世。继母氏谢，公事之如嫡母，谢亦待公若亲男。公之幼弟名尽善者，谢氏之所出也。公抚育而教诲之，罔弗尽厥心。是公之事亲可谓孝矣，公之待弟可谓友矣。至于周贫乏、矜鳏寡、解释是非、敦宗和众，此又公德之余，纪之不胜纪者。公尝拾遗金于道，访其人而还之，却其谢并责其慢藏，遣之使去，其廉洁又如是。公生子四，三子继倡礼优宾馔，长孙用吾坐对彤廷，而次孙遂吾则又文辞中之巨擘也。暨曾孙升甫、翰甫、健甫、介甫等一时光腾泮水，翰墨争鸣，讵非人文之盛欤？至霞映老夫子望重儒林，设教数郡，其薰陶而玉成者不下百人。豫游其门，亦尝领运斤成风之妙矣！今忆其言论，溯其丰采，犹令吾有山高水长之思焉。若擎公，予之畏友也；石源，予之所授业者也。次第采茆，云程志切，而扩充前修，不又可拭目俟之耶？豫虽异姓，相距咫尺，时与擎公、石源辈赏析之余，论及公德辄奋然兴起，每以不得亲炙典型为恨。且公之后嗣咸美，为士者有㧑谦之度，务本者敦淳庞之俗，逐末者无刻薄浮嚣之气，是皆公德渊深所涵濡留贻以至于今者也。如公者可弗传哉？兹缘族谱重修，豫不揣谫陋，乐据公之实行直书之以附谱末，于以见源之巨者其流长、根之沃者其叶茂也。

时清乾隆二年丁巳仲秋月穀旦，后学岁进士雷豫顿首拜撰。

震源公行述

公名汝杨，又名桢，字震源，执善公之幼孙，承产公之冢子也。生平修德励行，脍炙人口，为其后者敢不记忆其行事而为公表白其万一乎？追维我祖，其于家庭之内，父母有菽水之欢，兄弟鲜阋墙之衅。孝友之称，人无间言。其赋质也，耿介端方，嫉邪亲正，见人之不善者，若将浼焉。至于利之所在，惟义是衡，苟非己所应有，虽一毫而勿取，卒亦未尝空匮囊中也。值丁亥岁，凶荒洊臻，饿殍盈野。公见之，恻然动念，每告乡邻，有能掩一尸者与米一斗，由是一月之间捡瘗百余。迄今其冢累累道傍，见者莫不咸相谓曰："此贾公震源之遗泽也。"且尝念户差之役十年轮充，费用之资素鲜积储，猝难指办，因纠同支之人置买庄产一所，计粮数斗有奇，收租屯留以备后费，更令世守勿失，至今子侄得优游以奉公者，皆公之赐也。《诗》曰："君子有穀诒孙子。"我公实克当之。祖妣范氏淑慎温柔，克勤克俭，内助维贤。举子四人，长国奎、次国聘、三国晴、幼国联，皆卓荦俊伟。孙十一，长孙岳生早游郡庠，其余皆克自立。曾孙、元孙三十有余，虽无奇伟特达之资，要皆循规蹈矩，思以体公之志，沐公之泽，而毋敢负公之德与行者也。昔公寿七秩，邓佑翁先生赞曰："厥行既臧，厥寿且康；厥声自芳，厥庆必长。"益可征公德之厚也。兹因族谱重修，故略举公生平行事为公述焉。

时清乾隆二年丁巳孟冬月穀旦，孙朝玩谨述。

文甫公传

里邻贾氏适有家乘之刻，介众请序于予，族长云万外附一函告曰："先伯父事行本末虽琐琐无可表述，然据儿时所闻见，触物怀人，恨其长没于土中，敢借一言以垂简牒，所以荣及于地下者为不朽。"予因重其志，而乐为之传。公名汝绥，字文甫，居山畲乡，世为儒租户。自为童子，嶷然有成人概，读书通章句，即肆力钻研，思以继其先声。值丙丁之际，荒疫洊臻，故家资益落。公改辕用只手支持，不以薪水细务遗双亲忧，抚其季情文兼至、教读有加，此孝友之德，其天性然也。遇族人辄循理法，然直行己意，略无回护。每愤言："吾于四民中无落脚处，只不受人涕唾，硬竖此脊梁耳。"其素性梗概有如此。晚年性和缓，摩弄犹子等严而有恩。然卒以无出，其季以其次子为之嗣。

赞曰："梗概赋性，孝友持躬。观公之行，宜绳绳于百世，曷为踵乎伯道之遗踪？"

时清乾隆二年丁巳孟冬月穀旦，仓场总督兼户部侍郎陈守创木斋氏拜撰。

见南公传

韩子云："莫为之前，虽美弗彰；莫为之后，虽盛弗传。"旨哉！斯言惟我公有焉。公名国器，又名总，太守公裔孙，吉士之高祖也。予生虽晚，窃尝闻公之行实，而得志其大略焉。其饬躬也，席丰履厚，泯骄矜之恒态；持盈戒满，慕好礼之芳言。其接物也，貌厉情深，见者欣其古处；词谆意恳，闻者诵为德音。而且乐善好施，具扶危救困之泽；信友敦戚，无有初鲜终之愆。更可羡者，孝养极隆，庭帏之内多愉色；友恭备至，昆季之际泯争端。出而从师问道，斯忠敬匪懈；入而课子训孙，则言行交警。以故墙屋高矣，实朴素而浑坚；田畴易矣，尤及时加董率。凡此皆公之懿行芳规，彰彰在人耳目者也。产子四：长子朝询公，蜚声黉序。次朝恪公、四朝怙公皆谨言慎行，好礼尚廉。三朝懈公，吉士之曾祖也，时值凶荒，捐资济人，财谷消耗。爰及先祖元梃公，砥节励行，稍复前业，虽数传后伯叔昆季兴替无常，而要皆祗承我公之训，罔敢或坠者也。传至吉士，质虽愚鲁，安敢怠荒以贻前人羞？况今者，亲承严父之恩，延师教育，燕闲之日复举公之行事孜孜诫予。责弥重矣！惧弥滋矣！将何修而可以告无憾？辗转思维所借以自慰者，惟是我公之德，或者一昭其报于后，如《易》所云积善之家有余庆者，差堪恃焉耳。不然，则我公承先启后之猷，其将焉属耶？我用是孚然高望而远志矣。

时清乾隆二年丁巳岁孟冬月穀旦，元孙吉士顿首谨识。

会云公传

公名隆跃，字会云，太守公仍孙，启应公三子也。启应公娶文林郎范东园公次子名偲女。偲长子世岐早卒，妻沈氏廿岁寡居，《柏舟》自矢。万历壬寅二月公生，越明年七月而母见背，外祖母刘来省亲，见公在襁褓，颖异不凡，悯其失恃，因抱归，命沈氏育以为嗣。鞠养顾复，诚求罔懈，比长延师训课，娶余大伯祖任建阳司训真吾公孙女。公嗜学不倦，尚志励行。岁丁丑就童子试，受知于邑侯陶公承谟，拔以冠军，会学使者当湖陆公之祺按筠校士，遂名登黉序。公生于贾，长于范，娶于陈，均属筠南望族。维时英贤彬彬称盛，公与之考道迪德，由是学益博而文益赡，远近知名之士莫不望风怀想。至其事沈也，孝养极隆，人无间语。厥后沈氏节行芳徽详传郡志，年七十余以寿终。公以子道服三年丧，葬祭悉如其礼。服阕，因念启应公年迈，未获承欢膝下，爰告范之宗人将沈氏遗产悉付次舅世嶷之子仲谋，以继其后，乃挈家以归焉。时年方强仕而淡泊明志，闭户潜修，奉先正之典型、励后人之功业者数十余年。迄今子孙繁衍，才俊迭兴。余是以嘉公之志，羡公之行迹。其善事沈氏者，酬恩厚也；终归养亲者，报本笃也；嗜学亲贤者，崇德挚也；守正不阿者，律身严也。如公者，殆所云居今之世，犹及见古者乎？予与公之孙元瑞、曾孙仁荣者姻娅相联，声气相通，每念公之行，实不容泯没。今幸公族谱重修，约纪其事，以为之传。

时清乾隆丁巳岁孟冬月穀旦，愚表侄陈守勷顿首拜撰。

源卿公传

根深者枝自茂，源远者流自长。《易》曰："积善之家，必有余庆。"理固然也。予邑贾公，名国鉋、字源卿者，本廉州太守舜夫公裔。昔舜夫公居官廉洁，子孙蕃衍遗业，数传及公，资产有限。公亦清白自守，毋遏佚前人规，虽家徒壁立，略无芥蒂意，且不以硁硁为节。凡应酬举动，类多忠厚长者风，乡邻族党靡不尊礼之。生子五，长朝鼎、次朝鼐、三朝嵩、四朝阀、五朝阅，孙文焕、元科、元超、飞鹏、元举、经邦、元弼、文灿、定远十余人，皆英伟特达。公家训有条，子若孙辈务令各专其业，由是家声始振，蓄积渐饶，晚年福祉骈臻，窦桂谢兰之盛，皆所以报公之德也。曩余为诸生时，公之诸孙以赴校抵郡，询其家世，知公之素履益详。况今诸文孙或列成均，或游泮水，接踵继美者不一而足。所谓庆由善积，不信然耶？兹值族谱重修，公诸孙索余为传，余为表扬公德，不敢以不文辞，故传讫而复为之赞曰：“高标咸仰，善行可师；膺兹福祉，惟德是宜；观公之后，玉树兰枝；焚黄表墓，以待赠貤。”

时清乾隆丁巳岁孟冬月榖旦，赐进士出身、候选知县、年家眷弟吴琇拜撰。

抒忠公传

抒忠公者，吾乡钧岭之阳畲山里人，太守舜夫公之裔孙也。性嗜学，逸处城南观音寺，自朝至夕，手不失卷，与余叔祖抡声应气求，有如金石。爰缔姻盟数年来，公之次孙嗣瑀设帐余家，语及于公，属予立传以表生平。予因以得诸叔祖所称述者，而为之言曰：“公孝友居心，任恤为怀。岁丙丁，奇荒，公以粟数百石救活饥人，遍瘗暴骸。其在平时则俭约自奉，而至有缓急叩门者，靡弗推解维殷。此仁厚之誉，久已传播邻里乡党也。夫以公之乐善好施如此，倘获邀天家一官半职，以司牧一方，将惠泽所及，不与乃祖循良之绩后先辉映耶？乃旷然高寄，甘心泉石，仅为一乡之善士，以训俗型方，斯所云草野而裕经济之略者与？且后人之盛，实由前人之德。虽公之长子元棕、次子元岳俱与文端公嫡孙联姻，惜玉楼早召，未光前业。而幼子元彩勤俭质朴，克守公志，义方教子，隆礼待师，以故令嗣嗣瑀才优学富，飞鸣特转盼事。况复曾孙、元孙数十余辈繁衍若此，安知其将来不为鹏之飞、凤之翥，上绍五马之芳声；掇乎桂、挹乎桃，一发三台之秀气。俾公之躬行仁义，励志诗书，丰于德而歉于名者，于此一宣其秘也哉！”不佞振铎兴邑，素弗以文词誉人，而以扬公潜德、发公幽光，且因其与吾叔祖抡曾为累世通家，爰书此以志不朽。

时清乾隆二年丁巳岁孟冬月榖旦，清授修职郎、广信府兴安县儒学教谕加二级、年家眷世弟吴邦杰顿首拜撰。

健甫先生传

先生姓贾，名士翘，字健甫，贾氏文学之士，亦吾邑德行之士也。生有夙慧，甫五岁，随伯父用吾先生至诸兄升甫、翰甫等肄业之东园，每听书声能成诵。初就外传，试以帖括，如驾轻车就熟路然。八岁通章句便能文，伯父甚喜之，曰："此奇童也！"稍长，益好学，琢磨淬厉，虽当严寒酷暑无少辍，由是博通经史，酝酿群书，圣贤奥旨，靡不阐发详明。弱冠补弟子员，旋补增广生，遇岁科试，屡列前矛(茅)，其试卷剞劂行于海内者，一时纸贵洛阳。邑人士咸有山阴文长之目，以故景从者众。凡知名士多出其门下，间有承其口讲指画者，为文皆有法度可观。即今曾孙擎公振声黉序，岂非先生家学之所自欤？且为人刚方独矢，清洁自持。值丙丁奇荒，食玉薪桂，族殷右器先生高谊，屡请就养，先生坚不肯往，馈之亦不受。然家虽不赡，而轸困怜危之志未尝少懈。即如我高邑民粮，洪武初为奸民，倍册以首，民苦于厚征三百余年。迨国朝定鼎，有力者倡行请减，先生赞理其间以暨竣厥事，是其有益于合邑者甚大。当日邑之人咸尸而祝之，愿先生簪花棘院、奏捷南宫、珥笔于凤池，以为吾邑光。无何壮志未售，修文召急，邑人士靡不为先生束刍致奠焉。呜呼！先生之德行文学，若此不诚卓卓可传者哉！余与先生家世联姻娅，因得耳熟其颠末，又尝访诸近地耆献，靡有间言。丁巳秋，其族重修谱牒。擎公问传于予，予谨按其实而为之传。

时清乾隆丁巳岁孟冬月穀旦，澧水郡廪眷晚生、席交子际氏顿首拜撰。

继源公传

叔外祖贾公，名朝閧，字继源，畲山长者也。家世渊源载族谱，略。豫幼时母氏尝举公之行事为训，曰：“尔叔外祖秉性中和，颦笑不苟，业虽操奇赢而豁达慷慨，扫除商贾态。生平所最留心者，以延师课子为第一务。隆礼待师，匪独俸资倍丰于人，凡师家所需，每背师而馈遗罔缺。且尤好施与，遇乡邻有急求者叩门，辄应无难色，亦无德色。至有向其称贷者，公不勒人典，亦不索人券；即有久假不归者，公付之漠然，毫不为意。岁丙申，公抵省，遇一落魄夫，王其姓兹万其名，携一子一女，惫甚，向公哀贷数十金为生活计。公慨然与之。越数年，复抵省，其人贫如故，语公曰：‘吾愧无以偿公，愿以女供公役。’公弗受，更解囊以赠，且慰之曰：‘穷通有时，愿勉旃，甚勿以我为意。’此尔叔外祖之行事，皆津津脍炙人口者，小子识之。”尔时豫虽幼，尝记忆不忘。及丁亥，豫与公之次男同受业于霞映夫子门，寓公斋，朝夕与公周旋，因得微窥公之动静，并密访公族老成人，其称述公之素行者，果一一无异母氏云云也。公诚长者哉！公始娶蓝氏，早殁。继室刘氏有贤行，生子二：长元亨、次元璜，俱蜚声黉序。孙六人，嗣发从豫游有年，甫冠，补邑庠，甚见重于学使王畴五先生。曾孙十有余人，班行雁如，一堂衍庆，书香济美，于斯可卜公培养之力云。

赞曰：“维公之德渊而澄兮，宜尔子孙名既成兮；维公之德端而直兮，宜尔子孙行既立兮。”

时清乾隆丁巳岁孟冬月榖旦，愚外孙、邑廪生雷豫建侯氏顿首拜撰。

荩臣公传

公名元忠，字荩臣，太守舜夫公九世孙也。少聪颖，有异才，甫及弱冠即游泮宫，以文学名世。试棘闱，一不利，心即勇于上进。援例入成均，至铨曹，名隶州判，岂非急欲报效于朝廷者耶？及自就师归数年，太翁即世，公以家事自任。每于风晨月夕之下，尝对予叹：“太翁之怜贫，吾必欲如其怜贫也；

太翁之爱士，吾必欲如其爱士也。”乡党有难于举火者，公必周之；乡党有好学不倦者，公必亲之；并有争讼不已者，公必多方劝而释之。至于是者是，非者非，则又未尝有所偏私也。以故数十年间，乡党欣其明，宗族羡其公，至今犹啧啧人口云。余又观其抚育二孤，勤勤恳恳，慈爱倍周，以伯孙而代父子之职，以一身而兼两世之谋，亦岂非世之所难者？即昔人所谓试之盘根错节乃别利器者，公其足当之矣！使其立诸朝廷，不亦与太守公之功力后先相辉映耶？而徒以高年终于乡邦，惜夫！余忝在表侄，悉其行事于此，略书其大概云。

时清乾隆丁巳岁仲秋月榖旦，清邑廪生、愚表侄刘涛清顿首拜撰。

汇源公传

垂家训者，类曰：“孝友忠信，公直慈祥，斯诚处世之良模，持身之令范也。”贾公名元波、字汇源者，从仕郎廷玉公之六世孙也。于顺治丙戌年生，于雍正戊申年殁，享年八十有三。其生平行谊固无不在人耳目间者。予虽未获聆其謦咳，正不异得之亲炙焉。翁公恕存心，正直自矢，喜怒不形于色，睚眦不立于怀。至其事亲也，太翁秉性骨鲠，严毅端方，而翁则确守之；太翁乐志邱园，诗书课后，而翁则善因之。翁洵可云尽孝者欤！他如友于兄弟，信于朋友，慈以抚下，忠以与人，秉公而抱直，怜孤而恤寡，此又翁之善行，至今犹令人称道弗衰也。所谓孝友忠信，公直慈祥，翁不一一兼而有之者哉？翁娶傅氏，克循妇道。举子五，皆才识超迈，而次索既老先生者，尤茹古涵今，甫冠，补邑弟子员，当时期望特甚。孙十四人，必蔼、必达等与予同社，皆英姿卓荦，将来必联袂同升，捷登云路，以荣及翁于泉壤者不少矣。兹因族谱告竣，敬述数语附于简末，以垂不朽云。

清乾隆丁巳岁孟冬月榖旦，年家眷晚生刘崇本顿首拜撰。

芳伯公传

传，何为而作哉？盖所以彰有德也！有德弗传，几于淹没，此固子若孙之过，即外戚亦与有咎焉。豫母舅贾公，名元桂，字芳伯，廷玉公支下汝戊公之曾孙也。自幼形单影只，环堵萧然，不得从事举子业。比长，辛勤以治家务，不数年，少有蓄储，遂不复有累百累千之想。斯非所称知足者欤！秉性孝，祗事厥母，匪惟旨甘不缺于供，即爱敬之流露，气自和而容自婉。公不忘母氏劬劳，母亦常谓予子况瘁，相爱相依，若不可相违于片刻。事母如是，则当日之所以事父者，又不知何如其爱且敬也。且公之庭训甚严，每谓文艺不先器识，尚质朴，切禁浮华，贵真诚，切戒虚诞。脱稍违其教令，辄继以怒，予之笞，必俟其人之自悔而颜始霁。义方之训，惟公乃克称焉。庚辰正月，豫趋庭献公椒酒，拜跪毕，公赐坐，因徐以诲豫曰："汝曾念汝父教汝之劳乎？功名学业有志者为之，慎毋怠弃以贻汝父忧。"豫谨绎公言，孜孜惟分阴是惜，愧未计偕，以副公望。即仅博一衿，亦半由公之策厉使然，然岂敢顷刻忘公之德哉？公长男嗣震与豫相切劘者有年，先入泮，品行端方，孝友素著，后蒙各宪公举乡饮介宾。孙梦熊，姿性灵敏，亦早游黉序。其余后嗣缤纷，又将有继起而绍厥宗者。《易》曰："积善之家，必有余庆。"其公之谓与？

赞曰："挹公之貌严严兮，亲公之色蔼蔼兮，听公之言凛凛兮，察公之量渊渊兮。"

时清乾隆丁巳岁闰九月穀旦，愚甥雷豫顿首谨识。

孝子元伯公传

孝，庸行也。孝子不愿有孝名，然有孝之实，名自有不容辞者。若我堂伯元伯公，其殆实符其名者欤！伯名教，字元伯，朝韬公之冢嗣也，事父至孝。青自为儿时，朝夕与之亲，至今犹得志其大概云。当其承欢膝下，依依左右，视膳问寝，凡所为温清定省之仪罔敢废礼。迨韬公寝疾，伯服侍汤药，数月间衣不解带，惟中夜祝天，愿以身代。至于大故，涕泗如雨，几于无生。日则皇皇，如有所失；夜则两目昏昏，竟漏不眠。由是，写亲之容悬于堂中，朝夕奉事，出入禀承，真若僾闻忾见也。及至葬，恨不得相从于地下，因筑室于场，斋戒沐浴，独居三年，虽祁寒盛暑未尝一日少离也。是其慕亲之诚，根于天性，即其死后之眷恋不穷，不愈有以知其生前之委曲备至乎？都人士悉以前事具呈府县，随即申详上宪咨文达部。蒙恩准给匾旌，令邑侯盛公锡以“纯孝可风”四字。所谓实符其名者，洵不诬矣。至其课读仲弟，隆师亲友，殷勤无懈，是又其善体亲心也。伯诚克敦庸行者哉！今因族谱重修，其子孝孙征予一言，以垂于后。予惟表微阐幽，吾儒事也。因援笔书之以示劝。

时清乾隆丁巳岁孟冬月穀旦，愚侄步青顿首谨识。

贾母黄孺人节孝述

祖母黄氏，祖考桴公配也。年二十归余祖，鸡鸣盥漱，敬戒无违。无何我祖中厌尘寰，彼时祖母年仅三十，痛夫早逝，几欲以身殉。大祖母董氏见其节烈，乃为谕曰：“汝翁年已七秩，余年六秩有余，老迈衰颓。汝夫既殒，岂能复苏，所望者在汝与数月之遗孤而已。汝能抚以成立，夫之愿遂，即翁姑之愿亦遂也。今若此，不惟我失望于后，即呱呱赤子又将何恃以存耶？”是时，祖母闻大祖母之言，即跃然与曰：“媳误矣！自今敢不惟姑言是听。”由是自励冰霜，日勤纺织，仰事俯育，盖十有余年如一日焉。厥后，大祖考妣俱八秩而终，生事葬祭无不尽礼，是以媳而子道全。我父自幼而少少，而长长，而教教，而择配，是又以母而父道尽。若我祖母者，即方之古来节烈名媛，又何愧哉？必善尝欲为我祖母请命旌闾，以彰节孝，但力有弗及。今幸族谱重修，因略述其始末，以俟将来采风者之所及云。

时清乾隆二年丁巳岁孟冬月穀旦，孙必善顿首谨述。

公孙先生传

先生名元勋，字公孙，学行兼优人也，秉姿秀雅，颖悟绝伦。初就塾太老师，试以巧对，每作惊人语。与之言，议论证据今古，率尝屈其座，族人先达咸奇之。既就童子试，即为当事所识拔，旋补邑弟子员，试辄高等。而先生益潜心力学，每披览经史子籍必究其奥旨而后已。平日论文务精洁，不尚浮华，取简古，不侈浩博，以故世家巨族争延为子弟师，一时附近知名士多出其门。世等虽不敏，而获幸列胶庠、登太学，得非先生薰陶之力也哉？先生昆玉有八，而匪万叔复称白眉先生，善体太老师之志，教诲玉成，济美黉序，时有两骥齐驱之目。是又先生克敦孝友之行，匪徒称家学渊源已也。而其行事又能达大体，了无迂儒俗学气。当其静寓一室，若是非亦不辨也者；及遇族内维风俗、保祖茔诸事，则正色严词、鞠躬尽瘁，纵非刺有加弗诿也。兹先生殁三年矣，其族务有大费，维持者谁不叹曰："公孙先生胡遽逝耶？"则先生之学行兼优，固大有可传也。兹因族谱重修，世等不忍听其湮没，缀数语附于简末，以俟后之采录云。

清乾隆二年丁巳岁孟冬月，门生黄维世等顿首谨识。

士安公传

公名嗣仁，字士安，太守公裔孙，立本公之令子也。生畲山里，以循良之后，诗礼家风，是以名贤硕彦代不乏人。如公者，概可见矣。公生而仪容魁岸，器量宽和，秉心纯一，履行端方，孝于二老，和于六亲，与人恭而有礼，待下严而有恩，其矜孤恤贫、秉公抱直又性所然也。更可羡者，事伯父阍公孝养备至，奉盘飧，进卮酒，侍疾帏中，躬亲汤药。且雅好贤士，凡往来晋接，悉以隆礼相加，乡党咸器重之。元配西阳邑庠生刘名品昌之姐，乡进士、文林郎刘文孙曾孙女，持家有道，内助维勤。举子瑾，字敬也，笃志训课，待师甚隆，将来其子必有大光前业者。女适太守范公世美之曾孙，抑又可号门楣也。厥后公家益赢与？敬也创室置产，其所为光前裕后者又自有在。继娶姻母吴氏，性贤淑，生子四：必昌、必谐、必年、必月。诸孙及曾孙皆卓荦不群。予向颜公之堂曰“书有香”，行看簪笏膺荣，人文蔚起，公之食报，讵有涯哉！公之次子必昌，系予之婿。长孙济美，游予之门，沐公之教。既深知公之行，又悉因据公之实言之，以志不朽。

时清雍正乙巳冬月穀旦，乡进士、拣选知县、年家姻教弟谢绍哲顿首拜撰。

应际先生墓志铭

先生名运生，字应际，太守舜夫公九世孙也。壮岁补邑增，蜚声黉序，雅尚心德，不求人知。始余幼时，日侍先君子侧，每见先君子屈指里中诸名士，辄首及先生。后晤先生于刘岳家，始知先生即余衿岳也。观其貌，粹然其质，穆然其神；聆其言，网罗经史，博览象数。乃知先君子之所许者诚不虚也。岁甲戌，予幸列词坛间，与乡同人可亭朱公、敬斋徐公评论时豪，二公交赞先生不置。予益知先君子之所许者乃锜士之公论也。迨壬午科，膺首荐，索二场不得，主司深为扼腕。是先生之抱屈者，不在知己难逢，而在遭际不偶也。后复屡困棘闱，家贫日甚，先生自知科第有命，遂绝意名场，惟沉潜于书史。居恒谓其子曰：“土田虽尽吾身老，心田无损尔曹耕。”年六十有七而卒，葬吊钟岭，首巽趾乾。配傅氏，即余岳母之妹，亦葬吊钟岭巽乾，后先生墓数武。产两男，早逝。继娶邹氏，举子五：长元梁，字吉元；次元案；三元枞；四元橱；幼南英，字绍千，补郡弟子员。孙嗣容、嗣炘、嗣焞、嗣邑。曾孙必阶。五桂联芳，四代济美，不诚先生之心田基之欤？予因之有悟矣！先生向颜其堂曰“种德”，固所以自励其心，实所以励其子若孙恪守勿替焉耳。予时解组归里，嗣子绍千赍予舍曰：“甲寅九月廿二日，为先严竖碑，敢乞一言，以志不朽。”余思先生行谊若此，不可没也，因次第而志之，且铭曰：“自足于中，不求乎闻。铭以藏之，以昭其蕴。”

时清乾隆二年丁巳岁孟冬月穀旦，赐进士出身、诰授通议大夫、仓场总督兼户部侍郎、年家眷襟婿陈守创顿首拜撰。

六谦公传

庚子春，予舌耕于五里之谌氏，贾生和衷适以二月下浣负笈来从予游。未数日，辄道及曾祖翁行谊而乞予一言，以为之传。予时亟叩之，因得详其颠末，而知翁之积学树德，诚有卓卓可传者。予虽不敏，固不敢以不能谢也。按翁讳国谱，六谦其字也。翁自幼端亮聪明，甫脱乳，即露奇颖，当时翁父汝僖公甚器重之。先是汝僖公夙擅杏林橘井之学，家颇贫，尝以岐黄秘术客外。见翁负异不凡，即以所得值为具脯腜(脩)，使出就傅攻举子业。由是翁始得肆力经史，研精艺苑。数年之间，发为文章，沉浸浓郁，读之皆觉光彩奕奕动人。吁！以翁之积学如斯，宜其吐气扬眉，取功名如拾芥耳！孰意学日益工，数日益奇，卒至数困童子队中，迄不能博一衿。呜呼！何其厄也！然翁襟期潇洒，度量阔达，虽于时不偶，终不屑屑以之介意。比年及强，更出其绪余，教育诸后生子弟辄娓娓，终晨夕不倦，虽资俸之薄有所弗计也。且翁生平性至孝谨，其事母也，则周旋服侍，备极甘脆之养。即至翁父留滞他乡，亦屡致音问，恋恋如在膝前。他若和睦族党，处己以恭，待人以恕。翁所树德，尤未易一二更仆数。无何天夺其算，年几四十，倏已溘然长逝矣。呜呼！又何其厄也！虽然，翁正有其不厄者：初翁娶江孺人，生子一，曰朝镗，岁甫六周，而江孺人遂以病早殁。翁以子幼故，因继娶西阳刘邑庠光华先生之妹。自刘孺人适翁六年，而翁遽逝，朝锽公亦才十有二龄耳。孺人辄毅然抚育之，饮食教诲不啻己出。至于援室成家，孺人且亲见其子若孙绳绳鹊起者，正复尔昌，而翁之虽厄而实不厄也。予谨因贾生之言，而约表其大概如此。

时清乾隆四十五年庚子季春月穀旦，同里邑增生、年家眷世晚弟傅昌言顿首拜撰。

仰怀公传

公讳朝龠，字仰怀，国汾公之幼子也。公秉性中和，浑厚近人，不以金玉为图，专以课后为事，虽席丰履厚，绝无骄矜态，怜贫恤寡，乐善好施，乡邻有急而求者即解囊以给之，未尝有难色，而行谊卓荦，又为人所莫及。遇众事则仗义直前，毫无退诿，凡排难解纷不留余力。堂弟赞周公蜚声黉序，公尝加意奖掖，每值科试必置酒作饯，并赠以金。而赞周公嗣子讳宸英者，资禀学问为儒林翘楚，公奖掖尤加，常指而目之曰："此吾家千里驹也！"公子二，长元沐，幼元渭，俱延师课读，每夜静，公必亲往馆中窥听书声。奈天夺以年，均未获遂公愿，仅传厥孙嗣辉。公仍不坠其志，命侄宸英严为训迪，冀其成立之有时，是岂非专以课后为事哉？嗣后曾元英立，瓜瓞绵绵，无非体公之志，承公之训，而毋敢陨越，以贻公之隐痛者也。予生虽晚，世属姻娅，稔知公之德与行，不敢以不文辞，因据实而为之传。

时清乾隆丁巳岁冬月穀旦，年家眷教弟刘兆试顿首拜撰。

渭公公暨仲子轫初公合传

公讳元璜，字渭公，继源公之幼子也。继源公轻财好义，矜孤恤贫。举公兄弟二人，俱早游黉序，当时有两骥齐驱之目。顾伯氏元亨年未五十而殁，所遗诸孤皆赖公为之调护，公视之无异亲生，教育、婚嫁诸事以一身力任之，无稍推诿。读书务明理，不借之以弋名。故训课子孙，虽督率维殷，而未尝责之逢世好。为人严毅中有宽厚，族有不法者，公固直斥无隐，而一本九族之爱，常切切于心而不忘。贾氏三修族谱距重修二百有十年，公悉心纂辑考订详明，不使昭穆或紊，其惇本厚族之心于此益见。晚年学既纯而行益端，都人士荐于当事，举为乡饮介宾，盖重乎其品也。公有子三人，其次名嗣发，字轫初，天资颖异，过于他儿。年十六与其兄待耀执经于予，先入外翰公之门，后二年即补邑弟子员。而轫初不以英年得志自喜，益嗜学不倦，砥砺维殷，以故不独文品粹精无滓，即人品亦浑璞无瑕，虽屡困棘闱而正谊明道始终不易，是其守读书明理之家法而不汲汲于功名也。然砚亩书田既为公家累世之业，则耕耘收获亦未有不获逢年之庆者。今观其孙曾，丹林积学有年，试辄前拔，将来必大有以食公家，累世之报而荣及其三世于地下也。试拭目俟之。

赞曰："嗟！我二公诗书为艺，既不近名，复不近利。古貌古心，羲皇再世。榖贻子孙，青云弗替。"

时清乾隆四十五年庚子岁季春月榖旦，年家眷晚生、邑优增生雷昺顿首拜撰。

剑章公传

公名文焕、字剑章者，庠序中福泽人与？实庠序中立品人也。生平无违言，无遽色，喜静默，足迹不入城市，性嗜酒，酒中无语。年二十有八，入泮专意经书，不矜韬略，有善谈者与之言，听受而已，而是非若不辨也者。其御下也以宽，奴仆咸戴其德；其待人也甚厚，交游尽服其忠。其志洁，其行廉，安闲无事，颐养休和。《诗》所谓："温温恭人，如集于木。"翁实有焉。闲尝读汉史至《李广传》，有曰："桃李不言，下自成蹊。"而知自古英雄，惟其人，不惟其言也。王献之独见称于谢太傅曰："少者，佳吉人之辞寡也。"然则翁之静穆涵渊，德也，福也，品也。三者具备于其中矣！余自幼往来翁家，见翁童颜鹤发，霁月光风，不竞不絿，何思何虑，浑然忠厚长者。敻哉！其不可及已。翁娶傅氏，生子一，媳予姑也。今岁之春，公族重修家乘，家姑召余至其家曰：“阿翁宽洪简重，品学兼优，死后数十余年声称不没，是不可无传。汝其毋以不文辞。”姑犹母也，命可违乎？

时清乾隆四十五年庚子季春月穀旦，年家姻晚生邹履中顿首拜撰。

特士公传

公名元超，字特士，朝嵩公冢嗣也。生而纯笃，初就外傅，便循循有礼，不与群儿戏，塾师每器重之。厥后，分任家政，遂弃举子业，以例入成均。溯其为人，纯任天性，不假雕镌。在家庭则先意承志，不徒脂膏滫瀡之供，父母有命，奉而行之，唯恐或违。有疾，药必亲尝，卧不离寝。父母殁，水浆不入口者累日，虽哀毁骨立而丧葬皆准于理。服阕，每食必荐，荐必涕泣，公之纯孝概可知矣。在乡党救灾恤患，岁饥察其困乏，量人口给粟以赈之，虽倾其仓廪而无德色。与人交，不以貌而以心，有规、有劝、有切磋，缔好而无软词蒌语，相习于比匪。凡此皆公之素行卓卓可纪者也。而尤有难能者，公弟经邦年未四十而卒，遗孤甫四岁。公视之无异己出，延师督课，慷慨殷勤，始终如一，卒使之克自成立焉。公于康熙辛巳年生，于乾隆乙未年殁，享年七十有五。生子二，嗣志、嗣高俱早世。侄尝愿以身出继于公，公厉声曰：“吾之嗣固不可斩，尔父之嗣独可斩乎？”侄屡请，公亦屡辞，乃止。愚谓笃孝友如公，好施与如公，善抚孤子如公，固宜有以膺繁祉而绵似续矣，胡为卒于无嗣耶？然观诸孙辈皆倜傥非常，崭然露头角，将来发名成业，正有未可限量者，未必非公厚德之所致也。公之侄孙聘来从予游，尝言其梗概如此，今贾氏家乘适成，因即其所闻于聘来者而为之传。

时清乾隆四十五年庚子季春月穀旦，年家眷晚弟、邑廪生陈规斓顿首拜撰。

贤昇公传

公名元举，字贤昇，畬山贾氏太守公支下朝鼐公之幼子也。先是其同祖五人，皆少年英俊，相习于韬钤，而公独命其长子宗之执经于予族孝廉公东甫叔之门，意盖以读书为性命也。厥后数年，而宗之学有成，屡试辄居前列。东甫叔因喜谓予曰：“予观予妹丈宗之天姿学力，将来必大可以副其尊人之望，而为贾氏卓卓不朽之人。”讵料公谢尘世五年后，而宗之亦旋殁，竟不使公一展颜于生前，并不使公一邀荣于地下，此何谓哉？盖尝论之天有其已定，亦有其未定，而如公者适丁其天之未定焉耳，岂人谋之有未善哉？然人之于天，既莫不父母事而呼吸通，而天之于人，亦莫不视听随而精神属。有作之于其始者，则必有承之于其继者；有为之啬其遇于此者，则必有为之丰其遇于彼者。今观公之同祖五人，率多奋志鸡窗，积学能文，转盼间当必有腾青云而上，纡朱拖紫，缤缤纷纷，以大五马之家声者，夫孰非公之倡导也哉？而况公之子若孙又将有相继而起，以食公之报于无穷者哉！

是为传赞曰：“初拥金玉之赢余，而公曾不以为侈；晚值资财之耗散，而公曾不以为病。斯盖由其德性之坚凝，于以得其天怀之淡定。”又曰：“金玉非宝，诗书是命，后有论公者不得以其子之未售，而辄疑其德之非盛。”

时清乾隆四十五年庚子季春月穀旦，年家眷世弟、邑优增生雷昺顿首拜撰。

九万公传

公名飞鹏，字九万，前明廉州太守舜夫公之十世孙也。尝受学于余先人外翰公之门，既而奏名成均，注册二尹，后部改为巡司。乾隆二十九年，莅职于亳州之义门。公邀予同之任所。次年乙酉正月，天子有南巡之举，公奉堂委押解四大套云车八十辆，每辆骡四头、夫四人，外又增骡三百二十头，夫亦如之，以备天子南巡之用。公自二月中旬起程押解，直抵赣榆交付守土，往返两月并无纤毫违误，其敬事盖有如此者。至其为治，则一以宽为主，即民有不法，公得其情亦薄责之，以示罚而已，并未尝必欲穷民以逞也，其爱民又有如此者。盖尝论之天下之大，析之而皆为一方之微；一方之微，合之而即为天下之大。苟治一方而有余，即治天下而无不足。士人服古入官，无所为大小也。果有功于朝廷，有利于民生，即陪贰亦未尝无公辅之望。诚如公之能敬事爱民，虽谓其有古大臣之风，亦无不可也。公在任三载，即致仕而归，族人皆把盏称贺，谓其能知足不辱也。公诚古之循吏也欤！公有子三人，俱成均妙选。诸孙又皆翩翩玉立，勤于诵读，将来必有食公之报于无穷者。公其可以不没也哉！

赞曰："不以官小而或卑，不以民顽而或逞。悉举公之所为，真上可无愧于神明，而下可无惭于衾影。"

时清乾隆四十五年庚子季春月穀旦，年家眷世弟、邑优增生雷昺顿首拜撰。

绍千先生传

先生名南英，字绍千，应际先生之季男也。生平谠正诚信，器宇宏深，脍炙人口，无俟金赘。所不容没者，志未伸、抱未舒耳。先生本明敏之资，弱冠补郡弟子员，沉酣古籍，为文雄浑雅健，乡先达咸称为黄钟大吕之音，而先生究不自足。金从事先生十有余年，见其揭榜被黜，伏几片刻而起，慨然曰："所能迟我三年者，榜头姓字之扬；而不能阻我一息者，尔室潜修之事。"复披吟如故。每科皆然，其志之坚如此。尝诲金曰：“士贵体用兼全，读圣贤书岂徒为自了汉。未得志，入孝出弟以培其根；若得志，忠主庇民以抒其蕴。吾与子既为四民之先，可不勉哉?”其所抱又如此，假令先生得伸其志，以舒其抱，其功德当必有卓卓可纪灿然于史册间者，岂徒家乘之光而已哉！无何命途有定，而芳声仅传诸乡邻知己已也。先生举子二，长嗣守、次嗣修。修与予女同庚，先生曰：“室家有愿乎?”金曰：“此夙缘也。”今诸孙英英玉立，或者伸志舒抱，其在斯乎?

时清乾隆四十五年庚子季春月榖旦，受业姻教弟南金顿首拜撰。

肖岩公传

肖岩公者，筠南畲山贾氏人，讳元弼，肖岩其字也。家世衣冠，为邑中著姓。祖国鉋公，饬身修行有隐德。父朝阀，同产五人，折节事田畜，以筋力致养，约束家人，耕读行贾，咸有专业，无游手者，乡党以为法。兄弟相友爱，数世同财资，甲于闾里。公修干玉立，仪观甚伟，每所至远近聚观，相顾愕立，诧为异人。少有大志，从茶山陈文学允公受经，已能通其大意。陈故邑名士，一见惊喜曰：“贾君容貌才质，汉胶东侯君文之亚，洵不凡器也。”弱冠补郡弟子员，试辄高等，喜先世《过秦》《至言》《治安》诸策，叹为识时务，深达治体，每一披阅，庄诵再三，津津有余味。读《宋史》至范文正公为秀才时毅然以天下为己任，辄抚卷慨然思友其人。五应乡举不售，乃闭门却扫，手一编，焚香独坐，无纤微慢色。尝语人曰：“遇不遇，命也！顾所以自立者何如耳？吾不获有为于时，后嗣其有兴者乎?”时人嘉其达识。岁时与里中诸名宿相过从，以道谊相勖，雅歌投壶，文宴甚欢。雷孝廉舒亭、徐明经文河、雷茂才虞熙尤款蜜，为投分至契。公持重处正，不妄交游，人有过举，直言鲠议，无所回隐。而奖翼后进，赒恤困乏，孜孜不倦，未尝矜其德。元配刘孺人早卒，生一女，适清江吴氏。继配吴孺人，有懿德，内行纯至，克相其夫。举子二：长绍文，即太学笔溪；幼嗣钟，早逝。女一，适雷孝廉舒亭次子。孙男六人：麟书，嘉庆庚申举人；淡成，邑增广生；观成、雅成、赉成，郡诸生；思成，儒士。曾孙六人，皆习制举业，克世其家学云。

赞曰："《易》称余庆，时咏贻谋。盖根茂者其实蕃，膏沃者其光晔，理固然也。陆平原之诵先芬，谢康乐之述祖德，良有以夫。肖岩公累叶清操，行修学邃，为世表率，而韬光隐曜，未发其奇，子孙之浸昌浸炽，人文蔚起，若操左券，孰谓天之报施或爽哉！"

时清嘉庆十七年壬申季春月穀旦，高冈郡廪生、年家姻再侄罗克伟顿首拜撰。

贤初公暨长子在占公合传

人生行谊不一，而孝友信义，醇厚端方，多得诸世守诵读之家。盖读书则理明，经遗世训自古攸重矣。予与贾兄素舒常往来，知其家世甘淡泊，专守诗书，其祖父行事俱堪传不朽。予于乡试后抵其家，与素舒接膝谈心。而素舒向予言曰："愧生平毫无建白以表扬祖父，今值族谱重修，将何以告无愧于先人?"予应之曰："人贵实有可传，子孙之荣否无与焉。"素舒唯予言而即请传于余。余乃援笔直书曰："贤初公名嗣震，素舒之祖也。在占公名梦熊，素舒之父也。二公俱守先人太守舜夫公之清廉，而行能各著。贤初公自幼羁身家务，未得专习举子业。一日见贵者在途，意气骄人，遂抛别家事，发奋诗书，一切负欠，概不求收。与亲邻共延师以受业，闭户潜修，百倍其功。不数年，遂蜚声黉序，应岁试屡冠多士，从游者甚众，而设教确有规条。一时弟子言动举止恬淡从容，见者不问而知其为门下士也；其得名噪胶庠、树帜棘闱者，亦复不少。公早丧母，继事后母，色养备至，抚育异弟，友爱倍周，虽父殁之后家业萧索，用情亦复如故。由是孝声远播，闻于当事，欲以匾旌，而公抑抑然不敢当，力辞乃免。后学校公举，钦赐乡饮介宾。享年八十有一，气尽神倦，无疾而卒。在占公，贤初公之长男也。幼聪慧，涉猎经史不待再二，出笔必求新颖。迨应试，一题顿发数艺，学宪赏其才，拔以冠军，怜其贫，令府主给之资。此时意欲借是上进，而艰于资费，遂馁志于功名。然性喜接引后学，每遇暇辄谈论文史再三，往复不倦，一时受其口讲指画之益者甚多。其教子殷勤，又得贤内助谌氏日夜纺织以相佐。至交朋友以信义，待族党以宽厚，言物行恒，是非不比，种种善行，不可胜数。当时名卿咸以是而器重之也。晚年足衰，不与外事，惟以读书作文为乐。享年八十有余，以气喘而卒。夫世之重贤良也久矣！人苟立身行己，有一善之足录，皆宜表之，以为风俗劝。而况父子之间孝友信义、醇厚端方，历历有如是哉！然要非世守诵读不致此。余用是据实传之，又从为之赞曰：‘忠厚不替，允传其业。笔耕舌织，累世生活。礼门义路，是其规画。父慈子孝，皆全其德。’”

清乾隆四十五年庚子季春月穀旦，年家眷晚生喻国举顿首拜撰。

方来公传

近世修辑族谱，间有为其祖父索传于余者，余谢之以不娴于词，而心窃以为未足。盖人苟无卓有可称之实，徒事揄扬以彰示于人，传之适以诬之也。惟姻翁名智、字方来者，自幼颖异，擅名乡邑间，读书至三十，惜为数奇，未获遂其志。生平努力自爱，难更仆数，确有可传之实也。翁从事诗书，愧未能扬名以显亲，心常郁郁。至其尽庭帷之职，多为人所难及。凡温凊定省，先意承颜，事可博高堂之欢者，靡所弗至。即不幸至于大故，而哀痛惨怛，葬祭维虔。其饬躬也，则砥砺名节，正气越人，惟力是勤，非义不取。尝自谓：“余生平初无远志，惟不欲受人怜，并不欲及见吾子孙之乞怜于人。故兢兢守祖父薄田破屋，思欲整齐而扩充之，以贻我后，俾得有恒产而有恒心，无即慆淫，是吾愿也。”迨其后，囊有余钱，廪有余粟，辄复持盈以谦，防满而溢，出所有以救困给贫，丰其资而延师课后。便戚族之资假，鄙吝弗萌；均昆季之分给，尔我无竞。是翁之于财，洵能操盈缩流通之权，而卒不为所愚矣。由数事观之，世所云事亲孝、律身严、与人厚，微翁其孰全之乎？迄今子若孙繁衍十余辈，类皆体翁之志，守翁之规，务本计以益充其业，戒浇行以持守其躬，何莫非姻翁垂训之善也欤？翁之次男必叶，予侄婿也；兰孙世玩又为余之孙侄婿。以累世姻娅数相往来，见之真而知之悉，因不揣鄙俚，述数言以附于谱末。

时清乾隆四十五年庚子季春月，年家姻教弟、邑庠生陈谏顿首拜撰。

育也公传

贾公名仁荣，字育也，为予舅祖，吾乡诚笃人也。奋志读书，性不喜时艺，为文酷似金嘉鱼。岁乙亥，时年十八，外太祖运新公五月寝疾，亲尝汤药，不离斯须，每夜祝天，祈以身代。及中秋后一日，外太祖捐尘，舅祖哀毁骨立。外太祖之父逢卿公伤痛弗食，语舅祖曰：“吾年老，尔幼，家计将若何？”舅祖涕泣慰曰：“孙虽不才，愿勉力负荷，敢或废坠以重高年忧？”外太祖母傅痛夫之亡，常欲相从地下，舅祖以小弱弟妹泣禀，乃得生，然萦纡郁闷，以致沉疴。舅祖侍疾帏中，凡半载，曾假寐而梦游冥府，迎母以归。事虽近幻，实其孝心之所结而成者。且不幸遭际之穷，本年十二月，其祖婆傅大母旋卒。岁丙子，其叔受和公卒。越戊寅五月，其叔祖序卿公卒。十二月，其祖逢卿公又卒。三年之中而有五丧，闻者莫不堕泪。而舅祖靡弗兢兢尽礼，其孝之诚何如耶？除服后就试郡邑，辄屡夺前矛(茅)，迁延至五十有八，始入辟雍，诸生咸奉为冠冕。乃三入棘闱，终不获隽。岂其文之不类于时、丰于学而卒啬于遇与？

夫以舅祖之遭逢若此，宜其感慨悲歌作无聊状，乃其志有所不为，而学如故、行如故也。又宜其裋褐不完，以寒士老，乃其才又足有为，而田畴益、室庐焕也。非舅祖其孰能之哉？时荷山陈氏，人文极盛，舅祖以陈婿故，尝与其贤士大夫相晋接。陈廷翁先生延之课子曰："余所重于公者，以公不仅以言教，而兼慕公之诚实能以身教也。"其学力之真实动人有如此者。洎乎晚节，课孙益笃，每诫之曰："人第修其在己而已，穷通得丧，固有命存焉。愿尔曹力学励行，无忝先人规志，其他初不苛为尔期也。"至哉！斯言益可想见其为人矣！舅祖享寿七十有七，其自始至终为一时士林所推重者，岂有他哉？一心之诚而已矣！予敢不据实而传之。

时清乾隆四十五年庚子季春月，愚外孙邹履中顿首拜撰。

天衢公传

公名步青，字天衢，元方公次子也。母氏蓝，生公仅二月卒。元方悯公失恃，复娶继母陈，性贤淑，公赖其抚育者倍挚。公生而颖慧，甫知方名，口授以经书辄能成诵。比长就师，其咿唔与他儿异，弱冠补弟子员。厥后，闱战失利，士林皆为扼腕。父母窥公郁郁不得志，恒以时命相慰藉。公俯而前曰："儿非敢患有司之不明也，患儿业之不精，未能早登云路，贻高堂忧耳。"退而力学不倦，钻研于秘府之藏，穷究乎义理之奥，由是涵养纯粹，经术湛深。至雍正丙午，获隽副举，然不以此而自画。尝语人曰："儒者远大自期，区区小就何足竟平生志！"故邑有慕其淹博礼隆西席者，多却而弗就，其正谊不谋利，尤为人所难及也。且居家孝友，树为仁之本；接人礼让，裕经世之模。宜宰是邦者之高其德，而累举为乡饮大宾也。乾隆癸未，授宁都州瑞金县儒学教谕，未及下车而文名共仰，莫不心仪其丰采。已而道范聿昭，咸恨亲炙之晚。凡有请谒，公不较其贽仪之丰菲，而相尚以道，且诫之曰："士贵端品，文艺次之。”夫是以邑诸生靡不悦服，以为安定先生再见。越数年，将调迁，诸生徘徊不忍诀，相与祖道郭门，饯诗盈箧，嗣是候迁归里。越明年，而捐馆舍。噫！公怀令德，垂令名，享令寿。如是，虽位卑禄薄，究于公乎何捐(损)哉？公之次孙世奉为予胞妹夫，家严尝举以为吾侪示，敬备录之，以志不朽。且以见公之品望，其在乡乡重，在国国重，道之感人有如此者。

时清乾隆四十五年庚子季春月，年家姻晚生黄楷元顿首拜撰。

会中公传

公名嗣通，字会中，畲山贾氏之端人也。父元友公，举公才四十日即见背，是时母谌氏年方二十一，几不欲独生，人皆危之。随顾乳者而言曰：“吾夫之所以死而不死者，赖有此子耳。若未亡人任性激烈，即从夫于地下，则此子将谁为之抚摩顾复以底于成耶？”由是矢志冰霜，日夕勤劬保护，而一以公之饮食寒暑为念。迨公学有成，册名成均，娶妻生子，母谌孺人方以为吾事已毕，可以无烦顾虑。不料，公亦寿算之促，年甫三十有三而即遐弃人间事，以增其母之隐痛耶！当公病革时，嘱其德配谌孺人曰：“吾死无足恨，所不能瞑目者，以老母之深恩未报、弱子之成立未期耳。今吾以此二事相托汝，其能无负吾托，则吾九泉之下亦拜卿德于无既矣。”维时，德配谌孺人含泪而言曰：“吾惟一以君之事母者事吾姑，一以姑之所以抚汝者抚吾子，可乎？”公闻言，更无一语即溘然以逝。呜呼！天之于公两世俱不永之以年，讵皆丁其未定者耶？《书·洪范九畴》有曰：“向用五福，威用六极。”而如公与其母若妻，其好德为何如？吾知其子若孙将必有享五福之全者矣，夫岂徒寿算之延长而已哉！曩余授徒于公家之别业，公尝邀余至其家宴饮，因得悉其母与其德配谌孺人俱能以妇人而有君子之行者也。至于公之言笑不苟，动履必庄，衣冠之整饬无瑕，此又观于其外而知其中之毫无所玷者也。因并为之传。

时清乾隆四十五年庚子季春月，年家眷教弟、邑优增生雷昺顿首拜撰。

嗣邑公传

嗣邑，字职侯，吾族杰士也。自幼形单影只，未获从事举子业，已乃操奇赢、权子母，溷迹尘埃，碌碌与庸人等。三十年来，囊中锥未尝一见其末也。岁戊子，有太傅朱文端公侄名必场者，复侵台盆岭一带龙脉。是时，祠堂田产久为败公者散去，即有豪气直上、志图出阻者，每多掣肘患，职侯独毅然白于众曰：“吾族累世以来，为此龙脉不惮奔京赴省，延今莫守，将功成而亏一篑，吾辈罪也。”爰商之族弟梅坞、笔溪，嘱族兄嗣昌闻公禁阻，一切资费职侯与梅坞、笔溪力任之。数年间维持调护，由是龙脉又得保全。厥后，并族内诸务，职侯一一确有担当，非刺之流言弗计也。然每遇公举，徒手难支，因复商同志，议所分田产仍归祠堂，更邀族人士酌定股饶，各轮银两，共得数百金。迄今祭祀有资，龙脉无虞，以及维风化、整习俗资用不致乏绝者，何一非职侯之力也乎？呜呼！吾族自祖宗来，保龙脉、肩众务者代不乏人，职侯独当难振之秋，竟能作领袖、大撑持，且使废者兴、散者聚，是能为既靡之家风一振也，洵人杰也哉！兹届族谱重修，余等董理局事，有长必录，爰直纪其实，以付诸梓。

时清乾隆四十五年庚子季春月，合族公撰。

敬也公传

盖闻谱也者，所以志世系，而使之不紊；传也者，所以记实行，而使之不没也。故有德者则传之，有功者则传之，有言者则传之，更有天性浑全、正直不阿、身不出户庭而敦庞可法于乡国者亦传之。我翁贾公，名必谨，字敬也，为立本公之嫡孙，士安公之长子也。性聪颖，幼而嗜学，焚膏继晷，寒暑不辍，故腹饱诗书，素抱凌云志。惜数奇见厄，而教育生徒，老而不倦。迹其生平，为人子而实为前母子，为人兄而实为异母兄，其调济颇有难焉者。卒之事继母如亲母，抚继母所出如亲母所出，家庭内蔼然得太和风。娶予族姑，同心黾励。生子四，长济美，发轫芹宫，蜚声艺苑，则延师教子殷勤恳挚，固有不问而知者。既而次孙腾蛟亦身列黉序，不坠祖父遗经。所谓不见之身必见之于其子孙者，又惟翁有焉。今家道益隆，食口不下百人，制膏腴，新栋宇，子若孙英才辈出，列成均者有人，就童试者有人，其余商者商，农者农，无一浮夸气。虽令嗣教养之力，何莫非翁之修德所致欤？至其矜孤弱、恤贫寡，不雕不琢，宁方毋圆，种种懿行又有未易更仆数者。予隔不过里许之遥，数往公庭，深沐教诲，幸博一衿，未了书债，以家务纷纭搁置笔墨，愧不文无以彰公之德。然当族谱告竣，舅等世缉、世熙索予数语，以垂翁于不朽，谊弗获辞，非敢粉饰夸张，特据实而为之传。

时清乾隆四十五年庚子季春月，愚婿傅有章顿首拜撰。

和中公传

姻太翁者，名顺，字和中，廷献公支下方来公长子也。性质实，为儿时辄有成人度，甫长就学，诵习经史，匪直熟记不遗，兼能体会大意。方来公顾而乐之，将教育以成其材。翁是时见其家生齿日繁，高堂垂迈，勤劳家务，以为身忝居长，弗能代为经理，若子职何？功名事业姑以俟之后人可也。爰请于方来公，方来公亦自度耄年倦事，且窥其志之决，又能谙练世故也，遂许之。由是易衣冠而袯襫，去诵习而耰耡，耕有余闲间亦从事货殖。俾方来公得清晏自娱以终余年，皆太翁力也。生平不矜不伐，虽以勤劬而底家资于殷实，不私一文一粒以自利，见诸季长堪任事即举钱谷而尽委之。日与田夫野叟偕而让畔让路，当时莫不感愧。处宗族间，遇尊长则修弟子之文，待卑幼不忘督率之训。毁来而弗与之校，誉至而不以为荣。以器识观之如太翁者，虽不列于士林，而豁达大度直进乎士矣！其尤足羡者，诸子侄靡弗延师训迪，殷殷属望，虽当寝疾弥留而所嘱专在乎是，其用意不改乎初有如此。迄今姻伯云山厕身辟雍以图上进，诸孙曹皆英姿俊秀，又得姻太母傅氏之贤，不忘遗命以维持于弗衰，将来衣紫纡青所以荣施乎翁者，讵有涯涘哉？惜余生晚，未及亲炙光范，而其事多得诸故老所称述。迩因戚娅得过拜姻太母，太母亦以翁之行事谆谆语余，余特表而出之，以俟权衡人物者一采择焉。

时清乾隆四十五年庚子季春月，乙酉科举人、年家姻晚生黄超群顿首拜撰。

耀章公传

公名必熖，字耀章，其先河南人，因远祖本渊公为江西筠州刺史，遂居高安，以儒术世其家。传二十九世至长春公，公生子四，必烜、必辉、必焮，公行三，生而聪颖，有异才，缘家道中衰，弃读就耕，继复操奇赢、权子母，往来楚黔二省，以谋高堂菽水之资。每归，色养备至，长春公及母氏谌孺人常油油然忘其家之贫也。岁壬子，长春公殁于楚，公运柩回籍，哀毁逾常。三年内，祭奠必哭。越十一年，谌孺人卒，公敬哀亦如之。必烜早逝，遗二子，公抚如己子，及长，教育完姻，甚多周折。又为仲兄娶嫂范氏，季弟娶媳况氏。厥后，兄弟析居，公贸易所获仍以四分均派。其居乡慷慨服物，凡里中强悍欺凌孤弱，公以理折之，无不帖然者。因此，数年间一乡少狱讼。至生平修先人享堂及周恤亲族诸善事则又不必缕述矣。公于康熙辛巳四月十七日生，于乾隆丙戌十一月廿三日殁，享年六十有六。娶邓氏，慈惠识道理，生子四，长世陶，嗣父业客江陵，请传于余。余谨按状以纪其略如是。

时清乾隆四十五年庚子季春月，清赐进士出身、知四川成都府成都县事加二级纪录八次、年家眷弟余芳顿首拜撰。

佐伯先生传

己亥冬，畲山贾氏重修族谱。予表弟正吾偕诸公董其事，将脱稿，因往观焉。正吾曰：“先君子潜德幽光，不求人知。兄以至戚而兼师弟，见之真而知之稔，愿以一言志家乘。”因忆七岁时，就学于先生，偶有句读之乖、声律之舛，命跪读者三。予祖母，先生姑也，闻之谓先生曰：“此予长子一块肉也，盍稍宽焉？”先生曰：“蒙以养正，块肉可生食乎？”如是不倦者三载。先儒有言曰：“君子之爱人以德。”先生真君子也！其为人也，纫秋兰以为佩，如竹箭之有筠，不矜才，不逞智，谦恭有度，恬(缺文)世兄腾蛟，蜚声黉序，稍慰其怀，又不幸而早世。呜呼！痛哉！吾师亦旋踵逝矣！或曰：“天道无亲，常与善人。”如吾师之为人若此，不可谓善人耶？宜其大振家声，长膺纯嘏。乃数奇，而仅以一衿终。且次世兄又早赋玉楼，天之报施善人其何如哉？然而为善无不报，而迟速有时，此理之常也。今长世兄荣蕙与先世兄腾蛟，并有令子涵育薰陶，将来正未可量也。而瑾公课师之初志必于是乎？廓而大之矣。

清乾隆四十五年庚子季春月，受业门人邹履中顿首拜撰。

如翁先生传

先生名济美，字如英，畲山必瑾公震男也。初瑾公力学未售，见师生而状伟，悦之。及就傅，果与众异。比长，偕先严游谢四迪先生门。四迪先生以大器目之，特斋额颜曰“书有香”，卜其乘风破浪适转盼间事耳。既而补弟子员，先严遣不肖与弟岱①师之，曰：“先生气质凝重，寡言笑，有古大人风。

① “岱”字应为衍文。

吾望汝是则是效追随。”寒暑七年，见其素守卧碑，孝亲友弟，临财不苟，谦让下人，精医术，济人甚夥，而敦睦排解所以积德累仁者何可胜道哉？厥后，屡困棘闱，愠怒不形于色，既而次淡自持，疾言弗出诸口，慢气不设于身，见得思义，小忿必惩，处众事若家事，视人疾如己疾。虽读书聪颖，为文敏妙，见知于邑侯谢公，而终不遇于督学，致绝意乎功名。人或以是为先生惜，然孝友一堂，门内多真乐椿萱之茂，菁菁棠棣之华，韡韡若孟子所谓“父母俱存、兄弟无故”者，先生有焉。况令嗣正吾噪声黉序，而又际此圣天子菁莪造士之时，定当克伸父志矣。予因搦管而为之传。

清乾隆庚子年季春月，受业愚表侄邹岱顿首拜撰。

功成公传

士之为世重者，必有高人之才、过人之知，而后可以履艰巨、膺盘错，无不胜任而愉快，而寻章摘句之学不与焉。愚姻太翁贾公，名世考，字功成。生而英敏，落落有古人风，就外傅则聪颖异常，不独工于帖括，凡诗古文词拈笔立就。宜乎蜚声翰苑，视草鸾坡也。无何二老年高，昆季皆幼，倘甘旨或缺，咎将谁诿耶？爰是废举业而操奇赢。公瑾之醇醪、元龙之豪爽兼有其长，以故数年来家道丰盈，遂跨扬州之鹤。然而孝友成性，敦睦宅衷。奉二人则曲为承顺，俨然南桥北梓；待兄弟则极尽友爱，不减姜被田荆。而且遇人有急则救之，见人有难则解之，闻人有颠连失所则倾囊而乐助之。一时炙公之光者皆蒙公之惠，至今颂公之德于弗衰云。公娶荷塘邹氏，贤淑温柔，克勤俭用，能相夫于有成。生子二：长名铎，国学生；次荣剑，磊落英伟。今观其门户浩繁，孙支秀茁，皆公之厚德所致也。王奇(彦)方复见于斯矣！岂寻行数墨所能仿佛其万一者哉？夫天道无亲，惟德是亲。公之嘉言懿行难以缕述，姑即其大概载之家乘，以俟后之采风者为实迹云尔。

时清乾隆四十五年庚子季春月縠旦，年家姻教弟刘枚顿首拜撰。

双节传

贾公元友有德配曰谌大孺人者，同邑五里人也，名洛贞，家世文学，习于内训，年十八来嫔，佐夫养姑，以孝谨称。逾三载，举一子，即太学生嗣通公也。甫四十日，而元友公遘疾卒，大孺人哀毁骨立，水浆不入口者数日，已乃独窃念曰："家无应门五尺之童，虽有期功之亲，咸分财异居，莫能相顾。此繈褓中呱呱者，其谁卵而翼之，以延一线耶?"于是强起为家人进一勺。日抚其孤，节饮食、慎寒暑惟谨。敝衣蓬首，独处一室，虽亲串罕见其面。嗣通公亦善承母志，长益欣然向学。大孺人以其羸而多病，且虑制艺攻苦耗其精力也，命辍业，为援例贡成均，曰："儿能自立，岂必以科目进耶？毋效李长吉呕出心肝，贻阿母忧也。"先是大孺人为子择配，乡里高其行，属蹇修，关说者数辈，辄婉谕之曰："富室脂粉，非所宜于吾家也。"岁时归省，稔其族贡生克功之女凤贞有贤行，因委禽焉。及笄于归，柔惠贞静。喜曰："是真吾儿偶也。"连产二女，皆适谌氏，最后生一男，名儒珍，未及晬而嗣通公卒。时孺人年才二十六也，抢地痛绝，誓以身殉。大孺人含泪抚慰之曰："新妇知有死者，独不念生者耶？吾遭家不造，再罹凶变，命也！命可逆乎？今老矣！两世孤露遗此一块肉，重以累女，其以吾之前事为汝后事之师乎?"孺人重伤其意，衔哀饮泣，力疾治丧。一堂之上，孀姑白发，稚子伶仃，形影相吊，见者为之心恻。积四十年，亲操井臼，与臧获同苦乐，一切米盐细务咸躬任其劳。大孺人尝抱病，躬率子妇侍汤药，朝夕相依，历数月无少懈。比殁，琀敛葬祭，容戚而礼至，人咸以为义姑、孝妇萃于一门云。孺人课子甚勤，弱冠为之授室有子，见其学业有成，始破涕为笑。每霜寒月白、纺织余闲，称述前人遗事，辄泣然曰："古人有言，存不忘亡，安不忘危。兹之保有厥家，无贻泉下人羞者，先姑力也。汝曹勉之，未亡人今乃可以息肩矣。"于是含饴习静，子妇奉其教家，无废事。无何子儒珍与其妇壮年继殒，孺人年既高，迭遭多难，不胜悲恸，亦逾年而卒。孙男四：长世镛，工举子业，克继其父志；次世铭、次恺元、次魁元，皆恂谨不坠其家声。初太守沈公澜廉大孺人之行，匾旌"柏节可嘉"。其后，孺人亦以节操闻当事，表其闾曰"节孝重光"，有传具载邑志。此复详述之者，盖欲示其后嗣毋忘先德，故不嫌词费也。

论曰："予读蔚宗书，窃叹蔡中郎女文姬失身三姓，而范史纪其诗歌，缀之《列女》。彼以其才幸借先人余烈，犹获垂名后世，况徽音克嗣实有其德而亮节不渝者乎？二孺人之行，宜蒙褒典，而三世孤弱力薄，未中上闻，以是慨潜德幽光，其湮没不传者，可胜道哉？故合著其行事，以备国史之采云。"

时清嘉庆十七年壬申季春月穀旦，高冈郡廪生、世再侄罗克伟顿首拜撰。

乡饮介宾又超公家传

公姓贾，讳元俊，一名定远，字又超，肖岩公弟也。躯体丰硕，腰腹十围，酷类其兄而稍逊其修干。少有大志，以膂力闻于乡。尝读《班超传》，慨然曰："大丈夫不当如是耶？今握钝毛锥，谵谵作帖括家言，如画饼不可啖食，曷若立功万里，以取封侯，为国家有用之才乎？"于是更其名曰"定远"，习磬控纵送之技，博览权谋形势，诸家自《六韬》、孙、吴、尉缭之书靡不穷究其妙。学既成，连试有司，皆报罢，意忽忽不乐。久之，乃幡然曰："方今人文化成，吾将歌咏太平，善刀而藏焉耳。"因注籍太学，尽敛其少年豪迈之气，折节读书，构数楹于所居之旁，榜曰"云轩"。躬自课其子若孙，暇则劚云移石，延月醉花，与二三交好觞咏其中，潇然有出尘之致。性戆直，不喜谀人，亦不受人谀。家饶于财，恒假贷以资贫乏，未尝取其息。好奖励后进，每科岁试，届期聚族中角艺之士扃一室，课其高下，而私备馔饮以劳之。故贾氏文学之盛，一时莫与抗衡。晚岁以耆德宿望，明府冯公麟上其事，礼请为乡饮介宾，邑志有传，年七十以寿终。元配刘孺人，婉娩慈惠，善事舅姑。子二：本仁，太学生；立山，郡庠生。女一，适汇头杨。继娶谌孺人，淑慎柔顺，壸范称贤。子三：三捷，郡庠生；道光；嗣生。再继娶宋孺人，身颀而长，克与公配，性和易，未尝疾言遽色。抚育子媳，仁爱交孚，孙曾绕膝，一物之甘，剖而分之，小大咸怀其德。子一，嗣六，早世。

赞曰："时政平则文德茂，而勇略之士无所奋其力。以公之才质，值多事之秋，其勋名爵位岂遽出仲升下哉？而未获见诸行事，则时为之也。虽然，班氏久羁沙漠，疲老思归，至求生入玉门关。而公优游于光天化日之下，齿德隆于一乡，相提而论，知不以此而易彼矣。"

时清嘉庆十七年壬申季春月穀旦，高冈郡廪生、年家世再侄罗克伟顿首拜撰。

凤翔公暨刘孺人传

公讳元凛，字凤翔，贾氏之隐君子也，少有志节，敦气谊。父朝锃公嘉其颖异，命就童子师，受章句。公念二亲年高，仲弟始龆龄，季犹在襁褓，无治生计，终贻白发忧，辞师归，跽请于父曰："博士家言，丰年玉也。顾煮字不可疗饥，儿愿给薪樵，分大人一日之勤，义方之训，姑以俟季弟，可乎？"朝锃公领其言，心益奇之。比长，力耕致养，以其余闲贯钱权子母之利，躬率妻子习勤食苦，而厚遗其季弟元窕，俾习举子业。每赴试郡中，亲为裹粮负担，曰："此先君志也！敢惮劳乎？"见者以为难。公赋性惇朴，好贤奖善，常若不及。与人交，款款深深，不为世俗寒暄语。喜儒术，以弟名未成，益锐志延名师教其子嗣愉甚力。尝深夜巡视学舍，闻弦诵声，即忻然忘倦，移时乃去。或值嬉游荒业，必严敕之，不少假借。嗣愉学业裒然为一乡之望者，得于庭训之督责者为多也。以耆德宗族推为祭酒，事无巨细，咸待谘而后行。子侄数十人化其行，无违教者。当公八旬时，戚党佥谋制锦以侑觞，公曰："寿筵称祝，非古也。《小弁》始说生辰，楚《骚》乃言初度，前此未尝闻也。吾奉先人遗体罔极之未报，忍复受庆乎？"力却之。伟时袖一诗以进，闻之肃然起敬，逡巡却立，惧弗陈。公笑，索视之曰："吾愧古人多矣！胡不规而颂耶？"命揭之座间，曰："虽不能至，心向往之。"其守道不徇俗类如此。年八十二卒，遗命无厚葬，子孙遵其教，故不为华侈云。配刘孺人，慈惠勤约，年十四来归，敬事翁姑，克尽妇道。季叔元窕，幼失恃，孺人亲乳哺之，推燥就湿，爱逾所生，十四龄始离怀抱。耋年益康，虽寒暑不辍纺织，疏食布裳，不以家裕改其素。后公十二年卒，寿九十。孙曾繁衍，世系详焉。

赞曰："昔襄阳庞公躬耕岘山之南，夫妻相敬如宾。梁伯鸾、孟德曜寓皋伯通庑下，为人赁舂，举案齐眉。彼此皆有迈世绝俗之行，扬芬史册，不其懿与？观公与孺人砥行励节，身处畎亩之中，蝉蜕尘嚣之外，不饰智巧以逐浮利，伉俪之贤，古人不专美于前矣。"

时清嘉庆十七年壬申季春月穀旦，高冈郡廪生、世愚侄罗克伟顿首拜撰。

嗣顶公传

公讳嗣顶，小名闻，族伯父行也。与家严共襄众事历有年所，其生平事迹家严素所帖服，尝为予言至悉："窃心志之，不能忘。"幼就傅，聪颖过人，塾师恒推重焉。厥后，家计渐窘，虽废举子业，而每值三余犹披览古人书，欣然忘倦。赋性浑穆，动静语默，恂恂有儒士风。与人接，古道是敦。孙侄辈稍有逾闲事辄理谕谆切，必俟其自返而后已。乾隆戊子年，朱太傅之侄名必场者，复觊台盆岭有煤，倚势称雄，倡为侵挖首。一时蜂聚蚁合，族内士罔不束手，职侯伯、梅坞伯与家严共谋于公曰：“台盆岭，族之龙脉所系。吾祖自卜宅以来，为此地灵，艰苦备历，兹乃堕甑弗顾，奚以见先人于地下乎？计惟吾辈才拙运筹于内，而闻公拼阻，谅兄不致偾厥事。”公果毅然独任，困瘁不辞，荣辱弗计，往来城中，或资费偶缺，即倾私囊，而绝无德色。以此合志同心，委身致命，得以保持于勿坏。又远脉仙女岭一带，邹、刘屡肆侵挖，公出力赴控，由郡抵省，亦复数年而后寝。他若兴废举坠，排难解纷，与家严等并力励勷，种种懿行更有未易更仆数者。元配傅氏，生女一，适高塘蓝。续娶邓氏，亦未获举一男，族党中咸为扼腕，谓天之报施安在也？今年春，重修家乘，堂侄必精问传于予，予忝附局中，录人之长，扬人之善，吾侪事也，矧公所维系于族者非浅鲜耶！因不揣固陋，敬书家严畴昔所云，以为后之有志者劝。

时清嘉庆十七年壬申季春月榖旦，族愚侄赉成顿首谨述。

节母雷孺人传

孺人既殁之二十有一年，贾氏增修族谱，编纂诸君子念孺人苦节以终且多嗣君，定山哀然方正自持，踊跃公事，皆赖孺人教力，计为立传，而使诿责于予，盖以予为族茂才虞曦先生之从曾孙，而孺人则其女弟也。抑定山交于严考日久，情同管鲍，往来谈论旧事尤多，宜所得于传闻者熟也。因不揣固陋，谨约略其大概，僭笔而为之辞。先是，虞曦先生之父明经乡贡建侯先生聚徒讲学，一时贾氏文行之儒率皆出于其门。有讳元牡者，丰财饱德，乐善好施，里党中咸以长者称。令子嗣纪美秀而文，建侯先生以女妻之，年廿余名入成均，遽捐馆舍。孺人呼天抢地，几死复苏，自顾哺雏鸣鸣，才生数月耳。元牡公前此数年已卒，惟余白发慈姑，势不容相从地下，有负抚孤存嗣义也。遂闭门哭泣，三载终丧如初；孝养慈闱，视前愈挚。其后，姑亦谢世。家道累遭闵凶，资产殆几于尽。幸定山稍长，聪慧绰有外大父家风，遣就塾师，束脩饮膳悉资十指以供。而性情闲雅，静好端庄，殁其身不出阃中。虽至戚如虞曦先生，自岁时劳问外亦罕见其面。若孺人者庸可多得乎哉？今幸公论综核，用载简端，诚士君子表扬盛心，仰副朝廷风励雅化也！若夫孙曾衍庆，泉壤光荣，是又可为孺人厚德卜之，奚俟侈缕述云尔乎？

郡廪生溪头雷起潜顿首拜撰。

梅坞贾君家传

君讳嗣谊，字洛才，号梅坞，江西高安人。年五岁，父母相继卒。世父元超无嗣，抚为己子。少慧，受业于陈洪淡者，其乡之名宿也。年十六就童子试，辄魁其曹，时艺力追章罗，不徇时好。以世父晚年目瞽，家计日迫，不可远游，遂废举子业，注籍太学。江右故文薮，自乾隆中年文风渐不竞，高安处僻壤尤陋，无师授，乃至“五经”“三传”概束高阁。士子遇试事，大约剽窃成文，规摹熟调，目不识古今，冀求弋获而科名愈衰索。自君出，力破旧习，族子辈有诵习庸腐文字，或取试牍墨卷转相传写以为秘本者，必痛斥之。教其子席珍一本先正读书之法，非有本之文概摈弃不许观。丙午，席珍隽乡闱，魁其房。自后高安风气渐革，科名亦渐盛，君倡之也。高安山多田少，人浮于土，非贾于四方，难以为生。族邻中货殖者，君予之资，教之经营，无不获息。始无立锥者，后皆得置产为富人。君为人谨厚，事嗣父母孝。与人交，坦怀相与，无外饰。遇困苦必矜恤，出乎至性。贾故高安巨族，户凡八百家。乾隆戊戌，岁饥乏食，君仓储无几，凡族之贫者咸与之粟，曰：“年丰则偿可也。”后有不偿者，亦置不问。自是无论年岁丰歉，族有贫而告匮者皆周之，每年施累二百石。乙巳岁复饥时，君储稍饶，族人贫者计口饩之粟焉，又每岁旧谷将没、新谷未成之时，视时价升减六七钱粜之，以拯近地之困乏者。卒年四十有八。配刘氏，生子二人：长席珍，丙午科举人，拣选知县；次玉书，监生。先君卒。继娶清江张氏，无子卒。又继娶杨氏，生子八人：长醇，廪贡生，试用训导，历任南安、南昌府学；次心成、正元、售元、宝元，皆监生；献珍，优贡生，考取八旗教习，取予所取优贡；定珍，庠生；怀珍，监生。女一，适廖氏。

论曰："昔黄鲁直言，筠州吏民朴野，不嚣于讼，称为'江西道院'，而惜其与他郡并蒙恶声。余视学其地，察之良然，盖天性也。然其俗质而近陋，俭而近鄙，故士之能文章、好施与者不数见焉。君一儒生，家不中资，而能不囿于俗且能化其俗焉，可不谓贤豪间者耶？宜其后之昌也。"

清赐进士及第、资政大夫、礼部右侍郎、教习庶吉士、年通家侍生山阳汪廷珍顿首拜撰。

顺章公传

公讳必斋，字顺章，高安畲山里人也。状魁梧，负经济志，多权略，举止阔达，不为一身一家谋。晚推族尊，年八十八殁。殁后三十有二年，里人德之不能忘也，有称者愿其与台盆岭并寿云。台盆岭者，畲山之少祖山也。山韫煤，匪人觎其利，将伐之不得，则援势家从事艮溪朱与焉。里人彷徨控之官，官不为理，莫可谁何，惮其有相国在也。公曰："正惟相国，事可速了。"众难之。公曰："盍具书道本末，吾赍相国。"相国为人不动声色，居常闭目，虽对客犹然。公抵都进书，相国延见与之坐，闻公语，双眸忽撑，异其人，宿留数日，遣之归。归未抵家，衅以息。向不得公，将无是山。无是山，凡受是山气滋息者，将不得长子孙，尚望庶而丰、钟毓灵秀也哉？则是公之大有造于乡里也。其少子世淮有侠气，未尝学问，事必师古，闻古之人有割股养亲者，心韪之，痛母病久弱不斟，潜赴里之旌阳祠跪祷，左袒口啮肉，右执利刀而刲焉，血淋漓濡衣及履，着香灰稍定，则裹所刲入室亲烹以进，不令家人知。此固愚孝者之所为，然其至性为不可没已。卒年四十有八，遗孤髫龄，寡妻刘孺人守之。孺人澹泊勤劬，数十年如一日，亦能以苦节贞者。

赞曰：“《月令》：‘地气沮泄，……诸蛰则死，民必疾疫。’沮者坏散之义，因破坏而宣泄，故云沮泄也。今之蛊挖渔利者，于蛰虫坏户后尤甚。所谓变天道、绝地理、乱人纪而欲人物寿考难矣哉！吾村来龙山得以保全，固朱文端盛德事。然非公之奋不顾身，跋涉水陆四千里外不至此。耄期之庆，己身受之，义形于色，家声未坠，子妇节孝，有光闾闬，可不谓荣焉？世有口诵诗书，号乡里伟人，目击地脉伤残不之恤且幸之，甚有为利疚而衣冠坐于涂炭者，此与椎剽掘冢何以异？闻公之风，其亦可以少愧矣。”

清赐进士出身、文渊阁检阅、方略馆分校、内阁中书加一级纪录二次、年家姻晚生傅作求顿首拜撰。

灵寿公传

人必生有足述，而后死有足传，非必以显晦论也。夫名公巨卿，身显通都，非不炫赫于当世，然使无述于生前，究竟无传于身后。而畎亩中人有高出寻常百倍者，偏不与草木同腐朽。若贾公灵寿先生，余观其所以教子，与余亲受其教，而知其立心制行有足述也。公之家计，佃人田而耕之，暑雨祁寒，出作入息，饔飧孔艰矣。乃独不为贫累，遵乃父遗命，勤苦课子，以筋力代厚俸，或为师任耕耘，或代师运薪水，殷勤恳切，殆有为人所莫及者。公子丹林与余同事素舒先生于数飞别墅，其地距公居咫尺，每无事时，公闲步往瞰，听咿唔之声，忻然无言，乐其子之精于勤也。间或与先生面晤，叙寒暄外即以子之读书为言，而别无一说。责子之道并以责余，尝曰：“令先君舒亭先生与我先人轫初公先后出外翰宜园刘先生之门，今君又与丹林同事笔砚，洵可谓通家世好矣！舒亭先生既以孝廉举，我先君亦名隶邑庠。君与丹林其各循循勉勉，毋坠祖父家声。”余听公言，终身不忘也。公虽殁三十余年，予犹能想见其高风。其为人和平坦易，安分循理，亲友过从，喜迂谈古事，而要无一欺人语。所谓畎亩中人高出寻常百倍者，此也。公娶李孺人，性质淑，克执妇道教子，学费公所不能给者，孺人力勤纺织以助之，故能扶持累世书香于不坠。生子二：丹林最长，郡庠生；次子世流，客外亡。女一，适钧山刘。而诸孙罗立，崭然见头角，乡人皆以为公厚德之报。今公族谱重修，丹林以公之行事非予不能道，又以予如槽中老马，虽不能用力，然亦可以识路。故不敢以固陋辞，独念予与丹林同学，丹林名震诸生，一时云程发轫者多出其门下，而予竟将白衣以老，未能慰公厚望。为公传，太息久之。

时清嘉庆十七年壬申季春月穀旦，眷世愚侄雷纯山顿首拜撰。

子藏公传

同里贾氏重修族谱，太学生显祖请于予曰：“先君之卒也，今四十有一年矣！自维无似，莫遂显扬，顾今之保有厥家无玷前人者，庭训之力也。愿有述以贻后之人，惟吾子惠一言。”予未获见公，而与其嗣君交垂二十年，心仪公之行谊甚高，用敢忘其固陋，摭其大略而之为传。公讳必冬，字子藏，世居畲山贾氏，性质直，不喜为世俗嫞婀之态，躬耕养亲，不求赢余，泊如也。与人交，忠实无他肠，或有过举，面刺不少讳，而虚己集益，闻一善言，见一善行，称之不容口。自奉甚约，至赒人之急，即囊无一钱之储，恒典质以应其求，故人咸敬畏之。贾故巨族，又居近于市，族无赖子不事生业，竞以饮博为事，诱富室子弟，掩取其财，有倾家而流于比匪者。公严敕其子，每出入防闲甚密。凡酒肆戏弄之场不令少近，尝切诫之曰："民生在勤，勤则不匮；俭为共德，俭则足用。汝其勉之。"显祖守其训，终身无敢违。今其润屋丰财，禔躬厉行，有声乡党者，人皆以为义方之教所致云。公享年四十而终。娶谌氏，有贤行，克佐其夫，先公三年卒。子一，世魁，即太学生显祖。女一，适谌。

论曰："史称万石君家不言而躬行，醇谨无与比，虽齐鲁诸儒质行皆自以为不及，故其子建、庆皆有父风。今观公之所以教其子者，其殆闻万石之风而起者乎？"

时清嘉庆十七年壬申季春月穀旦，高冈郡廪生、年家世愚侄罗克伟顿首拜撰。

锦川公暨雷孺人合传

公讳必阶，字锦川，高安畲山贾氏人也，为邑著姓。曾祖讳运生，郡增生，学识淹雅，有声黉序，远近钦其品望，争延致师席，所从游多知名士。既殁，门下士杨孝廉溢述赞有"先民矩矱，有道典型"之目。祖讳元梁，风规卓越，重义轻财，资其弟绍千研精典籍，为名诸生。父讳嗣容，年三十八卒。母席氏，壸范端肃，遇歉岁，罄纺织之资粜米以周闾里，至今人颂其德。公沉毅倜傥，少有厉俗志，从叔祖绍千受经，颖异轶群，乡先生咸奇爱之，目为远大器。弱冠失怙，家产中落，乃辍业习计然术。以祖父母年高，孀母独处，孑身撑持门户，弗忍远离，因贳贷鬻财，下章江，历吴镇，日市甘毳，以娱朝夕。同邑陈翼亭先生有人伦鉴，以拔萃高等，令贵州省天柱县，致仕归，慕公行谊，解宦囊之赢，俾就所居灰埠权子母之利。积数十年，率其二子共治生业，室储少裕。性慷慨侠烈，大类朱家、剧孟之行。人有急难，倾身救之，不避艰险。所尝从假贷者，力不能偿，折券还之，终不矜其惠。自以家世儒业，少遭孤露，志焉未逮，遍择名师，遣其仲子就学，束脩廪饩，务从其厚。公方颐广颡，须髯罗罗清疏，容止修整，虽处阛阓，蔼然有诗书之气。年五十五卒。配雷孺人，同里孝廉舒亭先生之妹，慈惠恭俭，娴于《内则》，能相夫以成其德，后公廿四年殁。子男三：世接、世绍先公一年卒，自有传；逢源，太学生。女一，适西阳刘。公与孺人之殁也，皆以元日。余有诗记其事，兹不备述云。

赞曰："余与公季嗣学海游，温雅惇厚，绰有父风。尝为予言，公既殁，谋卜吉壤久之，有以祖墓遗穴告者，出重资购之，启圹，果佳城也，奉柩车瘗玉焉。自是家道日隆，子孙逢吉，积善余庆之说洵不诬矣。"

时清嘉庆十七年壬申季春月穀旦，年家姻愚侄罗克伟顿首拜撰。

明远公传

公名必智，明远其字也，性质朴，浑浑噩噩，古貌独存，与人言不尚浮华，族党中有犯之者，逆来顺受，无疾言厉色，人卒帖服而相安于无事。幼丁艰苦，祖遗田数亩、屋数椽，家计甚窘，就傅无资，乃身杂佣保，奋发有为，勤勤恳恳，躬习劳勚，以为子妇先。农功稍暇，遂师计然术，权子母利，俾日用饮食渐绰绰有余焉。今子若孙新栋宇以安其居处，有恒产以保其恒心者，皆其数十年之勤劳积累所致也。嘉庆元年，恭逢覃恩，乡民素无过举、年高齿尊者钦赐九品冠戴，公以谨饬，当事上其名，叨异数焉，族党以为荣。娶陈氏，内助亦贤。举丈夫子三：长世和、次世郡、三世东。先公卒。孙枝繁衍，皆不凡器，人咸以为忠厚之报。今届族谱重修，二子世郡请传于予。予与明远族兄弟行也，姑就其耳目所及者志其大概，以为之传云。

时清嘉庆十七年壬申季春月穀旦，族愚弟赉成顿首拜撰。

葆真公传

公名必敦，字葆真，予姑之夫也。其父立统公，积学能文，以不利童子试，援例入成均，赴秋闱。母氏雷，盐湖春及先生之女。公自幼读书，聪颖过人，不独立统公甚爱之，即春及先生亦尝以宅相期之也。自立统公即世，其弟尚幼，公惧以米盐钱谷累其母，遂废举业，理家政，出入会计，井井有条。第好义轻财是其天性，遇人有急，辄倾囊以助之，又不足，即典质田产，亦所弗惜。而又颇通岐黄术，虽济人甚夥，未尝取人药资。以故家计渐窘，较之父在时萧索过半矣。然公虽产业无多，而奉养其母，治具必淟(腆)洁；友爱厥弟，婚读具周全。母与弟优游自适，反觉其家且饶裕也。未几，公得痰喘疾，家事悉属吾姑，而吾姑纺织维勤，仰事俯育不减于公。公殁后，十七年吾姑益茹苦尝蓼，不使上缺于供，下废其业，亦可谓克成公志者。公有子四人：长世拱、次世揖，皆不永其年；三世攘，四世拵，贸易经商，均能复先业。今岁春，贾氏族谱将竣，表兄世拵属予为公传，予以至亲无文，故为直书其事若此。

清嘉庆十七年壬申季春月穀旦，内愚侄傅定求顿首拜撰。

玉圃公行谊录

玉圃，予叔行，而实余肝胆友也。生而岐嶷有夙慧，六岁就塾，与予同事理轩先生，先生试以对，对辄工。十有二岁能文章，娴歌咏，鄙俚之语曾不扰其笔端。余虽少长七年，窃觉有所不及。厥后，玉圃从师远游时，予为贫故已事笔耕矣。然玉圃勿以余之不材弃，每自塾归，必携课艺相示，以平昔论文黜华崇朴，与余有针芥之合也。年二十四为诸生，益力求精进，而又以激励后学为心。是岁冬，商之余与族叔和衷及族内有志士，启建文昌一会，以为他日培植人材之借。丙午举于乡，尤加意于后贤，笔溪公欲买试馆，玉圃即捐资独厚，因相创造维新焉。三试礼闱，得而复失者再，人咸为之惋惜。而玉圃不介介于怀，惟镕经铸史，课督三弟，或随感触而咏吟，或遇友朋而唱和，暇则移花接木，携家僮掬水浇灌而已，未尝干与外事，而亦未不尝与族事。丙辰，抱病北归，值宗祠就圮，笔溪公有重建之志，嘱各房尊长请于玉圃，玉圃即慨然首倡，未事而疾已亟矣。易箦时，谆谆命弟瑞征董成其事。而瑞征亦克承兄命，竭力经营，不惜重资，亦足征其见义之真无容诿于身后也。至家庭雍穆一堂，尤为乡党所钦仰。事父敦孝行，顾为人之所能。而于继母生事葬祭无越礼，一皆率夫天性之真而略无装饰。兄弟十人，同母者二，异母者八，一体相视，未尝少有龃龉。观玉圃病笃时，诸弟焚香祝天，愿各减算数年以增兄寿，则其平日之友爱笃挚可知矣。他若乡邻有急，叩门恳求，玉圃虽未综理家务，亦无不为之委曲周全，俾各惬其意以去，此其轸恤之至情，更有述之而不胜述者。玉圃享年四十有一，与余相处二十余年，生平行事见真而知之悉，以故其子承五不以予之不文，属余为纪其略。予维玉圃才富学优，已有钱寄圃先生表其墓，而诗文著作邑乘中又载之详矣。兹惟举其行谊附于简端，以为后来者劝。

时清嘉庆十七年壬申季春月穀旦，愚侄辛顿首谨述。

例授文林郎拣选知县乡进士玉圃墓碣铭

玉圃姓贾氏，讳席珍，字聘来，玉圃其别字也。嘉庆丙辰，试春官下第归，归再逾月而卒，是岁八月十四日也，距其生于乾隆丙子八月二十九日，年四十有一。卒后五年获吉兆，其孤世恩乃先期踵余门泣请书其石。呜呼！余穷而老矣！自分无所用于世庶，同堂中负才如玉圃者有以任后死之责，而中道以没，予忍书其墓也耶？昔庚子春，玉圃从余讲艺于清江城南，时予分自纂邑志，同馆诸老宿览玉圃文，莫不叹为俊才。玉圃是岁即补学宫弟子员，已而玉圃族父笔溪太学招予于翠竹禅林，族里诸子从游焉。玉圃往来几席，尊酒论文，上下古今相乐也。阅再岁，予赴河南纂志之招，玉圃旋肄业鹿洞，课试必魁其曹。岁丙午，遂以第六名举于乡。玉圃姿神秀朗，敏悟绝人，读书自经史外，旁及稗官、杂说、六书，音律、度曲、弹棋之事，皆能通其要妙。其文初好博综富丽，以自骋其才气。予辄为涂擿(窜)，见者或以为过，玉圃固心折焉。久之，才归敛抑，气日清醇，故乡闱墨义传诵四方。公车所历燕齐吴楚之区，览其名胜辄纪以诗。又为人有意气，喜谈论，所交远近学士文人多所唱酬。使天假以年，其才克展于用，所树立讵可量耶？玉圃世居高安之畲山，曾祖讳朝嵩；祖县学生，讳经邦；考例赠文林郎、太学生，讳嗣谊。妣刘孺人，生子二。张孺人无出。杨孺人生子八。玉圃为长，刘孺人出也。至性孝友，善承父欢心，笃爱诸弟，居家不问有无。仲弟太学生玉书主家政，命诸弟悉禀指挥而相勖以学，故三、八两弟俱妙龄为诸生。每兄弟十人相聚一庭，绰绰怡怡，笑语欢然无间。玉圃既卒，其子编录其诗文数卷藏于家。配吴孺人，水西处士世渠之女。生子男一，世恩，儒士，娶刘县佐节坚女；女三，长适石溪吴太学嘉宾之子祖粹，次适南山褚文学抡元之子景福，季适石桥熊孝廉如澍之子枚卜。孙男一，荣蕃。今以嘉庆庚申十月十四日葬于邑白蛇岗之原。铭曰："天之生才，而止于斯，卜此幽宅，后昌可知，而以余书之，曷能勿悲？"

清例授修职佐郎、候选儒学训导、通家生钱时雍撰文。

处士步衢墓碣铭

余友贾君步衢既殁之十四年，其子世镛具状泣请书其墓道之碣。予与步衢少同席，砚交最深，其卒也，予授徒远地，以未获躬视琀敛为恨。尝挽之以诗云："著书未竟悲遗砚，有子犹能嗣一经。最是不堪相慰处，孀居白发泣中庭。"盖感其母之嫠而恸君之不永其年也。虽微世镛之请，固将叙其生平，少纾畴昔悲悼眷念之私，而何敢以不文辞？君讳儒珍，字步衢，高安之畲山贾氏人也。祖讳元友公，早逝，生一子才四十日，即君之父太学生嗣通公也。祖母谌矢志抚孤，备历艰辛，太守沈公澜匾旌“柏节可嘉”。其后，嗣通公捐馆舍，君甫数龄，母谌孺人所以抚君者，亦如其祖母之抚嗣通公，当事表其闾曰“节孝重光”，事具邑志。余为作《双节传》以纪其事，盖本君之志也。君之幼也，两世一身，祖母与其母爱护之罔所弗至。而君先意承志，能尽得其欢心，无纨绔骄纵习气。束发就傅受章句，不烦夏楚之加，盖其恂谨颖秀有过人者。性好洁，有中岳外史之癖，衣服鲜明，虽经敝，无纤微污垢之迹。口吃同于相如，至其展卷雒诵，清韵琅琅，听者忘倦。其为文主于疏瀹性灵，不苟为襞积饾饤之习，顾不自以为至。壮岁犹俯然执弟子之礼历事数师，若邑教谕南昌钟公道芹、孝廉漆公廷栋、清江钱虎川先生皆当世名宿也。当予从桂园先生于翠竹精舍，君亦来学，获与晨夕抗谈者数载。余素狂直，君以所作相示，间为商订一二，未尝不欣然许可。而予出所作以正于君，君辄匿其瑕而称其美，窃怪其有所靳于予而莫余助也。盖君之锐志于道，而虚己乐善如此，使天假之年，其所就固自有远且大者。而区区科名之得失，奚足为君轻重哉？君以嘉庆二年丁巳五月十一日子时殁，年三十八，即于是月葬于吊钟岭巽乾山祖茔。元配同里傅氏，有淑德，先君一年卒。继室谢氏，无出。子男四：世镛工举子业，娶宋氏；世铭娶谌氏，庶室刘氏；恺元娶谌氏；魁元娶刘氏。女一，适五里太学生谌名绂忠之孙。孙男三：荣沐、荣溥、荣湛。君之葬也，子幼，有缺礼，阴阳家言须十余岁乃可立碑，世镛排俗忌而刻石其茔，可谓特达有识之士矣，庶几继君志者。铭曰：“呜呼！贾君累叶清德，郁而未彰，为我心恻，勒铭诔行表诸墓门，实固且安，以利其子孙。”

时清嘉庆十七年壬申季春月之吉，高冈郡廪生、愚弟罗克伟顿首拜撰。

理轩公行实

兄名世泰，字素舒，理轩其别号也。幼读书甚诚笃，稍长负笈从师，尤刻苦自励，敬养先生外，惟以盐齑自了，资禀不甚过人，功夫每百倍于人，自定课程，日未竟，常焚膏至鸡鸣，或通宵勿倦，虽盛暑严寒亦无不然。师友辈尝爱而怜之，厥后苦于家计，不得已从事笔耕，而于前所读四子书及诸经、鉴史、古今诗文每岁必熟复一遍。以故游其门者，虽素性愚鲁亦知自力。即疏狂如辛，自髫龄从事至弱冠，十年中稍辨亥豕鲁鱼，亦重赖兄之勤为督率也。顾兄丰于学，卒啬于遇，年近强仕，始受知于学使周海山先生，为诸生数十年，又未大展其蕴，都人士咸为惋惜。而兄不介介于是，仍以诗书自娱，并不干与外事。尝为辛言曰："人既无才，不能为万家生佛，作一自了汉足已。"然一生正气凌人，毫无苟且，遇族中扶纲饬纪事亦未尝偷安，但横逆不校，人以为怯懦太过，而不知其器量宽洪，犯之者故往往转而服之。其待邻里、处宗党一率本来面目，而略无装饰。至督责诸子侄，总以存忠厚、戒嚣陵、敦勤俭身之所能行者为教也。嫂氏傅，名家女，性贤淑，生子三：长荣经，先兄一年卒；次荣绂，又次荣总，皆能理家务。兄晚年境渐佳，不必傍人门户，惟课读诸孙，闲与族内二三知己啜茗谈心已耳。辛酉秋，辛赴乡试归，闻兄颠仆伤左手，即往视之，见其神气爽朗，无甚病状。兄独有忧色曰："父母全而生之，不能全而归之。奈何?"辛尔时解慰数语，意殊觉其虑之过。越十余日，辛复往视，兄自喜手痊而精神渐减，辛窃虑焉。兄曰："存顺殁安，吾无忧矣!"盖寝疾半月而殁，时享年七十有四也。今岁族谱重修，荣绂等问传于辛，因为纪其大略若此。

清嘉庆十七年壬申季春月穀旦，受业愚弟辛顿首谨述。

昭然公传

贾君荣报，予先君子胶漆契也。而其兄子至言尝与予讲论诗书，比邻过从。兹因族谱重修，执乃父昭然公行状嘱予作文以传之。余维人之所以可传者，在国史则不朽有三，在家乘则制行惟六，此睦姻任恤，《周礼》以乡物宾兴，而孝弟力田，汉制视贤良尤重，则敦崇朴实，齿德俱优，亦何不可据实登载，令后嗣子孙知所观法乎？忆曩丙辰岁，公已年瑜（逾）大耋，沐受覃恩。余借众宾咸贺，见夫庞眉皓首，骨格坚苍，笑语温温，弥形矍铄，而一庭绕膝，礼让成风。阅今十数年，犹令人心仪不置，兹重以长者请，虽自惭谫劣，奚敢以不文辞？谨按状，公讳世熙，字昭然，其先鄢陵人，自始祖九四公徙筠阳，而廉州太守舜夫公之父季良公始家畲山。十三世传至必瑾公，有隐德，娶傅氏，生公兄弟四人：长济美，早有声黉序；仲世考、叔世缉，俱循分无违；公乃其季也，性沉毅，能以卓见辅其所行。以父逝，食指渐殷，群谋析爨。公独不可，慨然曰："所谓手足者，以其能相辅掖也。今别财则情涣而力分，猝有缓急，或不足恃，上留田何如廉让江乎？伯氏故业儒，可借砚田生活，不容以外事相慁；仲兄、叔兄并有干略，当以鬻财佐家；余虽驽拙，愿益佃田而力作之，何忧终窭也？"佥曰："善。"当是时，公年方弱冠，外人闻者或以为难。公卒外内营治，渐致丰饶，任苦分甘，妇孺咸乐，一时增粮润屋，称极盛焉。而尤好施予，喜文儒，后虽异居，恒以财粟资伯氏膏火，故济美偕子腾蛟克卒业，为名诸生。且幼善岐黄之术，凡疾病疕疡，与之药不取值，然人亦往往厚酬之。或乡邻有顽悍，感其拯惠，虽极争忿，见公来悉以一言解去，其为众所钦服又如此。元配孺人刘氏，生子一，荣步，至言父也；继娶谢氏，生子二，荣斗、荣报；三周氏，无出。孙曾数十人，皆令各习其业，以既受恩荣之。二年闰六月殁，距生于康熙丁酉享年八十有二。是为传。

时清嘉庆十七年壬申季春月，溪头郡廪生、年家眷再侄雷起潜顿首拜撰。

正吾先生传

师贾姓，讳令世，字正吾，邑之畲山人也。先代世业诗礼，至师警敏异常。苦家贫，资膏火于仲父，弱冠为名诸生，屡试高等，制艺传远迩，无不啧啧挢舌。旋以亲老故，携一掌砚田耕而养。乾隆丙戌，馆予族之家塾，余得就列门墙，执经问难，所以启诱而训饬之者，真化雨春风之不啻也。性豪爽，每花晨月夕，课徒稍暇，辄与余族诸先达及予先人辈阄题作赋，击钵成章。一时珠玑错出，兴会淋漓，直将神游屈宋，目短曹刘，浮大白拍案而摅壮志也。师于予族，几有爰得我所之乐；而予族于师，亦若尚有典型之慕云然。而师贾姓，巨姓也，数百年来，文望日隆，未尝少替。当师时，有造有德，棫朴菁莪，蒸兴蔚起，虑非师无以裁成也，属长者而谓师曰："盍归乎来？无滋他族而不为吾党之士计也。"师不获已，乃顾余族生徒而勖以勤学植品，无负曩者相聚为也。而师于是遂幡然而馆于家矣！夫脱颖立见，古人类然，况守先待后，贤者所在，流风余韵有不照耀耳目者哉？师虽困于时命，未获宴鹿鸣、捷南宫，而贾之科名赫奕指不胜屈者，谓绝非师之陶铸与师之留遗不可，《传》所称君子之泽殆于师而见其端欤！抑予更有说，贾之列科名者，皆师继起人也，孰不心师之心以为心，将来益振文运而有裨于吾邑，有裨于吾郡，且有裨于吾江邦，何一非本师乐育之意而引而伸之，触类而长之，而与师相喻于不言中耶？则是师偶晦于生前，倍显于身后，予于师究何憾焉？惟余以亲炙之徒，资鲁学荒，毫无表见，所以愧师之栽培者不少。然于师则固见而知之，匪仅闻而知之。盖论师于贾，固为承先启后之伟人，而论师于邦国，不又为有关运会之哲人乎？予老矣！虑师之久而不彰者素矣！兹届其谱之修也，贾之宗盟自孝子、忠臣、义夫、节妇而外，属在津梁，后学者类得立传以传之，其亦得鱼不忘筌之意云尔。余故承厥哲嗣命，敢摭实而务去饰辞以为之传。

论曰："自尼山木铎以来，后之司讲席者众矣！顾经义治事鹿洞、苏湖，独何以称焉？吾夫子循循善诱，诲人不倦，师其得所会心欤！不然，彼绛帏灯火而只资为卒岁计者，谓之何也？呜呼！闻师之风能无悔然自反也哉？”

清嘉庆十七年壬申季春月，受业门人谌厚珏顿首敬撰。

唐宇公传

公讳世陶，字唐宇，豫章之高安人也。其父耀章公，家大人曾为立传，渊源家世叙之详矣！耀章公生子四，公居长，因弃读就商，已乃嗣父业，客敝邑江陵，操厥奇赢，以继父未竟之志。厥后，耀章公殁，凡诸弟有未及教读婚配者，公一一完备无遗，所谓兄道而尽父道也。为人居心谨慎，处世谦和，初历敝邑，家大人雅器重之，尝为余言曰：“贾公耀章，其有后乎！”尔时，予尚奋志芸窗，虽心仪其人，犹未暇促膝谈心也。越数年，余因与之缔交，见其食甘粗粝，衣甘敝缊，而族党戚属之往来有不给者，公必为多方周恤之，有不善者，公更为反覆教诫之。闻人之恶则如利刃之刳心，即掩口不言；闻人有善则如百朋之相锡，辄称道不置。至于义利，立界明辨以晰，虽世之权子母者每以迂目之，而彼不顾也意。予尝以“拙者不足，巧者有余”戏质于公。公正色曰：“银钱乃数定，奸巧徒然耳。”而且品行最端，与予缔交二十年，从未涉一邪淫语。呜呼！公之德若此，而所行又若彼，宜乎克跻仁寿，而亲见子若孙之食报无穷也。奈何年仅四十有四，竟以咯血终。岂兢兢自守，亦犯造物者之忌耶？抑修短有数，不在其身而在其子孙也！辛丑终，其弟赓亭旋里向余言曰：“家先兄没世无称，愿乞一言以志概。”予与公身分南北，不啻同胞，言虽不文，谊无可诿。因拉泪和沈，谨按状以纪其略云。

时清乾隆四十六年辛丑孟冬之吉，江陵愚弟余调鼎顿首拜撰。

履谦公传

公讳世有，字履谦，筠南畬山贾氏人也。少谨邀，与人无牾，入乡塾与群儿居，不为戏弄之习，族耆德宿儒咸器之。同产三人，长世烈、次世位，其季即公也。幼时父母酷爱之，饮食恒倍于其兄。公所得枣栗啖饵必析甘分润，遍及无遗，未尝敢独饱。未几，二亲相继即世。世烈早卒，世位出为伯父必石后。公时甫弱冠，未受室，家资中落，乃弃举业，治田畜，以给朝夕。服阕，娶邹孺人，相约毋怠荒。公仰取俯拾，终岁胼胝于外；孺人永夜篝灯，辛苦织作于内。如是者盖有年，中遭回禄之变，居室尽毁，赖曩时积贮饶裕，终克自振。公自奉甚约，服饰不为华靡，而勇于为善，拯恤鬻厄，厚施而不责报。遇族有创置，虽资产不逾中人而倾囊解橐，视富者恒加羸(赢)焉，人咸服其义。年三十六，捐馆舍。弥留时，顾其德配邹孺人语曰："吾少以家贫未获卒业于学，至今悔之，冀后嗣才有可造者，庶身自督教之。今病革矣！二子尚幼，如有不讳，必延师课之，无辜予志也。"邹孺人泣对曰："不敢忘!"公殁后，家日益丰殖，二嗣砥行读书，绰然有成，皆邹孺人内训之力也。公长男荣省，娶同里雷氏，与予妻为兄弟，性朴诚，不苟言笑。尝与往来，内家甚欢也。次荣佐，太学生，与余同砚席者十余年，称莫逆交。余不获见公，辱以通家至好，耳其素行甚详，故敢忘其梼昧而为之传，且赞曰："六籍精英，陶冶群类。苟非其人，益滋诈伪。大璞不雕，品斯纯粹。大羹不和，厥有余味。繄惟我公，制行完备。有守有为，不夷不惠。漱石枕泉，别有天地。芳躅永留，千载遐立。"

时清嘉庆十七年壬申季春月，高冈郡廪生、世愚侄罗克伟顿首敬撰。

含章公传

兄名世富，字含章，勤劳中之福泽人也。自幼读书数年，辄随父力耕，暑雨祈寒无少懈。及父见背，兄惧家人饔飧弗给，益不惮勤劳，三时务农，至冬复肩担贸易，以故家计渐豫，不独俯仰足供，并田产亦增数倍。厥后，诸子长成，督率尤殷。尝曰：“尔曹既不能读书以大家声，亦不可逾分以玷门户。农工商贾果其各勤乃业，自可勿坏厥心。世之行不轨、蹈不义者，皆怠惰肇之也。”由是诸子素聆训诲，各自奋发，无敢偷安，而家产益扩。兄于晚年亦可扶杖于台山赤水间，以逍遥岁月也。然兄精力不减壮年，诸子析居后，每值栽种犹肩犁驱犊而前，是虽勤劳习惯，抑又所以示孙曹之勿怠也。兄生于乾隆戊午，殁于嘉庆辛未，享年七十有四。嫂氏傅，同里太学生名代霖之女，长兄一岁，亦只先兄数月卒。子五，俱能遵父命。孙八，亦克绳祖武。曾孙二，尚幼。四世一堂，夫妇又皆登上寿，此其福泽吾族中殊不多得者，是或亦勤劳之报也。今岁夏，族谱将告竣，其子属再山索传于余，因为之纪其大略若此。

愚弟辛顿首拜撰。

世灯公传

人有可见之善为实行，有不可见之善为隐德，实行可传而隐德亦不可没也。予于兄故有不能已于言者焉。兄名世灯，必建公之子，为栋公之孙也。为栋公学深养邃，老于诸生，未获大展其抱，尝语其子必建曰：“汝于儿曹，须延师课读，以继世业，毋遏佚前人光。”此兄所以与长兄世炤同耕耘于砚亩书田也。厥后，世炤兄夭逝，而必建公抑郁就衰，因之家资渐落。兄恐以薪米贻亲忧，不得已，改辕易辙，偕田夫野老肆力犁锄，以为高堂菽水之资。又数年，必建公辞世，而人口又繁，家计益窘。兄乃操奇赢、权子母，溷迹尘埃，图获蝇利。数十年来，固碌碌与庸人等也。然身虽逐利，而心则依乎义，见人之危困，虽无力以济之，而悯恤之心时存；见人有纷难，虽无才以折之，而解释之志常切。或子若孙有过差，兄亦不遽暴怒，每于挑灯把酒之下谆谆规戒，不惮再三，俾知自悔而后止。凡此皆公之隐德而为人之所不见者。晚年，诸子析居，兄优游于家，课读幼孙，稍有资禀颖异者送之就塾，冀复修世业，以继乃祖志也。嫂氏陈，营下邑庠陈公力之女，生子三，长荣坫，次荣堤，又次荣增。荣堤因族谱增修，具道兄之心迹行事，嘱余作传。余维荣堤纷纷逐末，而独知表扬先世以励将来，是益可知其父有隐德，斯有此令子也。于是乎书。

时清嘉庆十七年壬申季春月，愚弟辛拜撰。

占吉公行状

呜呼！占吉弟赍志以殁，越三十年于兹矣！一生学行交修，余不忍其湮没无传，爰据实而为之状。弟名世绍，占吉其字也。父锦川公，具亿中才。母氏雷孝廉斯园先生之妹。兄弟三人，弟为仲氏，自幼随叔太祖绍千公学，不独资禀特异，抑且气度端凝，见之者咸谓其绰有舅风也。及长，从事理轩先生，与予同课两年。继又偕玉圃叔游陈杉崖、钱寄圃两夫子门，后复与余与玉圃三人互相砥砺，彼此相资者数载。其为文罄心渺虑，穷力道新，喜整顿不尚零星，务大方不入纤巧，一切时腔俗调毫不相染，诗赋精赡，书法亦遒劲，而尤爱读古书、搜幽典，老宿所不知者，弟具识之不遗。居恒评骘，不独予觉其多所不逮，即玉圃亦未尝不心折之也。家庭之间，蔼然孝友，父母兄弟一无间言。其所交游以道德不以声华，故赤贫如予，弟尤刮目相视，谊等同胞，无一字不相质，亦无一事不与言。势利一途，世俗群为趋附，弟独硬竖脊梁，不稍为之动，即有迂之者，亦惟谈笑置之，终矢方刚而不变。顾不解励志求全，亦干造物之忌，厄之以功名，厄之以寿算，并厄之以子嗣，士林中谁不为之抱憾无已也。而弟有可以不憾者：弟娶云峰太学生陈公正校之女，贞静幽闲，年甫三十，誓志孀居。孝事翁姑，以妇道供子职，教育二女，俾《内则》之克娴，数十年茹蘖饮冰，惟事纺织。迄今年逾六旬，族邻亦罕觏其面，此其闺范凛然，洵足为泉壤慰，亦足为家乘光也。予故为弟状其行，并乐为弟之妇表其节云。

时清嘉庆十七年壬申季春月榖旦，愚兄辛拜撰。

国振公传

传，以传其人之实也。人有人所共见之实，固不可不传；抑有人所不见而又为人所难有之实，尤不可不传。若国振者，不一一有可传与？国振名铎，廷献公之十一世孙也。廷献公兄弟六人，惟廷重公传数世而止，其余五公支下皆蕃衍，抑且贤哲代生，于族中特称盛焉。独至国振时，前贤尽谢，后贤未兴。二十余年，以一人后先其间，俾各支敦礼俗、戒荒淫，不致贻咎族中，而为族人所鄙者，皆国振隐为倡率而人莫之见也。至其亲亲之实心，更为人所难有者。从父昆季中有生勿遂者，必为之遂其生；有婚未毕者，必为之毕其婚。虽未见其出所有以与人，而维持调护较之解囊相助者，其意为加密焉。而又不徒恩以联之，抑复义以正之。外而市肆，内而家庭，弟侄子男中稍有过愆，国振虽不表暴于人，而规戒切切，不少宽容，以故一时期功内外靡不严肃整齐，而一无乖忤。他若孝于亲，友于弟，处己直而温，待人宽而栗，勤于躬而俭于家，则又为人所共见，无俟予之缕述也。国振洵有可传之实哉！国振予侄行而长予一纪，厕身成均，后与余同理众务十有余年。其侄再山从余游，国振又尝造余斋省其课程，论事谈心非一日，故得知其行谊之详且悉也。今岁族谱重修，其子耀恩偕再山属传于予，予故据其实而为之传。

时清嘉庆十六年辛未冬月榖旦，族愚叔辛拜撰。

成象公传

传者，所以传其人之真也。无论士农工商，各有其真。凡可以维风于世、垂训于后者，皆在可传之数。而要必肖其人之真以出之，斯可贵耳。贾公姻伯讳嗣八，字成象。公居心公平无私，为人正直不苟，素行悃朴无华，处世忠厚不刻。凡与人言，从无欺人语；与人交易，从无过取处。谚云“安分守己”，公其有焉。公为元寿公长嗣，始焉家道颇贫，其饮食供养，奉事服劳，一切无有缺略。且素业耕种，继而稍稍经理商务，家道因之渐丰。而元寿公心甚欣慰，亦遂优游以终其天年。则公之事亲，岂独所谓养其口体者而已哉？公兄弟三人，仲弟嗣青早逝，季弟嗣三公。与嗣三公同居，素极友爱，每以勤俭持家、公平经商为务，终日怡怡，从未闻有相尤语。公年至七十有八而终，精神矍铄，无异少壮。嗣三公亦年至七十有余，同居至老，竟未析爨，真可以为乡里之表率矣！公为人严气正性，言笑不苟，常为人所敬惮。族人以为齿德俱优，不徇私，不避势，众素推服，遂请出为族长。在公堂管理事务，约束子侄，俱与众心相合。数十年间，睦族和邻，无有异议。迄今相去数年，族人犹咸思慕之不辍云。举子一，名必洪，为人醇谨朴诚，绰有父风，人皆谓其得力于庭训者深。女一，即醇从弟常运妇也。孙男一人。孙女二：长配萧；幼许字于美从弟常运之子茂化。自常运妇于归后，从未尝有疾言遽色，而且事姑敬谨，持家节俭，殆所谓名门淑媛，无忝妇德者欤！今岁贵族倡议重修谱牒，适美假馆于贵族别墅，令嗣必洪向美索传。美素不善于传，然忝附姻末，未敢过却，遂不揣固鄙，摭拾旧所闻见甚真者以著于编。是为传。

时清道光二十二年壬寅夏月榖旦，邑庠生、姻愚侄蓝常美顿首拜撰。

上达公传

公讳嗣进，字上达，元双公之长子也。少艰辛，无力就学，习为农。性勤敏，貌古朴，工于稼穑。然乐亲正士，尝与文人学士相往来，故人亦以此契重之。居恒孝友是敦，事父母曲为承顺，晨夕奉养，凡父母之所需，虽室处空乏，必竭力以致。

待季弟友爱倍至，从未闻有相尤语，家庭之内雍雍如也。已而二亲见背，兄弟析居，公家益拮据。公之子若妇恒以贫为戚，公顾子妇而言曰："天定胜人，人定亦能胜天。世之人有地无立锥而发迹致累千累万者，况吾尚有先人所遗旧产，汝曹诚勤力其中，何忧终窭哉?"公于是益勤励自持，偕诸子手胼足胝，不辞劳瘁。农工稍暇，则贳钱以逐什一之利。久之而家计渐丰，田产日增，较元双公时顿觉改观焉。公恪守本分，从不干与外事。与人交，忠实无他肠。平居训教子侄，尝以崇俭朴、戒浮薄为谆谆。以故公没十数年，而子弟无华靡之习、佻达之行，由公之化也。公元配黄孺人，温恭淑慎，善事舅姑，训诲诸子尤严。生子三：长腾龙、次跃龙、季顺龙。女二。孙七人。今岁族谱重修，令嗣顺龙嘱传于予。予虽未获见公，而感公之一生劳勚，用敢忘其固陋，爰为之纪其梗概若此。

时清道光二十二年壬寅仲夏月穀旦，族愚孙世晖顿首拜撰。

文轩公家传

公讳玉书，字瑞征，文轩其号也。父梅坞公，有隐德，自有传。母刘氏，生公未数年而卒。继母氏杨，性贤淑，饮食教诲恩勤于公者倍挚，公亦奉事惟谨。兄弟十人，同母者二，异母者八，公居次。幼嗜学，授以经传，匪直熟记不遗，并能晓其大义。比长，见兄玉圃公以第六人举于乡，谓显扬之事先我有人，不欲以生产累之，爰请于梅坞公弃儒业商。由是游荆楚，历黔南，驻足洪江、武陵诸地，候时转物，辄获其赢。且能识英才于贫乏，遇族人有智略、善理财者，公与之资，谊联管鲍，均克展其抱负，称素封焉。无何服贾未及十载，梅坞公忽染沉疴，公亲理汤药，衣不解带者数月。梅坞公疾不起，公抢地痛绝，几不欲生。母杨孺人强起而慰之曰："尔知痛亲之为孝，亦知伤身之为不孝乎？尔之责綦重矣！自今以往，门以外听子而行，门以内吾为尔助理焉。可也?"公谨遵其诲。服未阕，而杨孺人又即世。盖是时玉圃公虽年长于公，未尝与闻家政。三弟、四弟时方弱冠，五、六、七弟未及成童，至八、九、十弟则犹是襁褓初离耳。责愈重，事愈繁，日用饮食之需愈见其大，公殚精竭力，内外以一身兼理之。玉圃公悯其劳，意欲分其任。公不可，促赴礼闱，并厚其资斧，强之留京者数载。未几，玉圃公抵家，亦寻卒。公痛兄之不永其年，又虑青箱之失守也。以豫章为造就人材之所，命三弟蕴香公往焉。八弟实圃公、九弟虚斋公暨侄枫墀公尚幼，俱慧而能读，公顾而乐之，为之延名师、厚饩廪，成就于家塾者历有年所。至群季之易儒为贾者，教之经营，各俾有专业。四弟谧斋公、七弟连城公、十弟悦斋公贸易近市花布，五弟端圃公司仓储之出入，六弟艺圃公远游荆楚，理公旧业。一门之内鲜旷食，时论荣之。厥后读者名已成，贾者亿屡中，田产积贮数倍于前。公于是聚群季而言曰："吾遭家不造，少历艰辛，幸荷祖宗呵护之灵，得以告无罪于地下，吾之心慰矣，吾之力亦瘁矣！前之所遗与后之所积具在，盍分任焉，勿专贻我忧。"众兄弟不敢强违其意，爨遂析。时八弟实圃公年未冠即誉播胶庠，公之爱犹笃，虑其以家事隳功名志，分而复与之合者又十有余年。比实圃公由优贡生考取八旗教习，挈家以寓京师，而公之肩始息。公尤亟于好义。先是贾氏自二世祖太守公解组归里，建有宗祠以崇先祀，其后虽代有修葺，要皆因仍而未改旧观。公思子孙之生息既繁，祖宗之冯式宜扩，因谋之群季，输金数百以为族众先，鸠工庀材，亲董其事。阅三年，而工始竣。贾氏诸君子不忍忘公之绩，五修族谱时□有书《重建昼锦堂记》纪公之劳甚悉。公为人严毅以居正，嚬笑不轻予人。人有不善，必面斥其非，无业者授之业，族党中因而感化者比比。生平无他嗜好，惟奖翼后进，赒恤贫乏，为之不少倦。晚年屏迹江湖，寡言财利，每至学舍闻诵读声辄欣然喜，专心延师课子侄为事。年六十有四而卒。配罗孺人，温柔慈惠，事舅姑以孝闻，抚幼叔、嫁遣小姑，不辞劳瘁。公之所以克振家声、内外无间者，皆孺人内助之力为多。子一，世复，邑庠生。孙二，荣诰、荣采，皆习制举业，克世其家学云。

论曰：“昔老泉云自斯人之多取其先人之资田而欺其诸孤弟也，而孝友之行缺，是故卜式、薛包之事古犹诧焉。然不过让之以财耳。公母弟八人，而植之俾各有成立，其贤于古人远矣。予尝慕公名，恨不获亲见其行事，及观公之弟若侄数十人显荣贤达为吾邑冠也，公之行事，不于是而在哉？”

清道光二十二年壬寅仲夏月吉旦，甲午科举人、拣选知县、姻再侄刘辅世顿首拜撰。

蕴香先生家传

先生姓贾氏，讳醇，字秀中，号蕴香，世居高安畲山之南，代有显者。曾祖朝嵩，积学力行，以布衣老。祖经邦，邑庠生。父嗣谊，太学生。兄弟十人，三举孝廉，一邑庠，余俱入太学。先生行三，伯祖元超，太学生，有子嗣志早殇，嗣谊公谓长支不可无后，爰命先生继为嗣。先生孝友性成，归自塾必侍高堂侧，夜阑亲理衾褥，遇疾汤药不假他人手。年甫冠，父母相继殁，哀毁骨立，殡殓葬祭无逾礼，而孺慕之怀终身不衰。兄弟式好无犹，因食指繁，议析爨，佥谓先生既出继，祖父所贻产理宜得半。先生执不可，遂十分之。尤嗜学，凡经书子史务抉其奥，屡经当代名公赏识。甫入县庠，学使赵鹿泉目为瑞郡翘楚。偕二弟肄业豫章书院，山长项豫斋谓文章品行如贾生者，洵非池中物。自入学暨食饩，试皆第一。嘉庆丙子，领乡荐第七，闱墨传至京都，大学士戴可亭决为老宿，特与汪瑟庵言之。比先生至京，瑟庵接见甚欢，谈论经史竟日无倦容，且曰：“今知君与令八弟学术人品真为伯仲，家学渊源，人言洵不诬。”盖瑟庵为其弟献珍座主，于先生品学尤所深契也。顾先生数颇奇，领乡荐时年已四十八。先是，屡困棘闱，诸昆季虑无以展其蕴，暗醵金遵衔工，例授国子监明经进士，而先生实未之知。因历署南安府教授、南昌府训导、万年县训导、南昌县教谕，所至训饬士子以立品为先，文艺次之，诸生莫不服其教。胥君懋迪，南邑隽才也，值选拔，购卷无资，先生倾囊相赠，始克与其选。某某者，南邑之武断乡曲者也。先生召而责之曰："人秉正气以生，扶纲饬纪，皆分内事，如若所为有玷儒林甚矣！"其人竟感悔而归于正。盖先生以德化人，贤愚知感类如此而已。道光辛巳，今上御极，诏举孝廉方正，众难其人，谓先生足以当之，公同具请，钦授六品职衔。丙戌大挑二等，会试不第将归，有同乡傅姓者在京贸易，犯血症，囊橐久空，求携归。时献珍任山西芮城宰，因携至署安养数月，比就道，竟卒于旅次，衣衾棺木费数十金，先生不以为劳。先生归至家，亦旋卒，年五十有八。子世垣述其遗训曰："待人贵宽，处己贵严。不可戾俗，亦不可随俗。取舍从违，宜准诸义。"观此，先生之志行可知矣。

论曰："自科目行而选举废，士皆驰骛于声华，孝廉方正之名非所急也。猝有是命，谁克副之？先生膺旷世之大典，而人服之无异辞。惟养之有素，故当之无惭，名光志乘、庆流子孙有以哉！"

时清道光二十二年壬寅孟夏月吉旦，荫袭武骑尉、新邑辛巳科举人、候选知县、姻眷愚侄刘德操顿首拜撰。

万青公传

公讳必选，字万青，贾嗣炘公之第五子，其胞弟嗣燃公之继子也。公幼而醇谨有至性，喜读书，而行事多合大义，嗣炘公恒钟爱之。甫弱冠，继为嗣燃公子。嗣燃公家故贫，任贾远方，无担石之积。公遂废学治生，客武昌，权子母，以为朝夕费。先是，公姐丈吾族镜圆久商于楚者也。公至楚，未几而镜圆卒。公念姊矢节孀居，甥犹在襁褓，遂因其故业而代为之。贾凡十余年，姊家富倍于前，甥甚感公谊，爰踵管鲍故事以商之，所入与公均之，公固辞不获。自是家稍稍裕，嗣燃公始敛迹江湖，颐养于家。公每岁时归省，承颜养志，嗣燃公顾而乐之，尝语人曰：“虽所生不是过矣！”而其事嗣炘公，色养亦不衰。公既不获专力于学，而雅慕儒术，乐与文人名士交。武昌为南北往来孔道，乡之计偕而假道于是者，公曰：“于我乎馆。”赆必厚，款洽欢然，而文章之彦不以公业商而鄙夷之。公为人身短而丰肌，长于心计，废举辄奇赢，而未尝滥有所取。尝遣人以钱易银，而所值之外多五十金，公知其误也，亲诣金主还之，闻者莫不敬服。其推诚接物，无纤芥欺人之事，皆此类也。至于恤贫乏、好施予、折券弃债，不可胜纪。年六十有四而终。子二：长世星，继立仲兄必沅之第四子也；次世胪，国学生。公初未有子，世星甫二龄，父母相次而殁，遂育以为己子。及世胪生，族戚谓以世胪为嗣。公曰：“兄弟之子犹子也。吾奈何以举子而遽易初心耶?”卒立之。迄今二嗣君式好无犹，昌大其世业，知培植为有自矣。女一，适吾族国学生尚忠孙荣连，方励志儒业。

赞曰：“古人谓父子之情本乎天性，然世有汩其性者，即属毛离里尚有时而或薄，若公之事嗣父母与植立家嗣，其天性不又出于寻常之外者乎？而且笃友于乐施好善，有古仁厚之风焉。洵足传矣！而其非义不取，如返金一事，独厉廉介于市廛。呜呼！又岂可多得也哉?”

时清道光二十二年壬寅孟夏月榖旦，邑廪生、眷愚侄谌祖翼顿首拜撰。

海林先生传

传，何为而作也哉？盖所以彰有德也。有德而不彰，不独其子侄之过，即受其业者亦与有责焉。先生讳珊瑚，亦讳常珍，字海林，又超公之家孙，仁山公之长子也。举止端方，状貌英伟。年十四，父见背，祖器重之，延师课读，殷勤恳挚。先生克体祖志，继晷焚膏，日夜辛勤。作文则追踪先辈，不落时腔；

制行则不避迂庸，凛乎忠信。绛帐之设，一时游其门者沐其薰陶，恰有春风时雨之化，或游泮水，或列成均，或掇巍科，族内师师济济多出其门。即不敏如予，豕鱼稍辨，亦曾叨其口讲指画之力。夫何家道中衰，年逾三十未博一衿，生二子相继而殁。先生恐高堂之养不免有缺，爰改辕而业于商。其商也，虽操奇赢而正谊不谋其利，依然守儒雅之风，所以处湘江数十余年，不惟负贩者咸加敬重，即司铎如张公荐馨亦与之数相往来，称莫逆交。其后，老母以天年终，葬祭极尽其诚。先生则淡然于贸易。常与其弟焕彩敦式好之情，是其隐然之孝友，有人所不及觉者。房内因其正直，公举为长，力辞不就。呜呼！先生秉天地之正气，抱磊落之奇才，厄之以功名，厄之以嗣续，时耶？命耶？抑数之定耶？然而不孝有三，无后为大。先生日以为念，以故易箦时特向家人而言曰：“予为长支，不可无后。尔侄百顺务以其子继之，爰立遗嘱，与伊确守。”兹届族谱重修，百顺谨遵遗命，即以长子荣绅继其生子宾兴名下，冀其绳绳相继，厥后克昌，无替厥命云尔。日荣忝列门墙，谊关师弟，用敢忘其固陋，特据实而纪其大概如此。先生于乾隆辛巳年八月十二日亥时生，于道光十三年癸巳二月二十三日戌时殁，享年七十有三。娶西阳刘氏，淑慎慈惠，生子二，长宾兴、次时华，俱殇；女三，长适五里谌，次金钱、三樱桃，俱未字殇。庶室熊氏生子一，世春，殇。继娶蓝氏。

时清道光二十二年壬寅夏月穀旦，受业愚侄孙日荣顿首谨述。

谧斋公传

道光壬寅，贾氏有家谱之修。余时馆于翠竹巷，年友贾君匡六持其尊人谧斋公状来索传，不敢以鄙陋辞，谨诠次其略。按，公讳心成，字灵宇，谧斋其号，畲山贾氏人。贾氏为筠南望族，自太守舜夫公至公考梅坞公，凡十一世，代有显者。公考梅坞公，隐君子也，为文力追先辈，不落时蹊。屡试童子军，不售，遂弃去。思大有以光前绪，出其资财，厚延名师教诸子，使务为有本之学，不屑屑于章句。丈夫子十，登贤书者三，一举孝廉方正，余皆贡成均、列黉序，一门鼎盛，人比之高阳里。公其第四子也。公幼承家学，读书颇聪颖，后以梅坞公夫妇先后捐馆，家政日繁，乃治产积居，间下章江、吴镇权子母之利。性闿爽，无城府，心悬于口鼻间，且轻财重义，故所至人乐与之游。其在家庭则事诸兄以敬，念诸弟幼遭孤露，友爱尤笃。是时，赖仲兄庀其家事，性端方，诸弟皆以严见惮。公折节下之，每事必请命而行，虽天性豪迈，未尝废绳检。逮生齿益众，谋析产，诸兄议各抚幼弟。九弟虚斋公随公居，公经理其田宅，自九龄以底成立，补学宫弟子员，赖公督率之。其在族党好任侠，为人纾急难、释滞讼，尝倾囊不少靳，歉岁则减价平粜以振穷乏者。又尝施药施棺，行种种济人事，以故人颂其德，此皆公之行可纪者。而义方之教，课子尤严，见匡六赋采芹，色乃喜，益励以力学，期无负梅坞公之所以大光前绪者。未几，亦年几周甲矣。性好客，有孔北海风，老而不倦。匡六将以己丑年集宾客，褚韝鞠躔，称六十之觞，以博一日欢。无何公先一年殁，寿五十九。德配陈孺人，生子三：长世昌，即匡六；次世逢、世永。孙六人。

时清道光二十二年壬寅夏月穀旦，丁酉科举人、拣选知县、年愚侄吴溎衍顿首拜撰。

崧云公传

贾公讳必凌，字崧云，邑之畲山人。考嗣洛公，抱独自修，遁奇不耀，蓬蒿满径，爱仲蔚之园、《春秋》一经，习贾氏之学。公其仲子也，生二岁而母蓝孺人殁。时则将雏再赋，遽痛离鸾；孝笋未成，先凋慈竹。张劭徒传画扇，失母堪悲；武君空陈箧衣，抱婴以泣。幸太母雷孺人悯其婴娩，亲抚养之。越一年，嗣洛公鳏居之余，牢落无俚，有弟商于蜀，遂束装往游焉。公生有至性，弱不好弄，方在胜衣之始，已端佩韘之仪。每念父游未归，祖母垂迈，仅借耕耘于伯氏，难供饘粥于全家。于是读计然之书，习少伯之术。昔史公《货殖传》谓："帛絮细布，千钧比千乘之家。"以故吾筠由布商致富者夥焉，公亦以是成小康矣。然而家遭舛午，椿荫远离，帖写零丁，萍踪未卜。尝间关入蜀辗转寻亲，双足重趼于万山之间，两度驰驱于千里之外。既而冰霜岁阅，风木悲生。鹤化何年，莫返辽城之驾；鹃啼满路，难归蜀道之魂。公缩地无方，终天抱恨，乃以敬姜之夜哭，作元卿之痛心，以李密之报刘，为殷亮之代父，日营甘毳，亲涤槭窬，粟梦生篱，坟成负土，而公之志亦劬矣！而公之孝已至矣！先是家尝析爨，伯已断弦，公悯其熊梦之虚，代觅鸾胶之续，兄以老力辞。公式好无尤，事兄如父。制姜家之被，老尚联床；同杨氏之餐，亲为奉箸。遂以一子为之嗣，族党贤之。至其持躬绸直，秉性端方，一诺实重于黄金，寸心可盟夫白水。敬恭桑梓，咸载其口碑；培养芝兰，默由于心地。所以家传风矩，教本义方。器是璠玙，比王家之四玉；香生芹藻，分泮水之一枝。岂非公贻谋之善欤？以嘉庆丙子年十二月殁，寿七十有二。先娶蓝孺人早逝。继配刘孺人，婉愿修容，柔嘉协则。侍祖姑而问寝，作健妇以持门。采兰之膳，营之十指；折葼之教，严乎始孩。凡公之孝养大母、训迪后人，孺人与有力焉。后公十六年殁，寿七十有八。子四人：长世名，补博士弟子员；次世强，继兄必坚公后；次世魁、世芳，皆刘孺人出。孙，荣诰，今亦为令器云。

时清道光二十二年壬寅夏月榖旦，丁酉科举人、拣选知县、年家眷侄吴淦衔顿首拜撰。

端圃公传

公讳正元，字楷模，号端圃，梅坞公之五子也。孝友出自性成，言行归于笃实，醇谨老成人也。其居家一以质朴，待人一以诚悫，家素丰而无骄吝之色，处素约而无表暴之容。盖其先世尝有隐德，故公之克世其业而足为后人思慕也。然此犹公之大概如是，其所以克笃前烈而佑启后人者，凡夫处心积虑，一一敦乎古谊，则更有可考而知者。忆予初馆于公四兄之家，公往来晋接，时相过从，其子弟亦恂恂有体，而未尝有纨绔之习，以是知父兄之教能先，故子弟之率甚谨。吾知其后起之必相继而起也。未几而藻耀高翔、蜚声庠序者接踵，而至其方兴固未艾也。越数年，又复馆于公二兄之家，而公之往来者益密，言论者益亲。吾更知公之待人始终无间然也。逾年，而长子世鳌年未弱冠，即补博士弟子员。又逾年，而即膺呈荐，因以额满见遗，然其学不既富哉？则公之所以训迪而力为栽培之者，岂犹人之所可及哉？此可知其积累之甚深也。予尝谓盛衰兴废、人事之推移捷于影响，不独缙绅仕宦之家，其升沉、上下、转移固未有定，即高明巨族豪华相尚，捷足先登，一时夸耀于乡邻，未几而遂归于沦落者何可胜道，凡皆枝叶未害而本实先拔之故也。如公之富而好礼，惟以积学日敦勉其后人，不以私财日肥润其家室，故后之人无论贤与不肖，皆足以益其智而寡其过也。然则公之行事如此，其宜为世之所称述也多矣，而岂可概见于今也乎？且公之逮事父母也，仅十有余年，其依依孺慕之诚，未尝间于一日。当椿萱既谢之时，公上有四兄，下有五弟。公于兄则受其约束，于弟则尽其爱敬，以故家道日隆，而世业日盛。公之笃于天伦者如此！公之姻兄孝廉胡公鲁轩者，家素贫，借公之资，得以北上者数次。公之厚于亲戚也如是。族中有贫乏者，公亦周其不足，而不计其偿。故凶荒之岁，赖以全活者甚多。公之厚于宗人也又如是。公之德厚矣，固宜其享大年也，乃仅周五旬而赍志以殁，远近之人无不哀之。虽然，公亦何憾也哉！公生于乾隆癸巳年正月，享年五十有一，以例贡入成均。元配杨孺人早逝，继娶谌孺人，性和柔淑慎，相夫有道，教子有方，老而不倦，真德配也！举丈夫子四：长世鳌，邑庠生；次世奎，太学生；三世垣，太学生，出继胞兄行三蕴香为嗣；四世能，登仕佐郎。孙男八人，曾孙一人。戚属甚繁，未及备载，兰芽茁茁，玉树森森，夫以公之培植，则其后之浸炽而浸昌者，固其宜也。以今岁重修族谱，问传于予。予不敏，其何能文？然以其世谊，又知之甚深，不获辞。且公之后贤如是，当必更有黼黻之才，足以光其家乘者，益知余言之不谬也。因不揣固陋，举其大约而质言之，以著于编。是为传。

时清道光二十二年壬寅夏月榖旦，乙酉科举人、年世愚弟傅精言顿首拜撰。

艺圃公传

公讳售元，字遇可，艺圃其号也。梅坞公子，兄弟十人，公居其六。幼与诸兄同学，慧而能读，凡嘉言懿行，为之讲解，辄欣然领会，心向往之。未几，梅坞公捐馆舍，公以早年孤露，不获竟所学，弃而业商，下彭蠡，入邗江，往来姑苏、广陵之间，以此交易有无之冲为生，可以致富矣！于是候时转物，逐什一之利，居无几何，致资累万。当是时，公之兄若弟游庠食饩，贡成均、登贤书者踵相接也。而公则隶籍太学，号称素封，富贵聚于一门，时论荣之，公以为富贵非专自厚也："吾兄弟相继取巍科，秉铎司牧，类不乏人，皆能出所学以济世，有为于时。吾封殖独拥胡为者，富贵非专自厚也。"以故公生平无他嗜好，独一切利人之事辄孜孜为之不少倦。岁值凶荒，出所有以周贫乏，每至空其仓廪，族党赖以全活者甚众。先后所成义举，指不胜屈，一举而费千金者，盖比比然也。公为人闲雅，以度胜。处事若不经意，或投以艰大，人苦失措，公辄不动声色，理之裕如。终日与人周旋，喜怒不形于面，出词吐气蔼然也。闲居无事，独坐一室，旁列茶铛酒具，手一卷，诵声琅琅如老书生。尤喜观诸史，古所称游侠独行，登诸列传，至今赫赫在人耳目者，公读之未尝不流连三致意焉。少倦则啜茗飞觞，陶然自得，一切世俗浮嚣之事概不与闻。其晚年高致类如此。享年六十有七，以无疾终。始族某者，侵葬其支祖茔地，以理论之不能止，遂成雀角。群浼公图之，公以先人坟墓，责不容辞，挺身办理，劳且费。久之，事始直。至是，公卒后一月，咸以公有功先人，且平日受庇者多也，谋所以报之，乃迎其主于祠堂，岁时皆得祔支祖与祭，盖特举也。公先娶谌孺人，以能家称。公终年外商，得以无内顾忧者，皆孺人之力也。子二：长世掌，郡庠生，先公卒；次世擎，太学生。继娶甘孺人，亦称贤内助。子二，世扩、世球，俱业儒。女三。孙男三人，皆翩翩伟器，人以为积善之余庆云。

论曰："吾尝读太史公所传陶朱公事，其始止于齐，其终止于陶，皆能致资累巨万，而又能散其财以分与知交乡党，故至今闻陶朱公之名，犹啧啧称道之勿衰。吾以谓此古风高谊，求诸今世士大夫，亦什百不获一，况以市道起家者。及观公行事，则又爽然自失矣！公之卒也，吾得随诸戚友后与执绋，见夫乡里中素受公惠者，莫不咨嗟太息，至有呜咽流泪若丧慈父母者。而族之谋报公德，又若不能少缓须臾，且必破格为之而后安，则公之施泽远而入人深也，为想见之焉。"

时清道光二十二年壬寅夏月榖旦，己亥科举人、姻愚侄金益谦顿首拜撰。

良材公传

公名必樟，字良材，士翱公之元孙，维新公之亲侄也。士翱公与维新公俱以文学称，蜚声胶序，后先济美，一时积学之士无不欣其德业、师其品望。公以明德之后，咸仰达人，奈家徒壁立，就傅无资，不得绍家学之传，尝为农夫以没世。夫世之衡人者，每在显荣之类，鲜追幽隐之俦，不知畎亩中人亦有可述而可传者。公之为人也，赋性质朴，不尚浮华，古处是敦，勤俭自守，其谨厚实罕见也。日于童稚时随父游于翠竹庵，其庵之前后左右皆田亩也。公日往来于其间，每见公之袯襫耰锄，暑雨祁寒，毫无稍懈。虽佃人田而耕之，而三年有一年之积，九年有三年之积，断不致有负于人、有乏于已也。居恒尝有以诫子妇曰："民生在勤，勤则不匮；俭为共德，俭则足用。"如公也，不诚可谓克勤克俭者哉？而且公兄弟三人，长必柯、幼必梧皆未完娶。公居次，自受室，生子四。公觉长支宜继，毅然以次子续之，毫无计较。其长兄与幼弟之葬祭，一皆本其诚敬，其孝友有如此者。其待族邻也，日后年登耄耋，辅理众务，不以长者自居。遇硕彦则敬恭以待，遇同侪则忠信交孚，语言缄默，举止兢持，即有横逆之投惟顺受，其宽容有如此者。道光元年，恭逢覃恩，乡民素无过举、年高齿尊者，钦赐九品冠戴。公以谨饬著闻，当事上其名，叨异数焉。诚哉！其不爽矣！公淑配南孺人，至今届七旬有余，依然恳恳勤勤，日夜纺织，荆钗裙布，藿食菜羹，以为子妇倡。生子四，长世富、次世有、三世后、四世德。孙曾罗列。无一不恂恂恪守勤俭是程，皆公之训诲所及，亦公之厚德所致也。兹届族谱重修，其子世有嘱传于予。予因不揣谫劣，爰据实而为之传。

时清道光二十二年壬寅夏月榖旦，族侄孙日荣谨识。

虚谷公家传

公讳谦益，字吉占，号虚谷，吾乡畲山人。祖讳飞鹏，徽(颍)州府亳州分司，有惠政及民。父讳嗣洛，太学生，生公兄弟三人，公其长也。性聪颖，龆龄时就童子学读书，迥异群儿，塾师甚器重之。比长，属文清新秀逸，府县试屡列前矛(茅)。族兄孝廉玉圃与孝廉蕴香奇公文，咸谓："有才如此，洵非池中物。"无何家渐落，公念食指甚繁，两弟尚幼，就学既无以为资，且何忍以治生为高堂累。于是辍简编，权子母，候时转物，往来于吴镇、荆楚间，不十年而致资以万计，广置田宅，举家皆赖之。公生平笃于孝友，事父母承颜养志，人无间言。二弟既长，公授之生计，谆谆教导而未有一谇语愠色之加，见者以为难。与人交，循循谦谨，言诺必信，不肯有一毫欺人。人或有欺之者，己未尝不深悉之，然付之一笑，而迄不与较。尝曰："处世固宜精明，然必以浑厚出之，斯为得耳。"其立心制行盖如此。公既不获专力于学，后乃注籍成均，而摒挡之暇仍嗜学不少休。凡古史传志以及诗文诸集靡不毕览，或与同人讲论，纤悉不遗，虽宿学且有未能及者。岁己卯，予假馆于公族之容轩，公盛衣冠率其子世敏来学，礼意殷勤。其后每一过访，辄留连半日，所言皆读书敦品事。予察其辞气容止，俱不失儒生本色，益信玉圃诸先生称赏为不虚。今世敏入胶庠，而公已前逝矣！年四十三而卒。元配雷孺人，于归三年而逝。继娶谌孺人，敬事翁姑，无违夫子，人咸称其有贤德，先公卒。子一，世敏，邑庠生。又继娶黄孺人，性贞静，不苟言笑，归公四年而公卒。孺人冰霜自矢，克勤克俭，娴于义方之训。今世敏克保厥家，不隳先人志者，皆赖孺人之力云。

论曰："世俗重儒士而轻商贾。予谓人苟有所树立，何必轩轾于其间乎？假令公终守蠹简，幸博一衿，其承先启后必不能若此，且即以文行论，今于翘然士林中，而求一公之学问、公之德性也噫鲜矣！"

时清道光二十二年壬寅夏月榖旦，邑庠生、眷愚弟蓝常美顿首拜撰。

芷江公传

公讳必沅，字芷江，邑畲山人也。曾祖讳连生，邑增广生。祖讳元枞，父讳嗣炘，累世蓄德，为闾里所推重。嗣炘公生子五，公行三，秉资端凝，弱不好弄，授之学，警敏过人。嗣炘公谓："能继先人儒业者，必此子也。"年十五，嗣炘公卒，公葬祭循礼，哀毁一如成人。先是元枞公饶于资，田宅亦颇丰润，至是家遂落。公既失怙，因慨然请于母曰："严君遽弃不肖，家无长物，儿徒守此兔园册子，而缺大人甘旨之供，则不孝之罪愈难遣矣！请从诸兄就外业商。”母许之。遂偕兄而贾于楚者凡十余年。其后，母孺人以食指殷繁，令公与昆弟析爨，各自为生产。公贾所得金必以奉母，每岁一归省则承欢膝下，孝养备至。而于昆弟间，尤怡怡无忤焉。公虽萍逐江湖，而仰事俯畜之外未尝少有赢余。因思汴梁为华夏之中，物力饶于他处，遂去楚而托足于中州，又历有年所。嘉庆壬戌，公约装南旋时，有白莲教匪之变。公行至湖北界，遥望见贼党数十人，公潜匿山中。贼索得之，疑有金物，执公绷绢于树，举刃相向。哀号间，忽有贼从旁止之曰：“勿误杀人，此洪江同人馆主人贾君之侄，真长厚人也。”遂释之。公感谢而问故，贼曰：“我未入教时，即君所推恤之某也。”不取一物而去。公生平和以待人，重然诺，好施予，人有缓急必解囊以助之，而未尝自明其德。然竟以遇贼惊怖成疾，抵家一年而卒，年四十有五。配邹孺人，幼娴《女诫》，迨归公，恪遵妇道，事姑惟谨，和于妯娌，勤纺织，甘淡泊，虽家处贫素而未尝有几微愁叹声，乡里称道。先公六年卒。子四：长世光、次世礼、三世德；四世星，出继胞弟必选为子。女一，适同里邑廪生傅元求。孙荣铎，具亿中才。曾孙一人。

论曰：“《范》言福先寿富，修德者宜可以致之。以公之行谊无亏而于是二者独啬其遇焉，天之报施为何如耶？然今后嗣鹊起，克恢先绪，其兴固未有艾。又乌知天之报公非即此而在哉？”

时清道光二十二年壬寅夏月縠旦，邑廪生、眷愚侄谌祖翼顿首拜撰。

连城公传

公姓贾氏，讳宝元，字耀崑，号连城，梅坞公之七子也。生未十岁，父母相继殁，兄嫂是依。与八弟实圃、九弟虚斋同受业于孝廉王思斋之门，警敏不稍下，试以对辄有巧思，思斋先生常厚期之。比长，公之兄若弟登贤书、入胶庠者已踵相接，独懋迁有无之事助理需人。时二兄文轩公庀家政，诸弟皆奉命唯谨，业儒、业商悉由器使，稔知公有亿中才，且度其异日必能恢宏事业也，爰命公辍读，就近市权花布之利。先是阛阓率以市道相交，物多伪饬，公所至孚以诚信，无远近咸服，自是交易益茂，所获亦恒赢，积数十年致资累万，称素封焉。其在家也，兄弟式好无尤，虽析爨后不以财贿自私，遇有空乏即源源以助，无倦容，亦无德色。公之三兄蕴香暨八弟实圃每北上，必厚赆盘川数百金，并为之摒挡家务，俾无内顾忧。子侄辈有失业者，予之资，教之经营，始终无间，不以胜负易其心。至于束脩膏火之费，更不待言矣。其待人也慷慨，多大略，义举必以身先，他不备举。乙酉岁歉，公仓储已罄，乃持金还籴，减价贱卖，踵令先君梅坞公故事，族邻之急者赖以不困。尤喜提携贫乏，凡有片长，无不录用门下，听指挥者甚众。以故人虽不服贾远方，而数千里外盈虚消长之数悉可预了然于胸臆也。公既不获竟所学，遂乃注籍成均，专以延师课子侄为事。性嗜饮，中年以后引满不衰，乐与里中诸名宿相过从，雅歌投壶，文宴款洽。酒酣耳热之余，见舌耕无地者，不待其人之告急，而即倾囊以赠。每遇试期，先与居停主人关白："吾族如某某者，亦贫士也，日用饮食之费于我乎馆。"其高致类如此。公享年五十有二。配谢孺人，婉娩慈惠，内助称贤，后公六年卒。举丈夫子三：长世晖、次世昉，皆太学生；三世昇，登仕佐郎。女五，最少者即予长子妇也。兹届家乘告竣，公之长令嗣世晖纪公之行状，邮书索传于予。予因戚好至谊，不敢以不文辞，勉据实而为之。

论曰："昔黄宪、王烈振拔于流俗之中，而其名与李膺诸公并著国史；庞公躬耕岘山之南，而司马德操、诸葛孔明争拜其家。今观公之饬己励俗，方之古人何多让焉？至其敦友爱于昆季子侄，与夫通有无于宗族乡党，其殆闻卢子家翁、谢景先之风而起者乎？"

时清道光二十二年壬寅夏月穀旦，敕授修职郎、现任宁都州学正加一级卓异候升、姻愚弟黄赤宜顿首拜撰。

绎堂公传

兄讳赉成，字馨锡，号绎堂，余亲叔笔溪第五子也。质鲁而诚笃于学。年方毁齿，授以章句，了不异人，然历久叩其所读，悉能会意旨有所发明，他人号称聪颖、目下数行者皆不能及也。笔溪叔奇爱之，使受业于同里罗望庵先生。望庵本知名士也，博极群书，制义外尤精诗古文，一时游其门者甚盛，以兄为高第弟子传衣钵云。年十九，补郡庠。其明年，即试超等第二名，以内艰未获食饩。性笃于孝友，事继母色养备至，人无间言，兄弟式好无尤，有古人同盘大被风。方兄之入泮也，伯兄在郊已登贤书，服阕后历任外翰。笔溪叔虽膺封典，恒属意于兄，谓学力深邃，尤为远到器。讵意屡试秋闱，五膺呈荐皆报罢。至道光戊子，乃隽副车，论者莫不惋惜。兄既不获显于科第，遂乃义命自安，以成就后进为己任。族子侄辈质有可造者，必诱掖奖劝，正以文，亹亹讲论，稍不安者改窜之，其于束脩之奉泊如也。余子世璜尤兄所属望，诗古制义多赖其讲授之力。凡授徒二十余年，吾乡之以文学成名者类多其门下士焉。兄生平不营生产，惟酷嗜典籍，博文强记，自童稚以至白首，手未尝一日释卷，宵则篝灯诵读，漏数下不寝，故其学与年俱进，所作制义不下五六千首诗、古文数卷，今虽多所散轶，尚存稿二十余卷，俟有力者梓以行世。世之人读其文自有定论，固无俟予言而传也。年五十有五而殁。嫂氏谌，性端庄，事舅姑以孝，处妯娌以和，柔顺恭俭，善事夫子，一时称佳耦焉。兄之所以设帐数十年无内顾忧者，以嫂氏贤淑故也。侧室熊氏。俱无出，继同胞思成子世杰为嗣。今续修家乘，予与兄情好甚密，知之最深，不忍使兄之懿行不书于谱牒，遂质言其大概而传之。

时清道光二十二年壬寅夏月穀旦，亲弟定珍谨撰。

悦斋公暨子寿春公合传

公讳怀珍，字绥来，号悦斋，太学生，畲山贾氏人。父梅坞公生十子，公行十，少失父母，兄嫂是依。未弱冠，诸兄以生齿日繁，议各抚幼弟，十分其产，公随三兄蕴香公居，与之同财者至念余年。初习儒业，与八兄实圃、九兄虚斋同学，其警敏不稍相下。越数年，蕴香即游泮食饩，锐志进取，公既与同居，念读书则必以治生为兄累，遂废学而贾于近市，厚资兄以游学。以故蕴香任司铎、登贤书，为吾乡文献宗，皆赖公赞助之力。而事他兄嫂，尤终其身敬不衰。公恢宏任天性，恒不屑屑于细微，与人交一尚诚信，不解有机巧事。人有困急，必解囊相济，不待其人之告乏而与之也。素嗜读，虽见夺于商，未尝就试事，而于诗古文词靡所不通，贸迁之暇辄与诸兄从谈文艺。每文宗案临，侄辈以场中文就质，公辄评之曰："某必售，某未必售。"迨榜发，无或爽者。年四十有一，以无疾终。生子一，讳世鹤，字尔康，号寿春，黄孺人出也。黄孺人之殁，寿春才九岁，赖继母吾族景周之女抚如己出。寿春性醇谨，幼即笃于孝行，每归自学舍，必问安侍膳，温席扇枕，凡可以顺亲之意者，靡不竭力以尽其道。甫十六岁，悦斋公卒。寿春痛恨欲绝，旋念孀母之无与为养也，遂弃儒而踵父业。事母弥谨，脂膏滫瀡之具，视所欲而敬进之，或有小失，母示以谴诃，辄怡色承之，毫无怨诽，乡里咸称为孝子焉。其他厚待女弟，友爱诸从昆弟，信于交游，嗜侠好义，皆绰有父风，尤精于心计，化居辄获其赢。当悦斋公之卒也，资产已耗大半。寿春任贾，未十余年，颇益其田宅，家致小康，母孺人为之色喜，爰命注籍成均。道光庚子，忽买舟往姑苏，欲有所货，竟以疾卒于苏，年三十。呜呼！善无不报，理有固然，以悦斋公父子行谊如此，而俱不永其年，莫不疑造物之不仁，待公家为甚薄也。予谓无论寿夭，顾德行为何如耳。向公使(使公)父子无行可述，即坐享高年，百岁后究亦与草木同其腐，又乌必世之论公者重欷累叹，惋惜不已，至于如是哉！然寿春有三子，长荣滋、次荣仁、三荣让，今虽幼，已崭然见头角，固可知天之相善必在乎而此。特虑他日之盛，荣滋辈躬膺显达，而不知其所自也，因撰次而传其大略云。

时清道光二十二年壬寅夏月榖旦，邑廪生、姻愚侄谌祖翼顿首拜撰。

继先公传

壬寅之春，余族有事谱牒，凡族之贤豪硕彦，听厥子若孙属有道者摭实以传之，鸿篇巨构，炳如也。族侍诏岐山过余而言曰："旌荷先人泽，赖以不坠。旌之祖若父诸名公既为之传矣，而伯父继先公之行谊，则犹寝而未彰也。先大父生先君兄弟三人，伯居其长。伯幼而聪慧，甫就傅，塾师厚期之。时先大父服贾养亲，伯恐治生之重为高堂累也，遂废举业，率先君子绍箕裘追随先大父侧，习劳勚者有年，而家获颇裕。先大父以家世青缃，不忍废坠，遣次伯父占吉公就学，延名师，厚饩廪，礼意殷勤，伯实赞助于其间，冀弟之致显荣，克恢先绪也。乃所志不偿，占吉伯以负才早世，伯深以为恨。逾五年，而伯亦寻卒，仅三十有七耳。伯生平循循愉愉，家庭孝友，人无间言。与人交，蔼然温厚，人亦乐为之友。至于事经然诺，则必竭诚以赴之，虽巨艰之投不避也。伯母雷孺人早卒，生子一，即旌亲兄荣仁。继伯母刘孺人，淑慎慈明，亲兄之得以成立者，悉赖刘孺人之力焉。旌生也晚，不及亲睹伯父之行谊。昔侍先君子侧，所得于庭训者盖如此。"予闻之，肃然而起曰："是古君子之行也。其可敬也夫！其可传也夫！"予不文，未能铺张藻彩，亟书岐山之所述者附于谱末，以彰不朽云。

时清道光二十二年壬寅夏月榖旦，族愚叔定珍拜撰。

占吉公暨德配陈孺人合传

岁在辛丑，予复馆于待诏贾公岐山家时，贾氏将有事于谱牒。待诏一日出其伯父母行状，索传于予。予自愧鄙陋，然不敢以不文辞也，勉据状而纪其略曰：“公讳世绍，姓贾氏，字占吉，筠南畲山人，家世以文学著名，为郡邑望族。公父锦川翁，笃行君子也。生公兄弟凡三人：长继先公，幼资壑公，公居其次。为人敦笃，居家蔼然孝友，人无间言，其所交游，重道艺，薄声华，势利一途，人争趋之，公澹如也。自幼慧而能读，为诸先达所器。及长，尤淫于典籍，自经史外旁及百家诸子，罔弗披览，终日兀坐，手一编，诵声琅琅，无间寒暑，以故博极群书。往往有老生宿儒所不知者，举以询公，公辄穷流溯源，凿凿言之，无少谬。及其为文，则又吐弃一切，不落恒溪(蹊)。同里雷斯园先生，公舅氏也，以名孝廉举鸿博，士论荣之，称不世才。至是，咸以公为酷似焉。公先后所从学如陈杉崖、钱寄圃诸先生，皆名下士也，每阅公文，辄喜形于色。继又同族叔玉圃公、族兄桂园公互相劘切，称莫逆。公年最少，每构一艺，二公皆心折之。无何玉圃公高掇巍科，桂园公亦以名诸生蜚声黉序，而公则年且三十，犹未获一青衿，盖郁郁于中者有年所矣。未几遘疾，遽不起。夫才如公、学如公，以之博取人间富若贵宜自易易，而乃扼其遇又促其算，竟至赍志以殁，天之于公何酷耶？至公德配陈孺人者，乃云峰上舍生正校公女也。幼娴姆训，及笄归公，生女二，继举一子，数岁而殇。而公遂下世，孺人誓以身殉，朝夕哭泣，泪尽血继。后恐以悲伤怀舅姑心也，尝黯然含涕曰：‘吾夫一生刻励，学业之精邃，吾不及知，所知者立身制行耳！间尝见其平日与人周旋，未尝疾言遽色，独至事关名节，虽亲密必力争之，争而不已，至于愤然作色以去，终其身不与通往来者，皆盛德事也。奈何素志所重若是，呱呱者即已不育，孰意又遭此鞠凶耶？已矣！吾一妇人，其何能为计，惟有终守厥志，事翁姑以天年终，少尽妇职、少成夫志而已。'其安于义命如此，岂非巾帼丈夫哉？按孺人年甫三十，即赋《柏舟》，享年八十有七，孀立后茹荼饮蘖，数十年如一日。平时惟事纺织，足迹未尝轻出户限，虽期功强近亦罕见。至邻族，竟有终孺人之世不获一识面者。其完节为何如也！孺人二女，一适同里雷，一适云峰陈，皆娴《内则》，有贤声。孺人在时，资鏊公曾以冢嗣之三子藻耀为占吉公后，里党争贤之。藻耀今业儒，盖翩翩伟器，实佳子弟云。"

时清道光二十二年壬寅夏月榖旦，年家眷愚侄彭迪修顿首拜撰。

贾母陈孺人传

孺人姓陈氏，云峰太学生正校公女，畲山占吉贾公德配也。生而幽静，寡言笑，服饰尚澹素，不喜铅华。正校公甚爱之，尝曰："此女有天性，必择儒家子以为之配，庶称嘉耦。"久之，媒氏以占吉公请，遂许之。盖占吉公为锦川翁仲嗣，家世以文学著名，为筠南望族。而占吉公幼以颖异闻，且后肆力于学也。孺人初归时，年方及笄，雅执妇道，群称贤淑。而占吉公屡应童子试不售，见同学者或名登贤书，或声蜚黉序，未免有忧色，孺人慰之曰："妾闻之，名者，实之宾也，实至而名自归。君绩学有素，久屈必伸，小失利和(何)郁郁为？古人谓大器晚成者，其君之谓乎？"公闻之，意稍解。嗣是占吉公肄业在外，则不致贻内顾忧，在家则挑灯佐读，虽盛寒暑无少间。无何公以力学致疾，疾且剧，顾谓孺人曰："吾德薄数奇，病将不起，从一之义度汝知之有素，但念妇人夫死从子，成立可期。汝虽曾举一男，又苦不育，所遗弱息，及长终为他人妇，究与抚孤有别，其何望哉？然兄弟之子犹子也，吾有兄弟，其生必蕃，汝其图之，否则犹子之子亦可抚之，以绵一脉。所可痛者，老亲在堂，吾殁世后，虽有伯叔可依，而揆诸人子当尽之分，究无如何耳。汝果能以妇职代子职，则吾必感激泉下矣。念向者勤苦自励，志在显扬，孰意即一青衿而不可得。今复如是，虽欲少延岁月以奉晨昏，亦渺不可得矣。”语毕，泣数行下。孺人忍痛对曰：“以君立品端方，读书攻苦，自应得膺天相。万有不讳计，惟有吾尽吾职，求无负乎今日所以命妾者而已。”既而占吉公果捐馆舍，孺人因付托任重，誓志靡他。即翁姑痛子情深，且多方劝谕，以曲解之，而已则黯然自伤，泪渍帷幕间。尝检及占吉公遗箧，不觉失声。孺人恐触二老悲伤，为之惕息者累日。嗣是朝夕勤纺绩，不惮劳倦，事舅姑以天年终。时家中落，幸孺人夫弟资壑公以己力致富，不惜分润，而待孺人恭而有礼。及长君之三子藻耀生，复商以藻耀为孺人嗣孙。孺人曰：“能如是乎，吾愿毕矣。”其从容就义如此，岂非巾帼丈夫哉？按，孺人之守志也，年甫三十至八十有七，而终其清风亮节，则居孀后足迹未尝出户限，虽邻族亦罕见其面云。

时清道光二十二年壬寅夏月穀旦，丁酉科举人、姻愚侄谌厚恩顿首拜撰。

资壑公传

公讳逢源，字学海，号资壑，畲山贾氏人。自二世祖廉州公由前明能吏起家，世以儒学显，为邑著姓。高祖连生，郡增广生员，曾祖及祖世有隐德。考锦川公事孀母以孝闻，自有传，生子三，公其季也。幼恢宏有志略，甫就傅，聪颖殊常。舅氏雷舒亭先生以名孝廉教授乡邑，士林宗仰。公与仲兄占吉公往谒之，先生喜，皆许为出群器，尤谓阿彪最怒云。初锦川公幼失怙废学，勤于课子。公方欲读书取青紫以慰父志，无何两兄相继殁，锦川公亦下世，公独持门户，不得已废著鬻财以奉母，家遂不赀。尝挟重资走楚南诸郡，缟纻之交一以诚信相结，故所至倾倒焉。然公既弃举业，仍嗜读书，坐市区持筹算贾，意泊如也。每摒挡之暇，辄手一编自娱，归家则扃门不与外事，喜阅《通鉴纲目》及古人家训格言等书。间治樽酒，邀里中文人纵谈古今忠孝事。如罗望庵文学、族叔蕴香先生兄弟时相过从，为莫逆交。方两兄之殁也，伯氏幸有子，而仲兄以绩学成瘵，嫂氏陈，《柏舟》自矢，茹蘖饮冰，生一子，早殇，仅遗二女，公皆抚之如己出，婚嫁之事身任之，而事两嫂终其身敬不衰，其笃恩义如此。性慷慨乐施，人有称贷，数折券弃负，遇荒辄出粟振乏，人仰为续命田。又推掩骼之慈，广锡槥之泽，乡人德之。公丰颐伟干，神观肃穆，与人交，退然若不胜衣者。尤爱宏奖后进，孜孜不倦。尝倡首捐资，于里中紫府观侧营精舍，为子弟藏修地。自以家本儒素，未获以儒术显，遂援例入成均，而延师课子若孙，丰其饩廪焉。道光十年庚寅以疾卒，寿七十有二。先娶谌孺人，性温厚，早殁。继娶刘孺人，通《女诫》，克端壸范，抚前室子无异所生。凡公诸善行得孺人内助之力为多。后公数年殁，寿六十有九。子二：长荣绅，太学生，谌孺人出；次荣旌，授职翰林院待诏，刘孺人出。皆绰有父风，俱能光大其家，至今孙曾林立。

论曰："世未有积厚而流不光者，公惓惓于读书，有志未逮，既然丰于财，又丰于德，岂非酝酿郁积，厚储其精英，以待发泄于后人耶？《传》所谓光还而有耀者，吾于公亦云。"

时清道光二十二年壬寅夏月榖旦，丁酉科举人、拣选知县、通家侄吴淦衍顿首拜撰。

世亨公传

公讳世亨，字泰阶，必顺公次子，必飞公之继嗣也。必顺公兄弟四人，叔弟必叶公、季弟必廷公悉多男，惟仲弟必飞公早卒，有子未娶殇。弟妇氏邓节励冰霜，必顺公嘉其志，谓不可不为之立后，以慰其心。爰召公兄弟三人问："孰肯以身为叔父后者？"公独毅然首肯。公于是为必飞公嗣，自是事嗣母如其父母，举凡冬温夏凊、昏定晨省之仪，罔有轩轾，脂膏滫瀡之供，必恭敬以将之。后嗣母忽染沉疴，视理汤药无异于亲生，其天性使然也。幼嗜学，比长业商，候时转物辄获其赢，制膏腴，构广厦，一时称富有焉。是与父行创业于前者，公之力为犹多。后因食指浩繁，众叔父议分产，佥谓公既出继，理宜得四之一。公正色以辞曰：“吾之以身出继者，为叔父似续计，非为生产计也。如是，则以不义陷我矣！”执不可，遂以三分而析爨。方爨之始析也，兄云山公、弟必玩公俱习制举业，惟公一人庀家政，兼营货殖，历时既久，事业益恢。云山公已籍注太学，必玩公亦学守青箱，而公仍淡薄自持，与臧获同苦乐，并不私一文一粒以自利，其友爱见于兄弟者又如此。公为人寓精明于浑厚，待人无城府心，人有急而求者，即倾囊以助之，未尝有德色。遇众事则勇敢直前，虽家资不逾中人，而劝助亦不居人后，乡里欣其正直，凡有纷构得其数语亭平之，无不立服。迄岁丙辰，嘉庆皇上御极，典重引年，赐民七旬以上者爵一级。公时届古稀，当事上其名，叨异数焉。后享年九十，无疾而终。配罗孺人，性贤淑，身勤俭，敬事舅姑，和顺妯娌，举丈夫子二，长荣灿、次太学生荣叨。继娶熊孺人，事公无违，抚前子无异己出。俱先君卒。公次子荣叨，予姻伯也。今岁之春，公族重修家乘，姻伯以公行状示予，因谨述之以为公传。

时清道光二十二年壬寅仲夏月穀旦，东山邑庠生、姻再侄谢会顿首拜撰。

枫墀公家传

公讳攀桂，字承五，号枫墀，邑畲山人也。曾祖讳经邦，邑庠生。祖讳嗣谊，敕赠文林郎，事载传。父讳席珍，号玉圃，举乾隆丙午科孝廉。玉圃公兄弟十人，今山西大同明府实圃公与邑庠生虚斋公其行八、九弟也，与公年相埒，同受业于邑名孝廉王思斋之门。性警敏，过目成诵，思斋厚期之，诸季父亦称为吾家龙文，他日当求之千里之外。年十五，玉圃公卒，公哀毁骨立，毋逾礼。事孀母以孝，待女兄弟以和，而酷嗜简编，恒恐不能继父业，定省之余，咿唔终日，凡夫经史子集靡不毕览，工制艺，挺秀醇深，力追古大家风矩。入试戛戛独造，不作第二人想，以故年十九补郡弟子员，旋试高等食饩，有声庠序间。然独不利于省试，每落解后，乡之名宿读公文者无不惋惜之。公为人敦气节，笃于交游，然不事谐谑，惟以道义相切劘，人有过失，未尝不面加指摘，然旋已忘之，人故不以憾公也。性刚正，尤不喜博弈事，人有蹈于是者，公嫉之如仇。贾故族繁且近市，族有无赖子于公斋旁设局纵博，喝雉呼卢，公谕之以义，反以词犯，公族皆莫肯谁何。公挺身鸣之于官，悉按法责之，由是族之赌风渐息，扶纲饬纪之事类如此。公既不获隽于秋闱，而志切显扬，未尝不以功名为念，尝曰："吾业患不精耳，讵有司之不明哉！"恒独坐一室，日沉酣于丹铅几席间，或读书有会意及兴之所触，则挥毫拈韵悉于诗焉发之，诗才俊逸与文称。喜为书，日必作楷字数纸，苍劲中姿媚跃出，识者谓得古晋唐笔意。素不善饮酒，而独有卢仝、陆羽癖。翰墨之外，炉烟袅篆、斞泉酌茗而已，然竟未克展其蕴，年三十五以咯血卒。原配刘孺人，系出钧山，本名家女，幼娴姆训。归公勤织纴，奉姑惟谨，事夫育子无失德，先公卒。子一，荣骧；女一。继配谌孺人，生子一，荣驺；女一。谌孺人归公未数年而公卒，孺人矢节孀居，抚前子如己出，而其淑慎贤明，绰有古媛风。孙男一，森耀，业儒；孙女二。

论曰："论士者志节先，而文艺次之。公既邃于学，尤端其行，方为诸生而其嫉邪崇正尚如此，使天假之年，得展其学术以效于世，其树立讵可量哉？"

清道光二十二年壬寅夏月穀旦，优进士、乙酉科举人、分发浙江即补盐大使、姻愚弟熊松之顿首拜撰。

秋江公传

族侄秋江，予族兄仁年之子，为邑增广生。忆予总角时，晨夕聚首，即与秋江好甚笃，既而俱列胶庠，鹿洞、豫章书院与之同砚席者又历有年所，惟时互相切劘，意谊绸缪，如手如足，恒依依不忍一日离也。无何予以浮名，计偕走京师，宦游四千里外，遂尔杳不相接，每一尺牍往来，临书嗟悼，不能慰之于怀。犹冀一日赋遂初，把臂田园，与秋江追理前欢为幸耳。今年春，予族中有事谱牒，其子子欣等邮书索传于予，而秋江下世已七年矣。呜呼！以予与秋江昔日之雅，余固胡忍传之？然以秋江之文章品谊卓有可传，余又胡忍不为传之也？秋江讳世晓，字东旭，秋江其号也。生而聪颖，读书数行并下，年十九即补博士弟子员，而益自刻苦于学，凡夫六籍子史靡不穷究其微，下笔力追先正，雄深雅健，抗衡名流。时同郡郑云壑、蔡海门，奉新帅子文，皆未显贵，而其文行高洁，于人少许可，独与秋江相厚善，目为畏友。咸谓以秋江之才，而领乡荐、捷南宫，金马玉堂转盼间事耳。其后，郑、帅俱及第，蔡亦入词林馆，而秋江潦倒诸生。每遇文战，得而复失，试于超等者五，而独悭于一饩；试于秋闱者六次，呈荐卒不隽。孰谓文章有定价哉？秋江自是绝意名场，日以娱亲课子为事。事继母以孝称，承颜养志无稍懈焉。秋江既已不得志于时，然其胸中浩浩落落，不为世俗委琐拘牵态。性嗜酒，中年以后引满不衰。曾于宅旁构一书圃，日与二三知己啸傲其中，衔杯酒，接殷勤，亹亹不倦，而其坦怀相与，则又耻以机巧待人。人有急难，每为竭诚以救之，虽任侠之流不是过也。予迄今历官二十余年，仕途相值多为其豫章肄业友，往往语及秋江辄称誉不容口，则秋江之生平可以见矣。余不敏，未能殚述其行事，兹掇其大概而为之传云。

时清道光二十二年壬寅夏月榖旦，族叔献珍谨撰。

韶宣公暨孺人傅氏合传

尝思经天纬地千秋之业，曾有几仁人孝子，一代之史不无传，故乡里称善。人所以备书升之选，匹夫敦庸行亦足增闾里之荣。人无论士农工贾之分，境不论富贵贫贱之别，其立身制行而有合于孝悌忠信之行者，俱可以训后人而留传于谱牒也。如是而吾族韶宣公讳世琯者，有不容没焉。公考讳必壎，予生也晚，不及见知其行状第传闻。必壎公即世，公尚未离襁褓，一孩提之童已也。且必壎公并无一亩之田、一石之粟以贻公。当是时，公幼且失怙，要莫必其成人与否耳。幸公母刘孺人矢《柏舟》操，鞠育辛苦，公遂得以成人焉。嗟乎！人生斯世，内无严父兄，外无严师友，而能有成者少矣。矧公之茕茕在疚，家徒壁立，安必其小子有造、成人有德耶？乃公赋性纯诚，不苟言笑。稍长，束发受书，粗知礼义，虽家贫未习儒业，亦兢兢然于孝弟忠信之行而克自励志。恒言《论语》一书，有子以孝弟为为仁之本，孔圣以巧言令色之示戒曾子，以忠信为诚身之学。人能禀此圣贤三训，终身用之有不能尽矣。以故见其孝养慈帏终身不改，年逾半百犹下气怡声于慈母之前。利无远谋，惟懋迁有无于近地之市，曰："吾所以不远游者，乃得朝去暮归，以便定省慈安故也。"且公为人不迩声色，不殖货利，与人交无诈无虞，居桑梓必恭必敬，以至义方教子，毋纵诡随，克俭克勤，贻谋燕翼，此又见公之素行而训戒于后嗣也。然则迹公之行，知公之志，而所谓孝弟忠信者，公亦无少愧与？于嘉庆二十年乙亥六月二十七日酉时殁，寿七十有三。原配傅孺人，内助称贤，柔嘉协则。上事姑嫜，无箕帚诟谇之形；下诲儿曹，有倍致恩勤之美。此孺人之素行，亦足与公并传不朽也。后公十余年殁，寿七十有六。子三人，长荣安、次荣定、三荣川，人今称为难兄难弟云。女二，俱适同里南。

时清道光二十二年壬寅夏月榖旦，再从弟世名顿首拜撰。

日章公传

自周左邱明作内外传，汉司马迁作列传，此传所由昉也。

其大旨不外传其人之实，事无论朝野家邦，其人之性情行事，有可传于后世、足以风示斯人者，皆可为之立传。而凡作传者，类如是也。贾公姻伯，讳世凤，字日章，其人负性忠厚，居心和平，处事极其周详，待人务期坦白。读书未及数载即废学，然记性甚敏，凡幼时所受于师者，一一皆能记忆，并能通晓义理。间与文士相辨论，公引古证今，终日亹亹不倦，闻者莫不推为明哲。公为必兰公嗣也。必兰公生子六，公居五，长即太学生世伟公，余俱业农商。先是公家本裕，兄弟五人同心竭力以经理之。公不事生产，雅慕读书士君子之行，米盐钱谷置之不问，专以督率子侄为务，即凡利物济人一切方便之事亦往往举行之。家中人众间有口角，一经排解，即肃然静听，无不心悦而诚服。嗣因家口浩繁，难为支理，兄弟始行析产。公冢嗣克理家政，公益优游自适，每于家人向晦人息之时篝灯夜话，必举昔人之邪僻者以为戒，并举先哲之正直者以为劝。凡属嘉言懿行必详为指示之，讲解之，且使之身体而力行之，以故子孙辈之沐其教者，至今无不感慕而思念之不置焉。公举子三：长荣鲍、次荣探、季荣状，皆业农商；惟次嗣荣探慷慨有志，干练有才，自公兄弟析爨后，悉心尽力料理生产，家道更渐赖以扩充，公之心愈以欣慰。公年登耋耄，享年八十有四而终。孙男三人皆知礼义，识体统，罔非公之教有以贻之也。美姊丈名荣贤者，公胞侄也。令嗣荣探与美往来亲密，今岁适贵族重修家乘，令嗣谓美知公之行事甚详，因央作传。美虽不工于传，然忝附戚末，谊不容辞，即举公之见见闻闻者，摭拾成篇。是为传。

时清道光二十二年壬寅夏月穀旦，邑庠生、姻愚侄蓝常美顿首拜撰。

芹芳公传

国家当累洽重熙之日，恩泽遍乎黎庶，值寿考作人之世，尊崇必先黄耇。恭维我皇上御极初载，诏以七十以上者给赐顶戴，一时谨饬之辈无不上闻有德之俦，并叨异数，征显阐幽，孰有如斯也。我伯父世藻公与焉，诚不爽矣！伯讳世藻，字芹芳，广文台山公五世孙，文学子淑公四世孙，耀章公之二子也，生于乾隆十三年戊辰，与家慈同庚。予尝往来其家，伯之行谊与伯之生平有以见之真而知之悉。伯生甫九岁失恃，伯父彩章公抚为己子。伯父亦未几见背，遗伯母范孺人爱女甚笃，伯亦体母之爱以爱之，往来遗送，计日殷勤，无吝容，亦无德色。而其仰事俯育之资极力维持，继母之前奉养必期丰腆。且伯同怀四人，长世陶、次世砲、四世柱，皆贸易异地，伯虽别爨，其家务一为代理，子侄十余人教训各自成立，是其孝友生于性成。其为忠信，待人正直，持身更有可验者：为人谋不啻己谋，一诺千金，俨追季布；族众辅理事务，排纷解难，饬纪扶纲，恰类温公。以故其子荣钧凛忠信之传，以遨游楚黔之地，至今无不利焉。伯享年七十有五，身邀特典。淑配刘孺人勤俭自守，以佐其夫，慈惠居心，以成其子，并享年八十有二。举丈夫子六：长荣钦、次荣铨、三荣钧、四荣镃、五荣全、六荣鉴，无不奋发有为。女一，适蓝溪陈，亦清节自守。孙曾罗列。厚德之报宜乎没世不忘也。兹届族谱重修，其子荣钧问传于余。余敢固陋自饰不据实而觍缕述哉？是为传。

时清道光二十二年壬寅夏月毂旦，族愚侄日荣顿首拜撰。

定山公传

公讳必静，字定山，房之长也。其父嗣纪公，以学业未成，注籍成均，年未三十见背。遗母雷孺人孀居。舅氏虞曦先生，吾乡绩学士也，家世青缃，特为公示曰：“以甥之才，固可还绍书香，然终鲜兄弟，惟尔一人，际此家资中落之秋，保无以菽水有缺贻孀母累乎？”爰命之改辙而业于商。公于是寄身阛阓之中，托迹长兴之市，鬻贩鱼盐，以逐什一之利。顾公虽操奇赢、权子母，而心窃艳乎诗书，以故见儒林每加敬重。下吴镇，往章江，近地有肄业豫章者，必殷勤问劳，款洽宴饮。凡族内作养人材之举，公无不竭力助之。至其维持众务、一切饬纪扶纲之事，以及排纷解难之端，得公一言罔不帖服。鼠牙雀角之争，数十年来不见于族中者，大抵公之为力居多。公德配谌孺人，生子一，世开，字牖民，亦能继父业，具亿中才。予支叔祖连城公特器重之，遂假之资，为花布生理，握算持筹，利每臻乎数倍。于后，连城公弃世，依然经理裕如，令连城公子各安其业，肆力诗书，勿以生意纷其心也。斯诚是父是子也哉！兹届族谱重修，将告竣，其子荣炎问传于予，予不敏，仅为之纪其大略有如此。

时清道光二十二年壬寅夏月穀旦，族愚孙日荣顿首谨识。

世恭公传

翁讳世恭，行一，字广盛，乡之善人也。幼醇谨，不事浮夸，惟恂恂弟子职。稍长，以贫窭莫承菽水欢，懋迁黔地，获其资斧用孝养父母者，惟有历年，终恐定省旷贻父母忧，一旦捐居奇，毁质剂，检较囊橐，计所赢余，毅然捆载荣旋，操几杖，奉旨甘，承欢膝下，不复远游。时家虽少有，仰事俯畜罔不待给于公。公居近市，欲求赢而恶嚣。爰于里巷中，阜通货贿为生产计。不数年，积铢累寸，拓膏腴，广堂构，颇号素封，而处之晏如。布衣藿食，淡泊自娱，尝谓："可食无肉，非敢以口腹恣杀生禽。"而公之慈祥恺恻，磊落光明，有出于性然，未可以习俗拘者。乡邻有鼠牙雀角之争，居间排难，言出人多信服，解囊息事而人莫之知。于岐黄得一二专门，尝备药物以济人缓急，而不取其值。族党有糊口四方、归无以为家者，每衣之食之，假安宅以居之，无尔我见存；亦有身虽在外，公为之置田宅、权子母，归而得享其成者。公之处己待人，悉本其性之好善，而见诸行事者类如此。举丈夫子二，长曰荣球，幼曰荣瑞，教以义方，不使舍力淫心，明动晦休，各安其业，皆森然有以自立，为克家子。于是悉委以家政，而公得以斋居一室，清静自娱，以乐天年。将天之报施善人自不爽者，公之谓矣！公生于乾隆乙酉年二月廿九日丑时，享年七十有一，殁于道光丁酉年五月廿八日未时，葬游子陂。公长孙曰耀裕，余子婿也。余素仰公之芳徽，故得举公之巅末，谨识之以为公传。

时清道光二十二年壬寅夏月榖旦，年家姻晚山东庠生谢邑顿首拜撰。

体元公传

公讳仁荣，字体元，族之笃行君子也。祖锦川公，父继先公，俱自有传。公幼失恃，而秉姿厚重，儿时举止不佻，读书多能晓其义。时父方治生产，思先世青缃失守，欲业之以儒，厚培植之。无何父亦见背，继母刘矢志孀居，家无余财，公之弃儒而业商者由此。公既废举业，遂就近地懋迁，儌微利以为养母费。母虽茹蘖饮冰，情况甚苦，而公以膝下之养，色笑无违，独能得其欢心。方公生母之背也，年甫晬周耳；父之逝，才十有一。公追念二人，恒以不及生养为恨。岁时必洁酒浆陈于主席，盛衣冠以祭之，祭毕则掩泣向隅，泪涔涔下，每至生辰忌日，莫不皆然，此其孝，于见者可知矣。而又信以待人，与人交坦怀无伪，不吝啬，亦不苟取，乡里信其刚直，凡祠众祭祀、孳产之事悉以任之。公司其出入，无肯一毫侵渔，而尽力经营，每至辍家以图之，曾不自以为劳。年六十有一而卒。配南氏，幼工婉娩，娴姆教。于归后，勤纺织，事姑以孝闻，柔顺恭俭，善事夫子，一时称佳偶焉。公之所以常理族事，而少所屑屑于家计者，以母之贤淑，无内顾忧故也。子一，日耀，有父风。孙三，长代鼎、次代岛、三才元，皆愿悫自守。人咸谓天之报施公，将必在于其子若孙而有大不爽者矣。

时清道光二十二年壬寅夏月吉旦，丁酉科举人、拣选知县、姻愚弟谌厚恩顿首拜撰。

星聚公传

传者，传也。太上立德，次立功，次立言，三者有其一，皆可传。然德隐而难见，言非文人著作不传，惟功之有裨于世者，上而廊庙树绩，功盖一时，下而乡党垂芳，功施一本。事之大小虽不同，要皆足以流传于不朽。若吾族星聚兄者，殆所谓功施一本者乎？兄讳荣奎，字星聚，原与旌同祖太守公。太守公，吾畲山二世祖也。祖有家庙，庙有祭，祭之费取给于田。先是廷贵公支理祭会，时田产积贮亦颇优渥。凡岁时伏腊，收田之入以祀始祖、二世祖，余以赆士子南北两试之费。自嘉庆年间，司会者不善经理，费愈耗，产愈落，牲牷酒醴，几若不给焉。父老咸心悼之，因谋于兄曰："祀典之不隆，由于资赆之不赡，而他费更无论矣。为人子孙，上无以奉先祀，下无以育人材，不孝孰甚也！惟子廉直无私，子其独任此事。"兄亦义形于色，乘其敝而理之，不辞劳，不避怨，前之余资并子母而为之孳息，而一切縻费之事偶有不足时或倾囊以助。凡数十年间，资产贮积皆复其旧。迄今祀先、赆试以及合族之醵敛、支祠之所需，悉取之无不赡者，皆兄之力也。兄又为人素谨厚，而尤笃于孝友。龆年见诸昆多事耕稼，而家产未饶，遂不就举业，营什一以养亲。往来武夷、建州，效浮梁客之所为，所至必购求珍异以佐甘旨。每束装言旋，贸迁所得尽委而归之于兄，已未尝少自私也。中年后，以家扩其资，遂稍不治生产，而惟事之关于一族与关于一支，每维持调护曾不少懈，以至于殁。兹届家乘重修，其子耀润索传于予，予忝列副修，稔知兄之事甚悉。因不揣固陋，据实直书，以为后之立功于族者劝。

时清道光二十二年壬寅夏月穀旦，族弟荣旌拜撰。

节孝谢孺人传

从来节难、孝难，节孝兼尽尤难，节孝兼尽于贫窭更难，节孝兼尽于贫窭而潦倒高年，生赖以养，死赖以葬，零丁孤苦，卒能赖以成立，是又难之难者。我姊之适荣京公也。公为太学生，泽望公子，生长高门，稍涉纨绔习，渐即单寒，亦不事家人生产，性挥霍，旷达不羁，每家居少闲辄出，出辄莫知其乡，所有金玉条脱为用殆尽，从无交谪声。如是者惟有历年，后卒于外。是人或以寡而寡，姐虽未寡而早无异于寡，况未几而竟至于寡，遭际如斯，几无意于人世，徒以高堂瞆眊，襁褓嗷嗷，俯仰无依，以故莫获相从地下，不为其易，为其难。以未亡人当此家徒壁立，釜爨空虚，惟勤纺织，苦针工，以博升斗为高堂甘旨计。自奉常充以藜藿，佐以秕糠，外人鲜有知者。里多素封家，每有钦其节、感其孝、怜其贫无以为生，妯娌辈多丐其刺绣，与之食，辄舍之以遗其姑。虽日不举火，终不阙于供，而养生丧死得以无憾。姊之以妇道兼子道有如此，犹有以母道而兼父道者。初荣京公之永诀也，遗孤者二：幼甥砚早夭；长甥耀碧甫在髫龄，送入乡塾，时加督率，鬻布帛为束脩，自分苦心志、饿体肤，没齿无怨。渐以纺值之余，积铢累寸，而为其子有室于焉，率其子妇愈益辛勤。时甥亦渐长，能遵母训，恂恂以勤俭自持，乡之善良多念其醇谨，信其然诺，助其资斧以就商。于是得购华屋，获膏腴，骎骎然家声一振。迄乎子已生孙，孙又生子，姊亦享年六十有二，而遂相殉于九泉。以姊之孀居数十年，而节如是，而孝如是，而节孝之兼尽于贫窭如是。我皇上道光壬午，邑宰高公采登邑乘《节孝传》，是姊之节孝传于一乡，并传于一邑，将不仅传于一邑。兹族乘重新，甥耀碧问其母传于余。余唯谨志姐之节而传之，谨志姐之孝而传之，谨志姊之节孝兼尽而传之，与节孝之兼尽于贫窭而能俾其子若孙卓然有以自立而传之。夫又何赘？

时清道光二十二年壬寅夏月吉旦，山东庠生、愚弟谢邑召营氏顿首拜撰。

贾母甘宜人传

甘宜人，贾公艺圃之继室也。艺圃公操计然术，致资累巨万，恒往来吴楚间，每经年或再岁始获一归。当是时，家既殷，务益繁，食指益众，宜人以一人经理之，井井有条。艺圃公得以无内顾忧，宜人之力也。艺圃公为人豪爽，喜挥霍，厌鄙锁（琐），宜人则荆钗布裙，食无兼味，泊如也。公每劝以勿自苦，宜人曰：“我实甘之，勿相强。”公亦笑而听焉。其家之长幼男女以及仆婢等一守艺圃公旧章，而以宽厚出之，能各得其欢心。至于人有患难而待救，有缓急而告贷，或告艺圃公而行之，或不及告而即行之，惟力是视，则梁孟之气概实不相下，以故近自门内，远而乡党姻娅之间，贤声藉藉。起初宜人之来归也，公年已五旬，又十余年，而公遂捐馆舍。其前室生子二，曰世掌、曰世擎；宜人亦生子二，曰世扩、曰世捄。世掌弱冠游泮而早世；世擎以太学生理家政，不获卒业；世扩、世捄方在童年。艺圃公病既弥留，谓宜人曰：“吾家资颇厚，子孙可无忧衣食，当以延师教读为急务，此事惟尔是赖，他无所嘱。”宜人泣而识之，自是专延名师于家塾，使世扩、世捄受业焉。戒之曰：“汝等无成，我即无以对汝父于九泉。”后时时侦察之，闻其勤奋或有可取，则喜形于言笑；闻其怠荒或有不善，则督责不少贷，至于眠食俱废。如是者二十余年，所以教诸孙者亦无异。故世扩于辛亥年补弟子员，孙模、师荣、桂荣皆先后入邑庠，而师荣且食饩，以庚午科副榜贡成均矣。惟世捄宜人命执父业，逐什一，援例授县丞职衔，封奉直大夫。宜人晚年自教读子孙外，惟乐善尤为不倦云。岁在癸丑，发逆窜扰，宜人家有质谷数千，正值谷去质留之时，宜人曰：“质物无非衣服首饰，贫家强半假诸人，倘贼至被掠，无力赔偿，受累者多，不如召而还之。”且为之约曰：“有力者自来偿谷，否则吾不汝责也。”盖苟有关义举，数千金轻于一掷，往往如此。于咸丰辛酉年八月初八日巳时寿终内寝，距生于嘉庆戊午年正月初四日寅时享年六十有四。子四，已见前。女三，长为予弟益谟妇，次适栎林彭，三适平湖曾。孙十四人，见前者三人，荣培、荣封、桂馥皆太学生，荣堃议叙八品，荣爵、荣禄、曾荣、章荣皆业儒，寿山议叙州同衔加二级、捐封二代，继祖、延龄皆幼。孙女十人。

论曰："世擎尝为予言，继母相待如同已出，且言待其寡嫂尤为格外体恤。予闻而敬之重之。嗟乎！芦花变起，千古同慨，其有避嫌疑者，又譬之治疙秃，有前子亲子之别，而不能无矫罔(枉)过正之弊。欲求贤妇于继母，较之他尤难，安得待若已出。如宜人者，树之鹄乎！其他善行，又为余事矣。"

赐进士出身、诰授奉政大夫、前河南候补直隶州知州、彰德府涉县知县、已未科乡试同考官、姻愚侄金益谦顿首拜撰，时清同治十一年壬申夏月吉旦。

垂廷公传

姻兄讳荣绅，字高卓，号垂廷，太守舜夫公十四世孙也。幼读书过目不忘，及长，仪容俊伟，器宇魁梧，抱磊落不凡之概。维时姻伯资鋆公与族艺圃公同事，艺圃公常奇之，因谓资鋆公曰："吾观乃郎器重非常，他日必成我二人之志。"资鋆公亦以为然。命之游荆楚、历黔南，驻足于洪江、武陵地，相时转物，辄获奇赢，皆以诚信相结，绝无市井气象。数十年来，规模倍大，然后叹艺圃公之言洵不虚也。姻兄生十二年，姻伯母谌太君已去世，饮食教诲皆赖继姻伯母刘太君之力，而姻兄之奉养也无异于所生之母。弟岐山先生友爱甚笃，如仲海季江，时闻宴婗语。姻兄以身居阛阓，遂注籍成均，议叙盐知事，然尤以读书为急务，常于里之东偏构别业二间，集古今图书数千种，颜曰"小万卷书藏"。每遇善本不惜重金购之，一时知名之士如孝廉彭雪生、吴瀛雪、熊子怡诸公恒主其家，教诲子侄。每至书舍闻诵读声，辄怡然色喜，其事先生之忠敬，儒林中咸称道之。平居无事，端坐如塑；及其接人，浑是一团和气。言坊行表，乡党奉为仪型。且洪量善饮，年虽老犹引满不衰。享年六十有四，无疾而终。同治元年，恭逢覃恩诰赠奉政大夫。姻母刘宜人、继母黄宜人，俱贤淑慈惠。生子四：长奎耀，己未科登贤书；次济川，原名壁耀，丙午科登贤书，授内阁中书，外任浙江处州府同知、候补知府；三藻耀，补博士弟子员；四楣耀，列上舍，即谦之女婿。胞侄明耀己未科登贤书，辛未大挑二等，以教职补用。孙振声，邑庠生。余俱有将兴未艾之象，此一门鼎盛，皆姻兄厚德之报也。今家乘重修，冢嗣奎耀亟递索传，谦忝居姻谊，且素慕姻兄之为人，谨即所知者著于简端后，有表江右之先贤、传筠阳之耆旧者，或将有取于斯文。

时清同治十一年壬申仲夏月吉旦，赐进士出身、前任河南涉县知县、姻愚弟金益谦顿首拜撰。

石生公传

壬寅之春，余甥茂才振声以家乘重修来求先君传，余谊忝葭莩，情同胶漆，敢以谫陋辞？按邑乘，列君于《文苑》中，以其本学问而发为经济者也。夫士不通经不足以致用，侨大夫有言曰："学而后入政，未闻以政学。"而君履绚冠钵，陆海潘江，凡十祺三象、九据七调，靡不穿穴名理，渊通妙龄，何难登太傅堂而展平陵学矣？君姓贾，名济川，原名壁耀，石生其号也。生有青睛，读多夙慧，少应童子试辄不售。姻父客武陵，年迈防远游，以长嗣奎耀补博士弟子员。三、四尚幼，而君才堪外用，欲撤广川帷，以效夙沙之术。乃珠光久难匿迹，而焦桐即遇赏音，是年得意芹宫，秋闱旋登蕊榜，可知商鼎周彝终为廊庙器。明年丁未，礼闱未捷报，捐内阁中书，旋遭父忧回里。服阕，赴阁供事，相国桂燕山、潘芝轩咸器重之。癸丑年，考取军机未记名；并实录馆开，充校对官未蒇事。是千里一蹶，不必为良驹惜也。夫资父可以事君，而致忠难言尽孝，以亲老请就近用，擢补浙江处州府同知加知府衔。甫到任，上宪噪其名，留省以备咨访。乙卯年浙江乡试，派充内帘监试官。己未恩科，派充同考试官，如平廉舫、郁殿选，皆所取门下士也。咸丰庚申，贼扰浙，旋收复。中丞王有龄保以知府补用，且知君淹实，擢用总理文案，复命总理宁波营务处。同治三年，藩宪蒋委署嘉兴乍浦同知，途中病作而卒，年仅四十有六。扶柩归里，葬于先人之原。昔朱文端公之抚浙也，布政优优，载诸《名宦传》，至今浙人塑像祀之。而君初至浙，廉明公正，卓然有政声，且当戎马之秋，深见重于大吏，使天假之以年，其学问经济必有可与文端公并垂不朽者，岂仅称为良二千石而已哉？是以《名宦传》也可，即以《文苑传》也亦可。父垂廷公诰赠奉政大夫，母刘氏、生母黄氏俱诰封宜人。原配傅氏有淑德，继娶铎之长女弟。子二：长振声，补诸生；次代吉，尚幼。孙曾林立，有将兴未艾象。铎操其遗行，遂乐为之传。

赞曰："其文炳炳，其行觥觥。会稽之间，惠泽岐声。"

时清同治十一年壬申仲夏月吉旦，己未科举人、候选教谕、愚内兄曾铎拜撰。

拱辰公传

公讳世星，号拱辰，吾乡畲山人，万青大姻翁之嗣子也。幼时，崭然见头角。比长，念大姻翁久客于外，不能时承色笑，因随大姻翁游黔南、武昌诸郡。相时转物，辄获奇赢，大姻翁甚爱之，尝语人曰："他日大吾门者，必此子也。"每岁归里，必择买珍奇之物以奉母。馨兰洁膳，树草忘忧，仁孝之风溢于闾里。未数年，大姻翁去世，与弟序廷姻兄同心协力，奋志经营。兄弟二人虽非同母所生，而友爱之情较同母为倍笃，埙篪伯仲，式好无尤，有元方、季方之誉。是时，序廷姻兄居黔南，公居武昌，上下生意源源而来，十年之间累资巨万，号称素封。端木亿中之才，陶朱致富之术，不是过也。先是武汉阛阓之家，有沈犹饮羊之习，公所至，一以诚信为本，以故武汉之人不独同事者争相敬畏，即妇人女子亦莫不知公之名。且也重义而轻利，凡同族中有孤弱不能成立者扶之成立，贫老不能赡给者予之赡给，远游不能归者助之资斧，曲直不能决者片言折服。他如御臧获以仁慈，训子侄以礼义，彰彰在人耳目，未易更仆数。公之行谊如此，宜其享大年而备致多福矣，乃年未六旬，以疾卒武昌。柩归之日，执绋相送者数百人，盖其仁恩内结于心故也。德配曾孺人，礼娴《内则》，事孝翁姑，妇德母仪可与桓少君、孟德曜相伯仲。公之客商于外，得以无内顾忧者，皆孺人之力也。子二：长荣连，积学未售，后随统带湘后营刘武烈公军中办事，克复吉安有功，奏请钦加五品衔，赏戴蓝翎，以府经县丞补用；次荣欢，例援太学生，即予之婿也，倜傥有大志，惜不永其年。孙四人，耀栋、耀根、耀桐、耀铨，皆琼林玉树，颖异超群，他日或称亢宗，或称继武，可拭目而俟也。兹当宗谱重修，序廷问传于余。余忝居姻谊，且知公之生平甚悉，不敢以不文辞，谨即所见闻者为次其大概如此。

敕授修职郎、现任雩都县教谕、姻愚弟褚赉文顿首拜撰，时清同治十一年壬申夏月吉旦。

耀开公传

今年族中增修族谱，族中士农工商，凡有嘉言懿行、隐德奇材，以及一技之长、一节之善，莫不采辑登之。非惟饰美观于一时，实则垂典型于后世，俾将来者有所效法，且使人各知其祖宗创业之艰、贻谋之善，而敬慕之也。如族中耀开者，其行事有足敬慕而可为之传者焉。君讳耀开，太学生庆堂之父，家素贫，世业农，自幼随其父于阡陌间，出作入息不少怠。比长，见家事窘迫，非农业可安，乃弃农就商，买舟北下，放浪于烟波浩渺中。过九江至汉镇，见其地人烟凑集，车马通衢，知为货财所聚，于是解装设肆，操奇赢，权子母，日与贸迁之流逐什一之利。斯时也，事业初开，生意日盛，兼之君能勤俭刻苦，人以为千金之产不难致也。岂意运蹇数奇，频年如故，因怃然长叹曰："始吾以农业不能发迹，故就商于此，以为人力可以胜天，今已矣！富贵有命，不可强求，吾不得与运数争矣！"遂归。携其眷属依姊氏而居，仍理前业，不复言贸迁事。生平谨愿自处，未尝疾言遽色，虽遇强悍之徒加以非礼，从不一言争较，恂恂有儒者风。故当其自汉归时，族之士大夫皆为君惜，而君直安之于命，事益谨行益力，虽身受拮据勿顾也。后以疾卒，享年六十有八。德配胡孺人，性淑慎。当归君时，室如悬磬，饔飧往往不继。孺人椎髻垢衣，见操井臼，暇则课女红，勤纺织，一切米盐之类皆取给焉。最难者，孺人当姑弃世后，其舅以盲目不出户者几十余年，水浆饮食皆需人进。君时为家计所迫，远游日多，孺人则以妇作子，朝夕周旋，孝养倍至。其舅尝曰："吾家得媳如此，虽方之古名媛淑女亦不过是。惜吾家贫苦，累汝者多矣。"后其舅与夫相继去世，孺人抚育子女备尝艰苦者又历多年，以寿终，年七十有六。生子五：长代绵；次代粉；三代早，出继胞弟耀任为嗣；四代品；幼代叩，即太学生庆堂，出继胞弟耀五为嗣。女一，适五里太学生谌厚霞。

论曰："予生也晚，未得见君梗概。今夏在局襄事，君之幼子庆堂执君状请传于予，始知君于事业有志未伸，岂天于忠厚者必欲使之厄其命、穷其志，而不为之显其身耶？抑留以待后之子若孙以食其报耶？语曰：'有志者，事竟成。'若君者，吾将于之君子若孙卜之矣。"

清同治十一年壬申仲夏月，房叔模拜撰。

信孚公传

公讳叨荣，字信孚，吾族之笃行君子也。秉资聪颖，自幼时出语便已惊人，弱冠后益寝食于古大家文。每一艺出，思沉力厚，为乡先辈所许，可谓非池中之物。府县试每列前矛

(茅)，而卒难于一衿。年逾三十，家资中落，慨然念高堂之无以为养也，遂掷去毛锥，贾于黔阳，又贾于江浙，凡十余载。与人不欺，然诺所至，人多信之，而胸饶智略，持筹未尝不奇中焉。先是，吾乡之贾于黔阳者甚众，黔山多峻险，舟车不通，每有所取，必借人力负之而出，货物恒损折其大半，公自出巧思，创为负之之具与负之之方，货不损而人可重负。黔之贾人师其法至今，未有不利而赖之者也。公既贾有赢余，父母年且老，乃不复远游，以其贾业授之儿曹，己日侍二亲侧，承颜养志，馨兰洁膳，树草忘忧，纯孝之风溢于闾里。亲殁后，不问家人生产，惟手一编自娱。族中之事有关大纲大纪者，必出而商榷或资助之，或身任之。如壬寅六修宗谱，咸谓公之力居多。士君子读书励行，为善于国与为善于家道无二致，公之才与德若此，使其获科名而见知于时，其树立讵可量哉？公姿容俊爽，貌类欧阳率更，而洪量善饮，年逾九十，行走如飞，且目光炯炯，能于灯下作蝇头小楷，足信享年之非由幸致矣！公生于乾隆戊子七月十八日亥时，殁于咸丰八年六月十二日申时，享年九十有二，葬狮子山。德配范孺人，性贤淑，慈惠相夫，教子有欧母之誉，与公同年而生，先公数年而殁。公之得以大光门楣、广置田宅者，孺人之力居多。子四：长耀咸、次耀安、三耀甲，例封登仕郎；四耀展，从九品。孙：让行，太学生；代翰，太学生；代旬，从九品。曾孙克修，太学生。余均聪明俊秀，将来发达正未有量。今年家乘重修，族人嘱余为公立传。余惟公之生平行事彰彰在人耳目，岂待予文而传，然公之品行端方，久为心所佩服，正未可以不文辞也。谨即所见炙者，为纪其大略如此。

时清同治十一年壬申仲夏月吉旦，房侄奎耀谨述。

鼎陞公暨刘孺人合传

《易》曰："积善之家，必有余庆。"或谓："有可信者，理也；不可必者，数也。”然吾谓理既有定，即数亦不能违。语云：“积之厚者，其流愈光；源之长者，其派愈远。”特其时之迟速有不同耳。若吾族鼎陞公非其明验欤？公讳甲龄，号连元，鼎陞其字也。公生而孝友仁爱，出于性天，家故清贫，薄田数亩，莫能自给。公竭力耕田，以供甘旨，虽家无余蓄，而时珍异膳不惮经营，以娱堂上欢，且事二兄以恭，抚弱弟以爱，故其孝友之德，虽在昆季亦无间言，是善之著于家庭者素也。后以人丁益盛，家食浩繁，公惧乏洗腆之资，乘暇游镇江，权子母，亿辄屡中。人有窃窥其术步后尘者，莫不获巨资焉。以故侪辈咸推服之，而声名益噪。然公曾不少吝，有造门来谒，必区画经理以佐助焉。善之乐与人同者又如此。先是，吾族拱辰公富于资，作贾汉阳间，闻公才智，竭诚致聘。公遂往，受任一切重务，竭力担荷，谋画尽善，亿计奇中，拱辰公益敬之、重之，喜其相契之真，而转恨其相遇之晚也。其善之见于与人交者，为何如耶？夫以公之仁孝英明，宜其福禄正未有艾。乃年才四旬，玉楼遽召，几疑福善祸淫之说，有不可为贤豪律者矣。乃公没不数年，令嗣让行客浮梁之景德镇，十余年间资累巨万，慷慨乐施，好为义举，凡吾瑞郡之客于饶者莫不奉为圭臬，仰其训导，即吾乡贡举之过从者，亦且宾至如归焉。虽让行之善师公术，有以克宏丕基，要亦公之余庆方长，故能保艾尔后，然后叹造物之鉴衡不爽，而作善降祥之说良不诬也。公殁于道光二十七年丁未，享年四十有四，例封登仕郎。娶孺人刘氏，娩婉性成，德容无忝。公出外，每见操井臼，敬洁酒浆，奉侍严慈，妇兼子职。后公殁，抚视诸孤，艰苦备尝，而教育有方，卒皆树立，尤为内助中不易觏之贤母也。孺人殁于咸丰七年丁巳，享年五十有六。子二：长让行，太学生；次代旬，从九品。孙五：克修，太学生；克轩、克化、克明业儒，克仁业儒①，皆卓然自立。今岁壬寅，届修族谱，长君让行索序于

① 原文如此。

予，予于公虽忝族叔行，然未获见炙光辉，第闻耆老缅述公之盛德，而目睹公之后嗣繁昌，用是忘公(其)谫陋，笔之于书，聊以为劝善一助云。

清同治十一年壬申仲夏月吉旦，族叔师荣拜撰。

荣球公传

人必有可述之行而后可传，不以显晦论也。夫名公巨卿，身显通都，非不赫赫于生前，究无传于身后，而乡里中有立心忠直、制行端方者，往往令人称道之弗衰。若房叔荣球公者，有足述也。幼就傅，聪颖异常，凝重有度，诸生往来嬉戏，公独不敢出位，循循守弟子职，塾师恒器重之。父世恭公，性公正，有陈孺子风，每公自塾归，必问视于膝前。年甫冠，见家计渐落，食指浩繁，于是废举业，思息父肩，日夜筹谋，劳瘁不倦，行年五十，艰苦备历，谙练日深，而家道渐裕。族邻有争讼斗怨者，为极力排解，必使人不费一丝一粒而后安。其有强悍势利之徒，劝谕难服者，不与之较，听其自化。自是誉闻日广，素行益修，房众咸推为尊长。公再三辞让，不获已而受任焉。公之立心制行如此，不已彰彰足述乎？德配傅孺人，同里丙午科副举培元公之胞妹，性贤淑，克执妇道。公有时因营谋未遂，郁抑欲怒，孺人必预为之婉转劝慰，改怒而为喜焉。子耀裕，磊落多才，亿则屡中。因公寿逢古稀，往省为公捐授从九品职衔，开筵庆祝，族中绅士咸称觞焉。长孙森林，幼读书，资质颖异。一日公偶染风痰之恙，因指孙而谓其子曰："吾观此子性耿直，不囿于俗，使之读书必可成材。尔若有志，务择德隆望重、品行端方者使之师事焉。"言讫而终。耀裕泣血哀痛，葬祭尽礼，后念公之遗言，乃择师使从焉。虽日用不敷，贸易艰苦，而教子之志终不少惰。至庚午岁试，果入邑庠，其亦公厚德之报云。今家乘重修，森林问传于予，因纪其大概如此。

时清同治十一年壬申夏月吉旦，房侄奎耀拜撰。

代内公传

传者，所以传其人之实也。无论士农工商，其实行有可称于当时、垂诸后世者，皆在可传之数，而要必肖其人以传之，斯可贵耳。君讳代内，字爱吾，耀易公之三子也。幼家贫，无力就学，常从父负贩，不辞劳瘁。比长，借资本业商于扬州，开设漆铺，数年间频获蝇头之利。君念远离故土，未能朝夕承欢，于是决意回里，以事养父母寿终而已。继而涉江湖、往汉镇，仍以漆为生理，楚北之人无不服其公平。君虽未尝学问，而其素相往来者皆文人学士之俦，殷勤款洽、情致绸缪不待言矣。而且轻财重义，与人交无欺语，必诚必信，有季布之高风焉。越咸丰癸丑年，突遭粤匪之变，一切货贿劫掠殆尽。君乃逃窜流难，艰苦万分，莫可言状。自是颐养于家，不复出外业商。其时君寿已届古稀，昆仲四人，尚余四弟代云，埙篪叶吉，从无一相尤之语。其处乡党正直为怀，排难解纷不惮劳，不避怨。族有端人正士，倍加敬重，即服内子侄辈咸畏其严气正性，而不敢肆行无忌以至侵犯长上也。君之素行如是，宜其咏瓜瓞而绵似续也，奈何厄其后嗣而致兴嗟于伯道。即兹值族谱重修，其侄克状索传于予，予故据其实而为之传。

时清同治十一年壬申仲夏月吉旦，族叔祖荣斌拜撰。

耀碧公传

人必有可传之实而后可以传，非徒侈声华、借标榜也；亦必有可传之实而后可以不负所传，非徒矜门第、竞豪强也。若族中落书者，则诚有传可以且能不负所传焉。君讳耀碧，字落书，生而诚笃，不好弄，有异群儿，因家贫，就傅不能卒业。比长，乐与士大夫相往来，尝从予伯父蕴香公游于豫章。时蕴香公所结纳者，皆知名士，君朝夕侍侧，煮茗沽春之下，聆其谈论颇能领会，故未弱冠而于书数之类皆贯通焉。居家恂恂自处，不肯妄发一言，有所建白必咨于长者之前而后行，其谨言慎行如此。性至孝，君父早年出外，不知所终。君吞声饮泣泪渍枕席间，不使母氏获知，恐因此以重母氏忧。后母以天年终，君祭葬尽礼无少缺，有古纯孝之风。先是，君当父出亡后，家中地无立锥，一切衣服饮食皆赖母氏十指之力。后君因母纺织之余稍有所积，乃与族中相友善者相商设肆，佥曰："仅此不足以集事。"争出资助之。君由是于族中逐什一之利，竭力经营，以为桑梓之地亦可发迹，何必远游吴楚，仆仆风尘，始克展其业哉？果未数年，而家计之窘迫者焕然一新，置田园，创大厦，赫赫然称素封焉。吁！君诚可谓克自树立者矣！晚年以筋力故，举其业付之子若孙，而身督责之，暇则优游于畎亩间，与田夫野老话桑麻事。举凡雨旸之征、种刈之候，莫不周悉。嗣因齿德日隆，道光年间遵例报捐，以登仕佐郎衔荣身，时论莫不多之。年七十有三，以寿终。初娶谌孺人，性淑慎，有妇德，早殁。继娶丁孺人，婉娩修仪，克供妇职，君之所以能成其业者，孺人内助之力居多。以疾卒。生子一，代水，耿直有父风，亦授登仕佐郎。再继娶黄孺人，归君时，家已丰裕，孺人不以富骄人，勤俭自居，尝女红之事，虽老不倦。至其抚育子媳、恩养孙曾，尤见性之慈惠云。后君九年而卒，与谌孺人俱无出。

系曰："君初设肆地与予住居紧邻，故予与君时相过从，于君之家事独详。兹当纂辑家乘，其子请传于予。予因念数十年来与君交者尝密，今音容已渺，安忍使君遗事湮没不彰，故即其生平实迹书之以为传云。"

时清同治十一年壬申仲夏月吉旦，族叔祖世擎拜撰。

勉斋公传

公讳世敏，字琼芳，号勉斋，宗族之以孝称者也。公在襁褓即失所恃，先大父续娶黄孺人抚公如己出。无何而大父上宾，公年未及成童，哀号擗踊，泪尽每继以血。大孺人虑其以毁灭性也，训之曰："先君积德累仁，食报之隆，身未获享，后必繁昌。孺子以一身承宗祧之重，但能努力诗书，策名显达，博诰封以光泉壤，亦即所以慰乃父于地下也。哭泣奚为哉？"公闻命，勉辍泣。然是时，母子二人相依为命，外无期功强近之亲，内无应门五尺之童，茕茕孑立，形影相吊。公昼则洁羞馨膳，夜则展卷焚膏。而大孺人志切和九，训深画荻，每于银火篝灯以织佐读，织者不辍，读者愈不敢懈，故其家轧轧机声每与琅琅书声相应达旦。公出应童试，辄冠其曹，邑侯、郡伯击节赏叹。未及游泮，一时名下士争出其门。公以家贫亲老，不得不借脩脯之资以为洗腆之庆，随其才之高下，多所成就。由是仰事俯蓄，瓶罄无虞，而大孺人亦得以曳杖优游矣！辛丑，受知于学使成公。是时，公蜚声庠序，名噪儒林，每一艺出，人辄以先睹为快，一时有志文艺者不吝多金竭诚致聘。然公以定省为念，不欲远出，而人终不惮负笈相从，砚田笔耕，渐至中资矣。后大孺人年近古稀，公憬然曰："古人不忍以三公之贵易一日之养，吾敢以志在温饱者稍疏问视哉？"由是谢其徒，与大孺人朝夕相依，出入扶持，亲承色笑，泰然自得，柔色怡声，历十余年如一日，未尝稍见惰容。大孺人偶有不豫，公侍奉汤药，未尝废离，尽慎竭诚，孺慕之心老而弥笃。然则公非孺人无以致成立，孺人非公亦无以保余年也。嗟乎！世之树欲静而风不止、子欲养而亲不待者，不知凡几。公年周花甲，犹得介寿高堂，以伸反哺之私，将天悯大孺人鞠育劬劳而使食孝子之报耶？抑或默鉴公之纯孝，俾之得报亲恩于罔极耶？公殁于同治四年乙丑，享年六十有一。德配傅孺人，与公同庚，敬事姑嫜，勤俭中礼。子云章，太学生，恪遵公训，用宏丕基。孙耀祖，业儒，克承先志。今岁壬申，届修族谱，令嗣云章索传于余，谓与公最契，知公为详，夫以公之孝思不匮，即微其请，不忍听其湮没而不彰，故特书之以为后世行孝之则，是余之志也夫。

时清同治十一年壬申仲夏月吉旦，再从堂弟颖达拜撰。

岳翁贾阶廷公传

今夫人一有可传，即不能策名清时、扬芬竹册，而余韵流风亦足令人津津焉乐道不置。故东汉以前，论品流者不以升沉为重轻，而以修饬庸行，恂恂然有古贤能之遗者为足贵。顾吾思岳翁其人者可传不有足多耶？岳翁讳世瑶，字报宜，阶廷其号也。生而岐嶷，头角崭然，有击瓮灌球之智，因家政繁冗，举子业未能有成，遂奏名成均，蜚声上舍，其有可传者一也。性至孝，无忝所生，不惟温凊定省无缺其仪，即饮食衣服必躬必亲，门内征为色养，门外未闻间言，其有可传者二也。昆仲三人，岳翁居次，伯岳中道而殂，叔岳宦游山西，而岳翁视诸犹子，比汉第五伦有其过之鲜不及焉，其有可传者三也。好结纳，克矢肫诚，从无欺伪，一时高人名士缟纻相联，共推为有晏子风，其有可传者四也。且也性情慷慨，不介游移，举凡事所难为、人不能任者，则勇往直前，虽损己无悔，其有可传者五也。他如排人之难，解人之纷，恤老怜贫，扶危济急，此岳翁之余绪莫罄名言者焉，惟其如此，宜其兴歌《麟趾》，载咏《螽斯》，以似续乎先人而争荣于后世。奈何深嗟卢迈，徒美乔公，何天之报我岳翁者如此其艰且啬耶？夔生也晚，于岳翁仙游尚居襁褓，恨未获亲见为人，然忝属东床，闻之甚悉，爰不辞谫劣，聊记其梗概云尔。

时清同治十一年壬申仲夏月吉旦，愚子婿朱夔卿顿首拜撰。

实圃公墓志

公讳献珍，字越来，号实圃，高安人。始祖以宋南渡时官筠阳刺史，因寄籍焉，此贾氏起家江右之所由来也。数传徙居高安畲山里，羊舌之族，本大世，贻清芬，毕万之后，弥昌祚，缘繁衍。父梅坞公生子十人，公其第八子也。长曰席珍，乾隆丙午举人；次玉书，太学生；次醇，嘉庆丙子举人；次心成、正元、售元、宝元，俱太学生；定珍，邑庠生；怀珍，太学生。女一，适廖氏。公生而颖异，长更徇齐，雍穆一门，尽是乌衣，介贵渊通，八索独传，白眉最良。年十四即游郡庠，食廪饩，受知于学使山阳汪相国。援戴渊于贵璞，备元瀹于药笼，特举优行，贡入成均。嘉庆十六年辛未，仁宗睿皇帝西幸五台山，公应诏献策赋，蒙钦定取录第十七名，颁赐彩缎二端，又复取充八旗官学汉教习。昔桓荣陈车服于庭，诚非稽古得力莫由至此隆遇焉。癸酉科挑选誊录，嗣以教习期满，奉旨以知县用。道光元年辛巳，中式顺天乡试恩科举人，引见，以知县分发山西。初摄夏县，邑有与私妇谋杀其夫者，前令某恐格迁转而讳之。大府檄公鞫治，尽得其情。前令某方有所恃，同寮多趋附恐后，独忿公之异于己也，多方谮讪，且诱囚使易其辞。公艴然手批某颊曰："泰山可易，此狱不可改，何多置喙为?"诸囚皆呼贾侯神明。原矢口不易，甘心认罪，上之大府而定谳。代雪覆盆之枉，反开怨府之端。然折狱于屠刀，看鞭丝之铁屑，其明决类如此。及权浮山、猗氏、芮城、万泉、临晋、右玉等县，旋授知左云县事。前莅临晋，邑当孔道，西达秦蜀，陇右、新疆皆取道于此，持节乘轺，来往络绎，道路相望。会阃帅自新疆入觐，随带员弁沿途骚动，公则守正不阿，桀骜者惩创之，上其事于大府，闻者咸为公危，由此无复敢肆扰驲传者。上亦以此重公，任左云时膺保荐卓异，复调大同县繁剧之区，盖其治理之才上游已早深信绰绰有余裕矣。庚子甲辰，两充乡试同考官。罗珊瑚于铁网，海无明珠；树桃李于公门，班联玉笋。绾篆大同，鸣琴十载，易风变俗，示小惩，议鞭蒲，除莠安良，抑强宗而拔薤，久矣民歌五袴、政报十奇矣。乃王晞以官思之烂熟，渊明作宰心厌折腰。问松菊之犹存，自甘肥遁；谓莼鲈之适美，岂恋热官？一鹤仍归清献之门，双凫竟辞南阳之浦。时邑民借冠，卧辙情殷，虽大吏留髡，挂官志决，众情感戴，咸洒涕而送仲翁。公赋遂初，如登仙之望景倩，方选林泉之圣，频颁简璧之招。于是泽郡陈淮生太守慕公品学，遂聘主讲陵川书院讲席。烹经煮史，太守献之青毡；镕古铸今，开马融之绛帐。聚生徒而云集，以致千里逢迎；跂轨范之霞标，实令百城图画也。以咸丰六年十二月初九日寅时殁于陵川书院，生于乾隆四十七年壬寅七月初十日未时，享年七十五岁。元配谌宜人，生子三：长世楠，浙江布政司照磨、青田县知县；次世治，河东候补盐大使加提举衔；又次世安，郡庠生，河东候补盐巡检。孙：长荣宠，河东盐巡检、署夏县典史、长乐司巡检；次荣迥，太学生；尊荣，郡庠生；荣述、荣勋，曾孙耀镏、耀铣报生。宜人生于乾隆四十六年辛丑九月初九日戌时，殁于嘉庆二十五年庚辰九月十二日戌时，葬于荷山宋家窝。继配刘宜人生于乾隆壬子年六月二十八日戌时，以同治五年丙寅五月二十五日酉时殁于河东公寓，其次嗣扶榇归里，与公合葬贺家山，嘱余志墓。余与公外托葭莩之戚，内怀仰止之忱，未挹庞眉，长倾飞耳。况文通梦中之笔，久被郭璞追还；或有道墓志之文，庶使蔡邕无愧。

赐进士出身、翰林院编修、现任山西布政使司、姻愚侄李庆翱顿首拜撰，清同治十一年壬申仲夏月吉旦。

继周公暨凤喈叔合传

公讳世名，字继周，号赞廷，余从叔祖也。幼读书聪颖异常，出语有奇气，未及冠，就傅无资，随父必凌公习花布之业，然天姿豪迈，市井之行终非性之所好。一日慨然曰："昔苏老泉年二七始发愤读书，卒成大儒。人患不能自树立耳，苟能自立，名教中正多乐地，何必舍本而务末乎?"必凌公大奇其言，因使之从学于罗望庵先生之门。望庵先生者，吾郡之名士也。于是益肆力于诗古文辞，每出所作，雄深雅健，卓然有大家风味。岁壬午，学宪李芝龄先生按临吾郡，援入邑庠。进场之时，有同里名某者素重公名，兼与同号，因请公代作。公是时文思泉涌，议论风生，片刻之间六艺俱就，榜发二卷均获隽，时有矢一双雕之誉。家虽贫，而势利一途，人所争趋附者，公独硬竖脊梁，不稍为之动。至与人谈忠孝、说古今成败及奖引后辈，辄娓娓终晨夕不倦。予兄弟三人受益于公之讲书者尤深，晚年家益落而气益豪，布衣疏水处之淡如。虽罗雀在户，苔草盈阶，选韵赋诗未尝少辍。性嗜酒，家贫不能常得，每遇知心之处必开怀畅饮，饮必拇战，拇战之后歌声出金石，望之如神仙中人。生平著述与同邑孝廉吴瀛雪师唱和甚多，所作《处馆说》尤脍炙人口，年七十以无疾而终。子一，讳生荣，字凤喈，邑庠生，事继母以孝闻，为人端毅质直，敦古道，重然诺，言笑不苟，喜愠不形，教授乡里，人皆尊仰之如黄叔度。为文力追天崇，不趋时好；书法亦遒劲可爱，有赵松雪笔意。方冀登贤书、举进士，以成乃父未竟之志，乃年过商瞿，尚未有子，以咯血而卒。呜呼！为善无不报，此理之固然。公得天地之正气，而竟厄之以功名，并厄之以后嗣，天之报施善人为何如耶？然公之不朽者自在也。兹当宗谱重修，谨即所亲炙者为纪其大略如此。

时清同治十一年壬申仲夏月吉旦，侄孙奎耀拜撰。

立程公传

公讳荣钧，字立程，吾乡畲山人也。父芹芳公抱璞自珍，隐德不耀，自有传。公生而英敏，落落有古人风。比长，念二老年高，诸弟尚幼，遂笃志经营，潜心贸易，往来黔南、武汉诸郡，公瑾之醇醪、元龙之豪爽兼有其长。不数年，几欲雄视陶白然。性慷慨好义，遇族邻中有智略、善理财者，辄与之谊联管鲍，即分金多与无吝色。平居以礼自持，毅然不可干以私；及与人交，仍和蔼，如在春风中。虽寡言笑，守口如瓶，而坦衷及物，不设城府，故不独与公同事者争相敬畏，即名儒硕彦亦皆谓公有士君子之行焉。至其处家也，唯以天伦为本，事父母以孝，抚弟以友，御伉俪以敬，课子孙以义方，睦宗族以恩，周亲朋以信，而尤于诸父昆弟间厚植深培，欢欣友爱，无纤芥嫌隙之端，雍雍和豫，萃于一庭。求之今人，见亦罕矣。公仪容俊伟，器宇恢宏，尤洪量善饮，年虽老，引满不衰。寿登七十有奇，以无疾而终。德配范孺人，妇德母仪堪与桓少君、孟德曜相伯仲。公之客商于外，无内顾忧者，皆孺人之力也。子三：长耀爱、次耀香，倜傥有大志，惜不永其年；三耀侯，善继父业，颇得计然术，将与程郑相后先，岂仅成堂构之光而已哉？今贵谱重新，令孙代登问传于余，余谊忝葭末，且素仰公生平之为人，因据实而乐为书之。

时清同治十一年壬申仲夏月吉旦，邑庠生、眷愚侄黄在中顿首拜撰。

敦吉公暨刘孺人合传

尝读史，至论列当世缙绅大夫家传，未尝不叹人之生平行事有过人之概，可以为法于天下、垂于后世者，而后据其实行笔诸简编，令后世思之慕之，而留遗不坠也。如我岳父贾敦吉公及岳母刘孺人是也。公讳世复，字敦吉，号亨斋，文轩公之子也。天姿明敏，刻厉学问，沉酣经史，诸子百家无不涉猎。甫弱冠，即补弟子员。文笔秀丽，理法兼到，肄业豫章书院，屡取超等，乡试频膺鹗荐。后因目疾，居家课子训孙，虽盲于目，而命题作制艺，犹必耳听，而指其瑕疵，口授而为之改正。好学之心，老而弥笃，其勤学有如此者。大岳父晚年生公，日望公之为学有成，而卒能目击公之捷足黉宫，是先意承志，非独孝养已也。更于座右载明三代生辰忌日，及期必斋而祭之，即中元节前夕必洒扫庭除，有水在盆，有巾在架，布席整齐，香茶盈鼎，敬而迎之，每岁如此。公寡兄弟，有姊三人。长适傅姓，家贫，年七十余岁。公时馈酒肉以供给之，其孝弟有如此者。性嗜茶，酒亦略饮，每夜必烹茶，以待内弟与内侄辈，侍侧讲论文艺之外，必勉以勤有功、戏无益，及待人以恭、行己以敬之道而后即安，其慈爱有如此者。公族甚大，即本家服内人数亦众，间有不率教者来告诉，公即命开慰先堂，跪而受责，无不改过自新。族众以年高德劭推公为尊长，凡有事务处之，悉洽众心。贼匪据瑞城，刘营甫到，公即助饷，命内弟团练局效用。族内有不逞之徒，不得已与众相商除之，以靖乡族，夜即呈疏灶君，以明己心。其忠信明决有如此者。积谷数千，春贷秋收，薄取其息，而贫穷赖以拯救。他如制丸散并示以引方，施棺椁更赠以衣米，鳏寡因饥寒来告者，钱米之外，柴秆亦将。凡有义举，公无不与焉。其周急无告有如此者。同治十一年修家乘，公为监修，甫告竣而公寿终，享年七十有五岁。后家人梦公去盱眙县为城隍，请舍侄蓝钟艮帮办公事，以公生平聪明正直，其没而为神也，理或有之。淑配岳母刘孺人，举人、山东东昌府同知刘辅世之姑母也。系出名门，素娴姆训，孝养翁姑，无违夫子。处丰能俭，喜荆布而厌铅华；中馈亲操，薄自奉而厚宾客。助理家政，相夫无内顾之忧；勉以义方，训子有扬名之誉。即钟郝之礼法无多让焉。惜天不永年，花甲未周而遽逝。举内昆仲二人：长发荣，恩贡生，候选教谕，署永丰县教谕；次荣采，按察司照磨。孙曾跻跻，业儒者蜚声黉序，童试前矛(茅)，明(业)农服贾者亦皆粟陈贯朽。女三：长适邑增生曾定楠，次适邑庠生甘缙忱，三即予内子。是有公之明德，更济以孺人之懿行，宜其后嗣克昌，书香克继也。今岁续修家乘，在局诸公思其遗泽，命内侄辈问传于予。予以年至七十有五，笔墨荒疏，然分居半子，且素沐公与孺人之教训，谊不容辞，其言行之脍炙人口者，兹不具谕，聊举其轶事得诸闻见者，约略纪之以传不朽云。

清光绪二十八年壬寅仲夏月穀旦，愚子婿、邑庠生蓝茂焕顿首拜撰。

砥中先生传

姑丈砥中先生，贾氏之笃行君子也。幼岐嶷，不好弄，长就外傅，与伯兄芝轩先生共相切劘，风雨晦明，寝蔵经史，又于名臣言行、先儒语录靡不综览，而折其中，故其行事一举一动皆合于度。芝轩先生天分最优，气概亦英迈逼人。当补博士弟子员时，诸父辈皆以远大期之，乃因读书积劳成疾而卒。母氏谌太宜人以痛子故，亦逾年而卒。时太翁艺圃公远游未归也，先生以长子后伯兄，遭家多难，哀痛中勉成大事，复以长子荣培继伯兄后，以慰寡嫂心。是时，家政初膺，诸事棼如，茫无头绪，然于部署摒挡之下，举子业未尝抛弃，每一艺出，辄惊侪辈。道光甲午十一月，为太翁六秩诞辰，先生欲以科名称祝，博堂上欢。于是援例贡成均，偕诸兄辈肄业豫章书院，功益进，业益精，人以为桂林一枝不难折也。讵意文章憎命，点额而回，遂绝意进取，专以事亲教子为事。后太翁续娶甘太宜人，连举二子。逾十余年，一日赴邻宴，无病告终。先生猝遇大故，擗踊哭泣，几不欲生，因念继母无人侍奉，二弟又皆幼弱，责任匪轻，不得不勉起任事，经理一切。其事继母也，每事曲意承顺，务欲得其欢心而后止。其抚弱弟也，为之延师课读，功稍有间，督责之不少宽恕；弟亦善体兄心，怡然敬听。一堂雍睦，方之祥览不多让焉。咸丰年间，发逆窜据瑞郡，官军乏饷，先生急输数千金以助，瑞郡赖以克复，嗣因避地乔寓武陵，访古桃源境，得诗一卷。及归，经乱后家遂中落。然好施予，戚族中有以缓急告者，虽手中拮据，必为之竭力佽助，其周急好义，视财为身外物，诸如此类者不少。性喜饮，饮必精馔一二簋，命子弟环坐佐觞，且酌且谈，举经史中之可法可传者，为之津津乐道，俾得有所观感兴起焉。与人款洽无觞政，视人之饮量浅深为度，不强人饮，故人亦乐与先生饮。晚年家居，与兄弟辈时相过从，杯酒清淡，怡怡终日，或遇族中子侄辈应大小试归，必索其场中文稿阅之，指点瑕瑜，品评前后，榜发悉如先生言。故凡有赴试者，无不乐以文就质，欣然悦服无间言。暇则手《通鉴》一编以消永昼，酒垆茶灶，物外翛然。一切乡邻雀鼠之争屏不与闻，至族中有难处事，先生必据理剖决，有不化者婉转开导，甚则严声饬责，故族中诸事得先生一至，涣然释然。间有不肖之徒，望见先生颜色，预为趋避，其严气正性，人不敢不畏者有如此。先生讳世擎，字柱山，号砥中，遵筹饷例议叙中书科中书。于同治十三年二月初四日卒。德配刘孺人，予姑母也，性淑慎，有才不露。闻先生创大厦时，九柯十匠，支应杂沓，孺人措置裕如，有所需，咄嗟立办，其余事舅姑、和妯娌、训子侄、处戚党，诸事无不尽职，有古贤妇风。于同治十三年七月初九日卒，与先生俱享年七十。生子五：长荣培，太学生，出继伯兄为嗣；次荣封，太学生；三荣堃，议叙八品顶戴；四荣坦，早世；五荣圭，邑廪生，考取庚子恩科明经进士。明年壬寅五月间，贾氏将有事于谱牒，余适作客西川。表兄友三即荣圭也，预为邮书，请传于予。予于弱冠时，从孝廉孙经圃夫子读书，于先生家与表兄日共笔砚，亲侍杖履，素聆训诲，得以悉先生之大概如此。谨述之以传云。

时清光绪二十七年辛丑孟冬月，郡增广生、愚内侄刘衔顿首拜撰，清光绪二十八年壬寅仲夏月敬刊。

瀛洲公暨淑配褚孺人合传

去岁乙未，予丁内艰，奉先妣殡自京师归葬筠阳，家居闭门读《礼》，欲为儿辈延师，闻贾君师荣，绩学士也，特聘之。接见后，宾主款洽，相与谈论，乃知师荣之绩学皆其先考瀛洲公力也。壬寅岁，贾氏有事于族乘，师荣走伻索传于予。时予王事鞅掌，久疏笔砚，曷足以扬公之徽？然发潜德、阐幽光，又史职之所当尽也。虽谫陋，不敢以不文辞，因援笔而为之。公讳颖达，字达泉，瀛洲其别号也。公为艺圃公三子，继室甘宜人所出，举公时年近六旬。艺圃公同胞十人，游庠序者四，登贤书者三。艺圃公每思以训迪子孙，踵诸昆季武，而冢嗣世掌公早岁游郡庠，复负才早世。公知艺圃公之意有未惬也。亲没时，年才舞勺，即励志诗书，服阕后出应郡县试，辄冠其曹。弱冠受知于学使张公，补博士弟子员，赴秋闱，房考官得公卷击节赏叹，亟荐之，而主司以额满见遗。癸丑，广西发逆作乱，盗据金陵，余党分扰豫章，筠阳遂为贼踞。丁巳，湖湘刘武烈公提兵复瑞郡，艰于饷，托邑绅谋于公，公慨然倾囊以献，郡城赖以克复，而家资中落矣。不得已，师计然之术，稍权子母、逐什一，然天性聪颖，亿辄屡中，不三四年，家稍裕。十载后，居然小康矣。然公终以未惬亲志为憾也。所以课儿曹者益急，谕文赋诗虽寒暑不许辍，以故师荣、桂荣先后入泮，而师荣且食饩膺天禄矣。庚午科，师荣举于乡，误中副车，公责之曰："昔予伯父、叔父之膺乡荐也，高者名列经魁，次亦不失登贤书，今汝遇明有司，而仅以副榜贡成均，平日学力之疏，从可知矣。"公秉资明敏，经史而外，医卜、地理莫不旁通，而尤精岐黄。一日偶游药肆，见肆中市药者多滥恶且伪饰，慨然曰："病之失治，职此之由。"爰出重资购良材，且延精于炮炙者善为之。求治者日接踵，公按症施治，虽昏暮叩门户无少却。其贫无力者，则并举药资以赠之，而时疫之赖以全活不可胜计矣。公性慈仁，岁每饥，辄命家人具馇粥以待饿者而饲之，或有以"小惠未遍"为言者，慨然曰："余敢言好行其德哉？然勉其力之所可及，而其所不及者则听能者自为之，何置喙为？"夫以公之才兼公之德，即使享遐龄，膺大耋，仁者之寿，理有固然。乃强仕才逾，玉楼遽召，岂彼苍之忌才耶？抑亦造物者珍重奇尤，不欲使其久溷风尘，而速反诸丹房玉局耶？是未可知也。娶孺人褚氏，事姑嫜孝顺无违，处妯娌和谐无间，闺门之内井井有条，诸媳环侍，莫不肃然，各供厥职。儿曹有过，必以告公，绝无讳辞。凡公所欲为之事，率先意承志。一时颂公者莫不称公有贤内助，宜其兴也勃焉。子六：长师荣，庚午科副榜；次桂荣，邑庠生；三钦荣，四曾荣，五章荣，俱太学生；最幼继荣，公没时年才六岁，今亦克自树立。公之余泽正未有艾云。

时清光绪二十八年壬寅夏月之吉，赐进士出身、翰林院侍读加三级、辛卯科顺天乡试同考官、姻愚侄熊方燧顿首拜撰。

作轩公合传

作轩公者，讳世捄，艺圃公之季子，作轩其字也。自其始祖季良公由平湖迁居畲山，以文学起家，科甲联绵，为高望族，世皆乐善好施，其积德累仁有自来矣。公生而颖悟，性刚直，习举子业，家世素丰。甫弱冠，以家政浩繁，遂弃觚而佐胞兄世擎公以理之。公为人不好名，循循然以道自节，以礼自持，然所为有声誉，人无不知，有所为公者，则公之制行必有深感乎人心者焉。公之事亲也，当艺圃公见背时，公仅十龄，哀毁哭泣，俨若成人，及其事母，依依膝下，奉养必躬亲，不敢委之婢仆。事诸兄以悌闻，即至析爨，每遇事必就正于世擎公，而后行抚诸侄，视如己出，三党周亲以次惠及，人皆服其孝弟慈爱，自是宗族间无不知有所为公者。公与人交，和厚溢于眉宇，常曰："宁人亏我，勿我亏人。"又训诸子曰："古人学吃亏，此寡怨之道，尔辈宜思之。"又善解纷，族邻有争，公至一两言即解，以公直称，自是乡党中无不知有所为公者。公之壮也，曾懋迁于楚南之常郡，出其本资与友人合伙。公里居未与其事，任其出入往来，一时称为巨贾。阅数年，其人亏折几数千金，公往核榷之，果类其数，公竟不为索，仍以其业任之，商侣中皆颂其重义。自是而远近又无不知有所为公者。呜呼！世之富贵者、功名者、奇才异能者多矣，其人或不传。如公者，第循循然以道自节，以礼自持，而所为无不知有所为公者，是则公之制行，其感于人心者为已至也。呜呼！为人如公者可以风矣！德配金宜人，于归时有心疾，不能理家政。公思中馈乏人，因娶任宜人为庶室，以佐助之。令金宜人闲居养病，敬礼勿衰，一切家计皆令任宜人操持。故事姑育子、米盐调剂等事，任宜人罔不勤俭尽职焉。公之得以优游自乐者，任宜人力也。生子八、女三，皆详谱。公生于道光十二年壬辰七月初三日戌时，殁于光绪二年丙子正月十二日子时，享年四十有五。金宜人生于道光十一年辛卯十月二十日酉时，殁于光绪二十八年壬寅五月十四日酉时，享年七十有二。任宜人生于道光十三年癸巳十月初六日子时，殁于光绪二十八年壬寅六月初二日辰时，享年七十。今夏公之家嗣荣爵俾予以文，以垂不朽，因并举予素所闻诸父老传为美谈者，节次其语而为之传，以入洛阳家乘，于是乎书。

时清光绪二十八年壬寅仲夏月榖旦，增广生、愚侄耷邓梅春顿首拜撰。

琴南贾先生家传

先生讳奎耀，字实夫，号琴南，贾姓荣绅公之长子也。生而谨朴，嗜学如渴，与弟石生、国光先生受业于先叔祖锦堂公者十年。公尝称之曰：“此贾氏亢宗子也。”弱冠补弟子员，旋食饩。咸丰己未年，与弟国光同举于乡。逾年公车北上，行数日，见通都大邑风俗奢靡逾常，叹曰：“世风至此，犹仆仆以求名乎？”即日返旆旋里，自是韬光匿采，不求闻达，并不一预外事，惟以书画自娱。间至田间与老农谈田家作苦，有陶元亮之遗风焉。然先生不求人知，而人咸以一见颜色为幸，闻其风者辄命子弟受业于门，从游之士常十数辈。先生亦以成就后学为己任，循循善诱，随其质而造就之。故岁科所拔士多出其门，而未尝自诩其功也。先生为人外和而内介，田夫牧竖亦由由然与之偕。至大节所关，则毅然以礼自闲，而无所苟。尤喜诱掖后进，故旧子弟晋谒，辄述其先人行事以示之。其友爱之情，老而弥笃。有季弟某不事家人生业，先生以馆谷所入分给以赡其家，其立心之厚多类此者。所居书室萃书甚富，颜之曰“小万卷书藏”。隙地植竹数竿、花数种，以供把玩。一日客有以兰花赠者，先生爱之甚，逾栏培植，失足坠地，遂至不起。盖是时春秋已六十有六矣。先生无子，以仲弟子振声为之后，被先生教诲，中同治癸酉科举人，先先生卒。今其族修家乘，先生之孙克昌以传请。余家与先生为世交，又重之以婚姻谊，不敢辞，谨就所及知者著其梗概，俾后之君子有考焉。

时清光绪二十八年壬寅仲夏月榖旦，清光绪乙酉科举人、拣选知县、世愚侄谌祖武顿首拜撰。

云章公传

先民有言："民生在勤，勤则不匮。"《传》有之。器用不作，衣服从给，行之期年，国乃有节勤俭者。国之所由兴，亦即家之所由富也。若予堂兄云章公，其深有得于其之旨欤！公讳荣绮，云章其字也。公为勉斋公子，勉斋公以名诸生孝事继母，教化行于乡里。始欲以公嗣书香，谓公性聪颖，异日必有充闾之庆。后公见家齿浩繁，勉斋公笔耕所获入不敷出，惧以甘旨之费重贻考妣之忧也，不得已弃儒而商于郡城单姓，佐理贸易，所得工资毕献高堂。勉斋公洗腆致庆，得以无内顾忧者，皆公赞襄之力也。后发逆陷筠阳，公旋里。先考瀛洲公一见，深器之，谓可倚为股肱腹心，爰出重资俾之经营，效计然之术，逐什一之利，而公亦自庆遇知己，区画经理，亿辄屡中。不数年，家稍裕。十载后，室家益立，阡陌益广，居然称小康矣！然公终不以既富而萌豫逸之见也。岁时惟馨膳洁羞之费、冬温夏清之需，每事从丰，无敢少吝。其居恒自奉则布衣蔬食，淡泊明志，处于萧然一室，晏如也。迨其后遭家不造，冢嗣早夭，弱媳孀居，《柏舟》自矢，而稚子孤儿所借以长以教俾至于成人，皆得卓然树立，不致咏《葛藟》而叹莫我顾、莫我闻者，何莫非公所培者厚而所贻者远哉？岁壬寅，族增修谱牒，其子耀诰索传于予，谓余与公相处最久，知公为详。余不敢没公之实，而据其行事而直书之，用以志公之梗概云尔。

时清光绪二十八年壬寅仲夏月榖旦，堂弟师荣顿首拜撰。

鉴堂公暨蓝孺人合传

姻伯贾公，讳藻耀，字骧材，鉴堂其号也。少负奇姿，卓荦不群。长而博洽经史，诸子百家靡不淹贯。其持已也严，其待物也恕，言必称先，动必法古，隐以名教为己任。有识者咸称公所挟持甚大，信道笃而立志远也。初应童子试，即获补弟子员，同辈共相推许，以为扶摇九万直旦夕事耳。奈数奇，乡闱屡蹶，公知骥足之难展也，时命之有定也，遂闭关乐道，浮云功名，专以诱掖后进为事。如训子侄则本义方，道友朋则资忠告，孜孜汲汲，不间寒暑。暇则娱情书画，寓意丝竹，嚣然自得，人莫测其涯涘焉。骥岁时谒候，恭撰杖履，见其植躬孝友，乐善好施，矜老恤幼，敬寡属妇。治家严肃，有万石之风；处事和平，著仲连之义。胸无城府，口无雌黄，于是知公之盛德。及杯酒论文，言泉涌发，莫不窥圣贤堂奥而撷典坟之菁华，于是知公之涵养，不诚为隐君子而有道之士乎哉？德配蓝孺人，资禀慈和，性娴恭顺，四德无忝，母仪克树。凡公有义举，孺人能从旁力赞之，以成其志，与公有合德焉。

赞曰："尝谓风俗之靡，由来有渐，大抵父兄教不先、子弟率不谨也，抑或以言教而不以身教也。若吾公者，立身制行，接物待人，固无在不可为人师表也。夫王彦方修德于乡，子弟慕其教化，至畏以姓名相告。今以公之力行不怠，入与乡邻敦古处，人皆仰公之德，慕公之义，争自濯磨，而风俗有不日厚者哉？然则古所称以匹夫而化乡人者，其在斯人欤？蓝孺人以内助之贤，同心合德，佐公一切，虽古敬姜、陶母何以加焉？其亦女中之君子哉！"

时清光绪二十八年壬寅仲夏月榖旦，郡庠生、姻愚侄刘远骥顿首拜撰。

庭光公传

传者，传也。何以传？以公之实行而传也。余髫龄在平湖书塾就傅，即识公，初未知其行事。光绪丙戌，其冢嗣子成延为余家教读，始得悉其颠末。公讳朝耀，字庭光，号觐堂，世居畲山。其封君岐山有阴德，好善乐施，尊师重道，久为乡里所称。兄弟四人：长明耀，己未孝廉；次文耀，国学生；四星耀，邑庠生；公居其三。时封翁丰于财，富甲一族。公弃儒就贾，往来于江苏金陵间[①]，握算持筹，经营尽善。迨咸丰发逆窜扰，所积货财尽委贼掠，自是而家遂中落矣。公退归，善理家政，延师教子，一如封翁之诚敬不衰，故其冢嗣子成得以蜚声于庠序。独惜天不假年，使公抱丧明之痛，公之精力于是稍衰。而其卓卓可传者，其生平行事不可得而没也。公为人忠厚，待人宽和，事父母以孝，待诸兄以恭，教子以义方，持家以勤俭，此固其天性使然，而啧啧在人口者，则莫如倡修先农庙。盖修废举坠往往非其人不行，非其才莫济。尝见怀私挟诈者流，往往有借公济私者，公独力袪其弊，不苟于财，而独成善举，此非轻财重义者所能为哉？尤可传者，其族大，其人众，好勇斗狠，争竞成风，公遇难则排，遇纷则解，四十年如一日。借令绌于才而私其见，何以服一族之子弟，何以平一都之人心？而公以公心出之，宜乎众心悦服，至今犹有余思焉。公生子四，长次俱壮年殂谢，其三子骐生为余经理，故余知其事最详。今年夏以族修家乘，索传于余，余不获以不文辞，谨就公之可传者而质言之，一切颂扬不敢泛设焉。是为传。

时清光绪二十八年壬寅仲夏月穀旦，诰授奉政大夫、钦加花翎同知衔、戊子科举人、戊戌科大挑一等分发湖南侭(尽)先即补知县、姻眷愚弟高濬哲翼民顿首拜撰。

① 原文如此。

贾公镜泉暨德配刘孺人合传

公讳明耀，字国光，号镜泉，筠之畲山村人也。父荣旌，例授翰林院待诏，端方浑厚，德望冠于一乡，遇读书尤加礼敬。既生公，即延名师以教之，供养必虔，束脩必厚。公则敬承父志，穷年矻矻，手不停披，微特声色货利之端一无所好，即常食之物亦不辨其名。闻其就外傅时，与同学者游目骋怀，见麦秀千畦，误以为韭，时人号为书痴，其为学之专一有如此者。出应童子试，即列前矛（茅），其诗赋歌词等作早见赏于宗匠。未几，补博士弟子员，旋食饩，有声庠序间。咸丰己未，与适堂兄琴南先生同举于乡，主考晏、赵二先生得公文，以为江右得人之庆，文梓闱墨一时购读者惊为宿儒。后公车北上，试于礼部者数次，皆以额满见遗，同辈莫不为公惜，公处之淡然。越数年，大挑二等，以教职用，此固公父尊师重道之报，亦公积学励行之效也。公持身笃守矩矱，不苟笑言，迨其接人又复宽裕温柔，从无疾言遽色。其署崇义县学教谕时，专以养育人才为事，故学中门生辈无不亲而爱之，及卸事，多有依恋不舍者。至于处乡党则称其弟，交朋友则称其信，下至臧获之辈，亦莫不怀其德而想其人。所谓庄以持己、和以处众、惠以及人者，非欤？德配刘孺人，余姑祖母也，幽闲贞静，礼法素娴，能佐公以成其德。归公时，家称素有，未尝以富贵骄人。迨公既捐馆舍，产业中落，孺人矢勤矢慎，措置得宜，事翁姑能得双心，待妯娌不失和顺，有古贤媛之风。予于公与孺人之懿行不及周知，此则众口之交称，非一人之私言也。谨节次其行略，俾公之后嗣知取法焉。

时清光绪二十八年壬寅仲夏月穀旦，邑庠生、愚内侄孙刘金寿顿首拜撰。

舅氏佐臣公传

舅氏讳荣斌，一名彬，字兼材，一字佐臣，外大祖嗣新公之孙，外祖逢年公之家嗣也。世居筠南巨族，代科甲显宦。舅氏襁褓中，外祖母即携赴外祖家枧溪甘氏。外祖家素丰。子一，邑庠生，名希甫。女一，即外祖母。外大祖尝珍视之，语人曰："此吾家孟光也，他日当入《列女传》。"舅氏辟咡时，外家尝怜之。十龄时就外傅，课毕入面外祖母，外祖母严督之，以所读书诘之，朗诵之，方少息。其外舅视之如己子无差等，以舅氏之天资卓越也。及冠，应童子试，与表弟搢绅偕出入塾中，共晨夕，课风雨，联吟榻，如是者数年。时外祖望舅氏成名，急命其旋梓。时召棠先祖康衢公主讲外祖巨翁家塾，舅氏得亲炙焉。先祖览舅氏文而语之曰："文以警策为轨，不切者俱陈言，况小试乎?"舅氏佩服之，期余尽革旧式，应岁科试两列前矛(茅)，辛亥补邑弟子员，赴乡试即鹗荐。人咸谓召棠先祖规矩之力也。而先祖谓外祖巨翁栽培之力也。斯诚两美具、二难并已。家居训读数年，而问字车来，束脩羊至，弟子半跻云梯，先生屡疲月旦，诸父兄咸以达到期之。辛酉，粤匪犯郡，扰乡间，掳妇女，舅氏以避寇故，径往山西监掣府亲叔崑山官署中。崑山见其器宇凌云，语言霏雪，朝夕间甚礼之，兄弟辈尽敬之。旋馆于山西曲沃县知县、翰林贺雨峰官署，训其子侄数年。雨峰促其南旋赴乡试，谓必得鹿鸣宴也。国朝学制，凡在庠者以欠岁试三者除名。舅氏以是未跃龙门，怏怏然回。自是复就童子试，凡在场屋内者悉求之，舅氏风檐中笔墨如飞，无不一一酬之。前列者若而人，泮游者若而人，而舅氏初不以是快也，蹶然曰："吾岂甘为人作嫁衣裳哉?母老矣！吾不再夺一衿，无以慰堂上，且无以怼(对)诸父老也。"癸酉科试，果如意。於戏！奇矣。《传》曰"有志竟成"，舅氏有焉。其一而再，再而三，固人之所不及料也，抑亦人之所不能者也。外祖母目击之，宜乎情不自禁矣，而舅氏尤重诒谋也。今表兄富美学经纪，居阛阓，凡贸易来往，货殖低昂，一为表兄训之。不半载，家遂饶。里患寒暑者，舅氏医愈之；族邻争不平者，舅氏解释之。其性刚然也，抑其才之裕也。乃无何猝患痰疴，连月不起。呜呼！痛矣！

时清光绪二十八年壬寅仲夏月穀旦，愚外甥、郡庠生南溪甘召棠谨志。

育斋年伯贾老先生大人传

古今所云传之无穷为后世法者，在家莫如尽道，在官莫如尽职。何谓尽道，曰孝也、友也；何谓尽职，曰政也、事也。伯父育斋先生者，非所谓能尽其道、能尽其职之人哉？其曰尽道也，则目睹之；其曰尽职也，则实私淑诸人之言焉。盖以目击而即得之，于耳闻者皆信之，不揣固陋而均举为之传矣。今夫父子兄弟日相习而遂至于相忘者，比比皆然也。先生则久而能敬，在父则左右就养无方，在弟则时恒友于克笃。涛以先祖考与先生令先君相知之故，得常往来于其家，见其事令先君也，服役勤劳，守贻训而潜心经史，不干外事。所谓闭户读书，顺亲而养，必其志者也。令先君玉楼赴召之明年，涛也奉命过府叩新，荷蒙留宿。五更甫及，忽睹灯烛辉煌，急起视之，乃见先生偕若弟若子若侄致奠于位前，偲有恪容，以为当是小祥令典。私询之，下云令先君仙逝后先生每日五更行礼如此。所谓事死如事生、事亡如事存者，以此愈知先生之孝行笃也。又见其于晋接乃弟也，相对恒怡怡焉。有敬心而绝少怠容，虽习见而初无狎意，所谓亲之而复爱之者，以此愈知先生之友于密也。先生生而颖异，长即岐嶷，弱冠游庠，妙龄食饩。其严课子侄也，雁序成行；其教授生徒也，英才得育。后由恩贡署理永丰县教谕兼理训导，握篆而后未数月，而士习以端，士风以厉，循循善诱，化雨春风，所谓不肯素餐、耻于尸位者，以此愈知先生之政教能施、事功有效也。夫何资格限人，仕途竟蹇。未逾年辞赋归来者，由上有官人之任，而鲜知人之明耳。然先生毫无芥蒂于心，靡有留难之念，谓归则浩然归矣。达人知命，要亦不应如是耶？乃其见用也，虽属无时，而其可传也固自有在。孔子曰："惟孝友于兄弟，施于有政，是亦为政。"先生有能尽其道之，孝友能尽其职之，政事虽不显庸于世，而有大节可传则亦已矣。林下栖迟，夫何害乎？夫何害乎？先生讳荣诰，官印发荣，字润臣，号晴川，别号育斋，年伯祖世复公之长子也。世复公积德累仁，相传勿替，遂笃生先生耳，恢先业焉。故先生嗣君则窦家五桂，孙枝则荀氏八龙，语云德之厚者流自光，根之深者实必遂，不诚然哉！先生自解组言旋后，优游庭户，序天伦之乐，娱既暮之年，忽于戊戌腊月二十四日午时无疾而终，享寿六十有六，可见天之报于尽道尽职者亦云厚矣。德配甘孺人，德容兼备，相夫教子，无忝厥职。生子五：长耀都、次耀郭，业儒；三耀郜、五耀邻，俱早世；四耀郊。女一，适汇头邑庠鄢仪吉之子，业儒，名金万。孙五：代泽、代灌、代厚、代濬、代稻。孙女四。皆翩翩伟器，先生之余泽正未有艾。今者贵族家乘重修，寿固不文，以世谊故勉为叙其盛德大业，书之篇末，抑亦不过欲使传之无穷，永为后世之法也云尔。

时清光绪二十八年壬寅仲夏月穀旦，年家眷愚侄、郡庠生黄松涛顿首拜撰。

远馨公暨刘孺人合传

人生天地间，莫不各有所志，然有不能自由时，为士也，为商也，随父命之孰是，懔懔然遵而不改者，尝于岳丈远馨公暨岳母刘孺人信之焉。岳丈讳荣采，捐名芳，号丽川，远馨其字也。太学生，援例授按察司经历。父世复公生子二，岳丈居次，性刚直，好诗书，甫入塾辄通大义，人咸以德骥称。年十六，母刘太孺人见背，太翁因悼亡失所，谓岳丈曰："兄习诗书，弟经钱谷，用乃济。况吾不能支理，汝盍弃举子业而习计然术？虽有志孔孟，留待后人不为迟。"岳丈素敦孝弟，遂唯唯而不违，然终理进出余，犹恋恋不舍。年十八，岳母刘孺人于归，志亦独重诗书，见岳丈稍获余闲潜心经史，辄喜形于色。

奈有父命在，志虽专诚，恐力有未逮，爰向岳丈曰：“天下事两涉其途，不能一精其业。青云有志，属望后嗣可乎?”岳丈因是意乃决。凡与人交勿多言，独见放荡礼法者流，辄喑呜叱咤，或嬉笑，或怒骂，闻者莫不惊服，人以是多畏之。岳母从旁每多方劝解，后乃刚直而济以温和，得岳母之力居多。生女一，即予内子；子二，长耀邑、次耀华。见之者有谓二子皆令读书，即应之曰：“理财需人也。”有谓二子皆令理财，即应之曰：“读书需人也。”一士一商，吾翁命之，吾夫遵之，吾敢忘之？度女婿必读书人者，吾翁之婿皆庠生也。至于事翁孝，待姆和，尤其素性。无如寿不副德，廿七而终，遗呱呱者，赖父鞠育，临终一嘱，除二子一士一商，女婿必读书人外，别无一言。呜呼！造次时最足以乱人神明，即最足以觇人器识。钱财，人所急也，独后焉；诗书，人所缓也，独先焉。若岳母者，倜乎远矣！岳丈聆此嘱，成葬后愁肠百结。未逾两月，耀华夭。太翁劝令早续弦，庶免父道兼母道。岳丈不忍，太翁遂以知礼许之。伯岳亦见内顾多忧，兼之外事环集，有帮理意。岳丈曰：“无纷读书人志，兄当努力，弟不惮劳，天之困我何劳介意?”伯岳于是得专意诗书，兼训子侄。溯自入黉宫、食廪饩，以及考取恩贡，仕永丰县教谕。虽非太翁向日之教诲，未易臻此，然数十年来，岳丈调停其间，尽心竭力，不辞劳苦，其功非同小补。以此言孝，而唯命之心颇劳；以此言弟，而襄赞之力不少。后继娶陈孺人，太学生陈公春林之女，年十六，归我岳丈也。居心浑厚，不第家务料理悉当，并视其子女如己出，教训嫁娶默为体恤。生子一，名耀怡；女二，长适稳泉王，次适西阳刘。焕自十九成婚，凡往来，岳丈屡以先岳母之嘱再三叮咛。焕彼时父逝，事繁书，有退志，因感激而奋勉，于光绪己卯岁试博一衿，耀邑学。名元亦于光绪乙酉岁试博一衿。岳丈顾而谓之曰：“汝兄弟能如是，是不惟慰吾愿，并慰汝母之愿，九泉有知，当亦莞尔矣。”遂立意以耀怡业商兼理田事，而耀怡能胜其任，岳丈之心更慰，由是乐趣多，或会远方宾客，或来近地交游。叙及生平，以无荒废子孙对，为士为商，各精其业，遵父命以谨将来，及两无遗憾，心乃安。至于富贵，由天所定，吾是以从无别图，虽屡年制有膏丹丸散以应乡邻，不过尽一己心，并无意四方誉，何方便之门遂噪一时？乃至光绪乙未，舍来鹏鸟，临终时只以“可依”二字嘱之。“可依”云者，谓有旧辙可寻也。虽其辞未尽，推其心以为凡百所为，皆有先人之规模在，子孙能法守之，孝弟近焉。吾聆此嘱，吾愿岳丈之后嗣体岳丈之心以承先，吾尤愿岳丈之后嗣效岳丈之志以启后，则岳丈道遵先训、器使后人之心志，即历诸久远而皎然若睹，岂不幸哉？岳丈生于道光十七年丁酉七月廿五日丑时，殁于光绪乙未年九月十九日子时，享年五十有九。岳母生于道光十六年丙申十一月十二日戌时，殁于同治元年壬戌七月初四日戌时，享年二十有七。继岳母陈孺人尚健。子二，女三，孙五，孙女一，曾孙一，有世系在，兹不赘。今因家乘告竣，二内弟问传于予。予谊属半子，敢以不文辞？爰就素日闻于岳丈者，为岳丈书之，并为岳母书之，是为合传。

时清光绪二十八年壬寅仲夏月榖旦，愚子婿、邑庠生尧臣金焕世顿首拜撰。

正模公暨德配杨孺人合传

公讳耀端，字正模，荣铨公之嗣子也。其父荣钧公，笃友于之谊，故以公继续焉。公少艰辛，不慕荣利，惟浑朴是安。性至孝，尝承菽水欢，犹恐力薄，有拂高堂愿，遂毅然业商，以为朝夕费。客于汉镇之间，贸迁有无，亿则屡中。吾乡有简启祥号者，奇公之才，欲招之以振商务，爰踵管鲍故事，与公合伙。公固辞不已，乃为之远购于异地经营，措置唯力是视。不数年间，简君富倍于前，公亦叨厚利焉。由是愈敬重公。公见子侄皆壮，思无以举业，遂撤股而开设于汉之南，勤俭自持，力为后生劝。虽市道相交率多伪饰，公至孚以诚信，无远近咸服，且不独华商如是，即泰西购漆于公者，一见公之忠敬，交啧啧曰："贾君长者也。"自是交易畅茂，而致资益饶，制膏腴，构华厦，几几乎号素封焉。然犹不自私也，解囊以纾困旅，账(赈)谷以济贫民，生平乐善好施，无吝色亦无德色。壬辰年，郡中修大观楼、公车局，公报捐银百五十两，官绅荣其祖考，特赐进主食报，俾子孙按岁来临，则公之所以光前裕后者，较之觅封赠为倍显也。嗣后文昌宫、飞耀亭、团练局各捐款，均慷慨乐输，以故阖邑文人咸善公之为人。公既荣授九品，犹以不得读书为憾，尝语其子曰："吾以家贫作贾，愧未能泽汝以诗书，然课孙之事犹幸吾身得而为也。汝其勉成厥志。"于是命诸孙负笈从师，倍加勤恳，每归自塾，必取嘉言懿行讲论之不衰。《书》曰"既富方穀"，公其有焉。乃者生齿日蕃，故居湫隘，公意将卜迁乔，且苦家务之久累家嗣也，爰聚室而谋析产。时产方析，举家庆集团圆，桂子香凝，兰孙秀茁，济济一堂，有将兴未艾象，公顾而乐之。后年登七秩，诸戚属将为公称觞，公辞以待八旬，是亦不急于自荣者矣。无何杖朝寡二，而公归道山，人咸为之不平。虽然，积厚者流光，公亦何悔也哉？享年七十有八。德配杨孺人，赋性温厚，归公勤纺织，事舅姑以孝闻，抚诸子以成立，甘苦备尝，终其身不渝素志，公得外商无内顾忧者，实孺人内助之力居多。先公卒。举丈夫子三：长步云公，即予姑夫也，授登仕郎；次国臣公，三爽轩公，同入国庠，皆绰有父风。继娶施孺人，亦称嘉耦。孙男八人，上麟现列前矛(茅)，克价亦习业儒，将必有副公之望者，曩与余共塾，为总角交，尝备述公之行谊，余心仪之久矣。今适令族重修家乘，步云复委传于予，予不敏，其何能文，然忝附葭亲，又闻公之盛德，奚敢隐而不扬也？爰不揣固陋，而为之传并系之以赞。

赞曰："莫为前美弗彰，莫为后盛弗扬。惟公处前后而有光，得内助而善良，宜其身康强，而厥后克昌。请即以大衍之数，筮之得坤之二。语曰：'积善之家，必有余庆。'"

时清光绪二十八年壬寅仲夏月穀旦，邑庠愚晚生傅宝元顿首拜撰。

庆堂公传

人之所以称于当时、传于后世者，非必有奇才异能、过人之行也，亦非必有仕宦家声、乌衣门第炫耀一时也，即商贾农工之辈，苟能谨言慎行、安分守己，又能扩充前业，一洗固陋家风，则其素行有不可得而没者。若我族庆堂侄孙者，有足录焉。君讳代卭，字庆堂，耀开公第五子。耀开公生丈夫子五人。君居其季，后耀开公因胞弟耀五无子早卒，以君为之嗣。当耀开公设肆汉皋时，君尚幼，肆中惟诸兄等从而佐理，嗣因生意淡泊，收肆回里，依姊氏居于谌姓，为姊理耕作事。尔时，君已成童，随父于青畴绿壤间出作入息，未尝少懈。比长，见农家者流，若遇丰年则仅能糊口，稍歉则难以自存，于是辍耕而叹曰："人生处世，虽不能坐拥万钟，席丰履厚，然苟能相时转物，懋迁有无，陶朱、计然之术非异人任也，安能郁郁久事畎亩间哉?"乃决意弃农就贾，与族中业花布者而合伙焉。咸丰年间，发逆扰窜江右，蔓延各郡，瑞郡为贼所据，里中时遭抢劫。合伙者力有不资，因而分伙。时乱后，上游布到者少，价值昂贵，君遂将频年蓄积尽行出江，买花兑布上赣发售，利辄三倍，果不数年，所获不下万金，家称素封。遂援例入太学，以为乡族荣。性俭朴，平居自奉不谋甘旨，衣服非庆贺事未尝稍御罗绮，与人交以诚信相孚，一时业花布者推为老成。先是每年新花上市，买客俱往流澌桥一带收，买主于花行中，行例以客到先后，次第开秤。是年君到稍迟，不能搀越，又恐上游布价增涨，无花运归，失此机会，遂将芦粟包尽行订定，不能卖与他人。后诸客先到者一时无包装载，于是与君通融，将包共分装载，花亦让君开秤买足，同行运归，计此回兑布上赣，获利颇厚，其心计之密又如此。寿六十有九，于光绪八年九月初八日卒。始配谌孺人，早卒。生女一，适五里谌。继配刘孺人，佐理家政，井臼亲操，亦于中年遇疾而卒。生子一，克迪，太学生。再继配王孺人，入门时家已饶裕，一切置田畴、创大厦等事无不井井有条，至其抚前室子如己出，更为继母中之难得者焉。后君之子太学生克迪请传于予，因举君之生平录其大概云。

清光绪二十八年壬寅仲夏月穀旦，族叔祖又山拜撰。

文波及子聚光合传

族再侄孙讳克海，字濬川，号文波，庆堂侄孙之次子也。髫年从童子师，授以章句，诵声琅琅，不少倦。每为之讲解，辄能领略大意。比长，见其父年已六旬，犹复奔走江湖，频年不息，自念为人子者，不能代父分劳，终日静坐斋中，咿唔无益。况岁不我与，书中金屋未可预必也。乃请于父曰："儿愿改业，以免大人跋涉忧。《书》云：'肇牵车牛，远服贾用，孝养厥父母。'儿之志如此，望大人成之。"父笑而颔之，于是买舟东下，放浪于鄱阳、彭蠡间。往来数载，操奇赢、权子母，以继父业。后其父见背，祭葬尽礼，哭泣逾恒。当父在时，食指渐繁，因命与兄析爨，而居生意亦各自经理，然买花运布等事犹时商酌于兄而后行，一堂友爱有祥览风。性善饮，每逢知己聚谈，必设尊款洽，饮满浮白，拇战声达于四邻，其豪爽之气类如此。年三十二卒。子一，名守奎，字聚光，赋质孱弱，不耐劳，然每读书孜孜不倦，常欲功名成就，借以显扬，故小试时虽风檐寸晷中必苦心思索，精力颓惫勿恤也。卒以此致疾，而殁年二十有一。性和蔼，未尝疾言遽色，与人接恂恂似不能言，然有不如意事，简默中具有风骨，可想见其胸次焉。惜无子，继亲兄守桐一子为嗣。呜呼！天之报施，动曰："作善降祥，不善降殃。"其理不爽，以文波父子观之，其生平皆能守身如玉，忠厚待人，曾无一毫浇薄积习。何以靳之以年华，并靳之以后嗣？岂报施不爽，理固如是，即抑天道高远，寻常难测耶？今观聚光嗣子绍纲，头角峥嵘，将来博黄封，膺敕命，显亲扬名有可预必，未始非天之留以报施也？是为传。

时清光绪二十八年壬寅仲夏月穀旦，族曾叔祖又山拜述。

睦邻公暨蓝孺人合传

昔人谓：“莫为之前，虽盛弗传；莫为之后，虽美弗彰。”予谓不然。不知其前之积累，观其后之繁盛，其前可知；不知其后之发皇，观其前之蕴酿，其后可卜。若予太岳父贾睦邻公及太岳母蓝孺人，诚乡族之伟人、闺阁之淑媛也。余生也晚，未获亲睹夫光仪，曷由知公之实行？然耳熟闻之，因得以知其备细焉。公讳耀乡，字睦邻，荣钧公之次子，幼聪敏，性慷慨，隆准广额，长辈多伟之，有无化居，商贾中称巨擘焉。初开一铺于本村之长兴墟，号曰“洪泰”。取舍公平，学陶朱之致富；交游日广，效孟尝之交朋。遇有争论，则排解惟殷；遇有困穷，则倾囊相赠，所以街邻中咸敬重之。然数奇不偶，而中年且遭窘迫，论者谓素尸不事锱铢实阶之厉。公闻而自审，曰：“锱铢不事，固吾过也，然锱铢必算，岂吾愿哉？今日之困顿，特生之者寡，食之者众耳。”益自刻苦奋励，负贩远方，以漆为生理。如贵州之龙潭、湖北之汉镇，以及苏杭二州，皆公所常历之地。风雨栉沐，星月披戴，其俛俛孜孜，几至寝食俱废。厥后，捆载荣归，栖迟梓里。其为人也，才情敏达，议论纵横，以故族叔岐山公恒器重之。性虽嗜酒，亦不至乱，且意气豪爽，于高朋满座之中每掀髯鼓掌而长啸，一时人士无不知有公者。族党方幸有人，天书忽然下召，行年五十，竟溘然长逝也。德配蓝孺人，诞自名门，归于望族，事翁姑则礼隆瀡瀡，待妯娌则情洽埙篪。笃相随之谊，佐理能勤；符吉梦之占，义方有训。公蚤卒，孺人苦节坚持，抚孤卓立，而且荆钗裙布，自幼是甘，织纴组训，至老无倦。一切内治诸务，莫不颂淑德而仰坤仪焉。享年七十有三。举丈夫子五：长代常，被兵掳去。次代培，即予岳父，精明浑厚，素具才能，壮游景镇，随客汉阳，年甫强仕，馆舍遽捐。叔岳云衢公扶柩回籍，闻者莫不伤心。三鹏程，字云衢，聪明天纵，孝爱性成，经营汉口，克振家声，芳规芳躅，详于寿文。四鸿禧，孝弟力田，心臧土物。幼代鹅，负才早逝。孙曾济济，皆少年老成，髫龄韶秀，如琼林玉树植立阶前。女一，适名族。此皆公与孺人之硕德懿行所致也。兹因家乘重修，叔岳云衢备述公与孺人之为人若此，命余一言以志之。余本不能文，然忝在至戚，却之又恐不恭，因不揣固陋，爰笔而书之，以彰公与孺人之令德云。

时清光绪二十八年壬寅仲夏月穀旦，愚孙婿雷慎修顿首拜撰。

贾母傅孺人传

孺人者，系出余族树德公次女也。生而警慧，幼即通晓《女训》，娴习《内则》，侍父母端庄静一，无疾言，无厉色，邻里咸重羡之。于归后，益循循惟妇道是敦。黎明即起，洒扫庭除，要内外整洁，躬诣堂上，问翁姑安否；及日中又至，亦如之；及暮又至，亦如之。以故恒得堂上欢心，然其神色自若也。孺人性柔顺，内言不出，外言不入，每自戒不处白人善否，有问之，曰："顺为正妇道也，吾勤此而已。处白人善否，靡靡然为聪明，非妇人宜也。"以此为女与妇，其传而至于没，与为妇时弗差也。故内外亲无老幼疏近，无智不能，尊者皆爱，辈者皆附，卑者皆慕之为，女妇在其前者，多自叹不及后来者，皆曰："可矜法，非幸也，宜也。"其平居，饮食器皿虽不及丰侈而必精以旨，其衣无故新而浣濯缝纫必洁以完，其视听言动恐恐乎若涉非礼，或承之羞。及遇有事，则必以筋力之余，言笑自若曰："我家故贫贱也，处之有素矣。黾勉从事，不敢告劳，惟我焉是任。"其处妯娌如是，其相夫子固不待言也。至于教子虽甚慈爱，然不稍加姑惜（息），一准以义方，知之无不言，言之无不尽。每自塾归后，询及所读书，殷勤训诲，言笑中早裕深心。烛灺更阑，鸡再唱，略无倦容，诚巾帼中丈夫也。然孺人有如是德，宜其有如是福，由耋而耄而期颐尚不为过，而竟蚤世陨命，意者天欲隆其名，必不奢其福耶？夫何夺之速如是也！铭不敏，于孺人淑德懿行未得其详，谨就耳目所及，述其梗概，传入家乘，以垂不朽云尔。

敬集数语，以为赞曰："无所矜饰兮，容貌端庄。不动声色兮，步履安详。小心翼翼兮，动罔不臧。宜尔室家兮，示我周行。女中君子兮，阃节流芳。付之梨枣兮，山高水长。"

邑庠生、愚侄傅宝铭顿首拜撰，时清光绪二十八年壬寅仲夏月穀旦。

岳母傅孺人传

呜呼！惟我岳母孺人既没且葬之二年，而邻里遗老犹追慕，津津称颂不衰，非其淑德懿节足以轧忽于后世者乌能若是哉？半子灿未能撰次其行事，垂为阃节，其又何言？《记》曰：无美而称，是矫诬也。有善不知，不明也；知而弗传，不仁也。嗟乎！三代直道，斯民同心。半子灿敢矫诬乎哉？惧不明也，惧不仁也。今贾氏有事于家乘，爰举岳母之可法、可传，最足令人观感而奋兴者，惟孝与慈为尤著。岳母为邑南珠湖傅氏女，父讳询荛，太学生，好学能文，善书法。岳母随父读书习字，《内则》《女经》粗得其解，既以翰墨非女子所重，遂弃女红专功香阁，如是者有年。于归后，孝顺翁姑，夔夔然每事无违，每早起躬诣堂上，问翁姑安否；及日中又至，亦如之；及暮又至，亦如之。是时尊卑内外、姻戚邻里、僚友之家以及妇人女子举无间言。厥后，翁经商汉镇，岳母相夫子、理家政，不数年间而家日益裕，业日益宏，田连阡陌，室美奂轮。岳母向翁姑而请曰："人生必富如猗顿，业创陶朱，是有命焉，不可强也。二老庞眉皓首而视茫茫，而发皤皤，而齿牙动摇，耄期倦于勤。昔常不足，而今有余，何若此其甚也。"于是翁姑喜而载笑载言，岳母愈喜而起爱起敬。越数年，翁委任经营，区画处置，有条不紊，数十年如一日。此可以知岳母之孝矣。夫人至中年以后，爱怜益甚。然在家庭无恙之日，绕膝言欢则喜斯爱、爱斯怜者有之，至遭家不造而心烦意躁，动辄生怒，往往然也。岳母之长子宝贤业儒，负才早逝，其妻呼号悲痛，昼夜不绝声，勺水不入口。岳母慰之曰："吾儿业绍书香，不幸弃世，不独汝欲身徇，即我亦欲与之俱逝也。虽然，我有次子建藩，髫龄颇敏慧，以长以教，俾至于成人，若以天之灵，眷顾我后，幸生一男，我之抱孙，即汝之抱子也。曷少待之？"人始闻其言，以为适然之事耳，既而其后常然，至其终身，未尝不然。其平居训堂子侄一准以义方，知之无不言，言之无不尽。其施于他事未得其详，其居于家未尝见其喜怒，惟见其恭俭仁爱，为姑如妇，此可以知岳母之慈矣。灿忝属半子，自惟谫陋，不足以扬岳母之懿德。第念礼尚往来，得亲炙其慈颜与其嘉言懿行，常耿耿不自释于心，而又深痛岳母之孝慈不隆于生前，必将隆于身后。爰即耳目之所及，谨陈巅末，传入家乘，以垂诸不朽云。

时清光绪二十八年壬寅仲夏月穀旦，愚子婿宋星灿顿首拜撰，男克价薰沐敬刊。

云斋公传

尝闻传也者，所以传信，非以传疑，必其人有过人之实，可以为法于后世，而后立传以纪之。故高士有传，逸民有传，以是知天下可传之人，不在功名之显赫，而必实行之昭彰。若吾岳父太学生贾云斋公，其立心制行真可以垂诸不朽矣。公讳代科，字云斋，号后森，太岳父树林公之幼君也。髫年就学，诵习聪敏，后因店事待理，诗书遂未竟业。即随太岳父服贾汉阳，精于生意，亿则屡中，有端木之风。太岳父因年高优游于家，虽隔千里之远，而子职克供，甘旨不缺。太岳父偶有恙，信至即就道，日夜不休，雪深三尺，一步一跌，夤夜至家，亲调药饵，渐就痊愈，其孝亲也如是。昆弟三人，二伯岳一在家理家政，一进山办货，后虽各爨，生意犹合为一，从无间言，寄归家用之费，并无分金多与之诮，其待兄也如是。公赋性谦冲，胸襟磊落，其持己也恭，其待人也惠。汉阳为南北孔道，舟车络绎，四方君子来店者必致敬尽礼，赠以赆仪，各得其欢心而去。家中积谷数百石，每年春出秋收，不取重利，以赒济族邻之穷乏，其周急也又如是。他如信以交友，和以睦邻，公庭无往来之迹，门内有雍穆之欢，此皆公之所躬行而实践者也。无何天不假年幸，四十四岁溘然而逝于家。德配岳母毛孺人，素性贤良，持家有道，孝翁姑，和妯娌，抚幼子，恤孀媳，无不尽其诚。生子一，殇。女三，长即愚内子，余俱适名门大族。庶岳母张孺人，生子一，克根，年虽幼，崭然见头角，庶可以继公之志。愚幼即失怙，从公学习生意，周旋左右，先意承志十有余年，如亲父然，所以知公之深，识公之真。兹因公族续修家乘，共商所以传公者，而问传于愚，以愚忝列东床，分居半子，又叨公之教诲，得以稍觅蝇头，且素悉公之行谊，不有以表扬之，奚能免夫知而弗传之讥？故不揣愚昧，即以得诸闻见之真且实者，笔之简编以为其传云。

时清光绪二十八年壬寅仲夏月穀旦，愚子婿蓝田玉顿首拜撰。

锡斋公暨诸孺人合传

外王父讳师荣，字在中，号锡斋，世居高安畲山村，年二十五，由邑廪生中式清同治庚午科第三名副举人，光绪八年部选建昌泸溪县教谕，适丁内艰未赴任，后二十年再选抚州东乡县教谕，己酉卒于官，时宣统元年也，享年六十有四。公性谨愿，绵绵翼翼，不与物忤。先世豪于资，弟兄六人，析爨后某以挥霍败，公每周给之，人或劝阻，曰："吾诚不足以化弟，已负先人矣！若从而弃之，罪又甚焉，乌乎可？"闻者咸叹为难然。掌教东乡时，有饶生者以文见，公爱之，奖掖备至，饶以是知名。其后，饶长高安，公与夫人皆化去久矣，犹复殷殷访问其后人，人以是知公之能知人也。公平居无他好，惟嗜书成癖，每阶前煮茗，左手执卷，右手执蒲葵扇，且拂且读，琅琅然与沸声相杂，即鱼眼业生弗觉也。人或笑其痴，则笑应曰："人皆痴于货，我独痴于书，不亦可乎？且今人一衣逢掖之衣，则沾沾自足，于是唾弃书史，以驰骋于蝇犬之途，是则吾之所谓痴也。"其言行类如此。溯余髫年，每随吾母归，辄见公执卷读斋中，百年老屋，尘泥渗漉而乱书满架，几席枕簟间往往如是。见余则曰："来，吾教尔读。"每兴高采烈，则指其腹曰："此中尚有制艺八百篇也。"公卒后十年，吾母亦卒。偶一回忆，宛在目前，令人不禁泪涔涔下。德配褚孺人，族远驯公之女，德言容工，四者兼备，先公八年卒，年五十有六。子一，宣耀公，抱才蚤世。女三，先妣其长也。孙一，代谋，即余之表弟，生而颖敏，惜为环境之迫，未克承继祖业，乃习计然术，一时誉播商场，卓然自立，将见恢先绪、振家声，正未可限。若此者，悉余外王父之积累所致也。

时民国二十一年壬申仲夏月榖旦，国立北京大学文学士、愚外孙褚垠昌顿首拜撰。

方臣公传

方臣老先生讳栩，号方臣，前任山西盂县知县，高安畲山贾氏人也。先考世琅公任山西河东监掣同知，生先生于官署，甫数龄，授书成诵，世琅公钟爱之，常曰："是儿能承我志。"年弱冠，世琅公遣先生回籍应府试，辄首选。即以是年入泮后，己丑科中北闱举人，大挑二等，以教职用。旋选授通判，历任清水河、陶林等处抚民通判，后膺卓荐，升任盂县知县。任满，吏民欢送，有召父杜母之称。历充发审局委员，筹饷局、商务局、农工商局、军装局等处提调，均以廉能著。入民国，保免考试，任用县知事，复委晋北榷运局二科课员，兼办阳曲盐务稽征所委员、南路土盐征税局局长、绥远都统署二科科长、东西两盟垦务局谘议、绥察烟酒事务局秘书，所至无不卓有成绩。壬戌旋赣，复任西岸榷运局监印官兼本局谘议、江西全省烟酒事务局秘书。甲子秋，又委充城南烟酒稽征处委员，任满交卸回省，旋于民国十五年十月十一日辰时卒于省垣公署，享年六十有九。堂侄耀祥襄理其事，扶柩回籍，葬于小黄蜂祖山。原配吴氏，先公卒。继娶嘉氏，生女二，淑耀、博耀，均在学校肄业。子一，取名箕耀，现升县立灰埠高小区学，头角崭然，明德之后必有达人可预卜也。昔太史公修《史记》，特创《循吏传》，诚以民之安危、国之治乱胥于贤有司是赖，知县而贤，则万姓蒙其福。故历代史往往汇集贤吏，表其行事，以激扬于世。先生历任政绩卓有可称，将来国史采访表扬于世有断然者。今年贾府重修家乘，耀祥谓余曰："家叔方臣一生宦绩宜有以贻留后裔，请为立一传，以垂不朽。"余因从弟灿奎以选拔考取知县，分发山西补用，与公至好，数称先生不置，余向慕之已久，爰即先生历任事实谨述之。是为传。

时民国二十一年壬申仲夏月穀旦，清邑增生、愚弟罗炤枢顿首拜撰。

冕臣公暨德配黄孺人合传

窃闻传者，传也，传其人之实也。传其人之实，录诸谱牒以为后世子孙法也。吾里冕臣公暨德配黄孺人者，则有可传之实在焉。公行年七岁，父母相继而逝，教读衣食惟兄嫂是依。年十二，随兄学徒于清江经楼，习效岐轩公则，非常勤谨，劳苦无辞，日则习手术，夜则课授书，以兄职而又加师职。三年从俗毕业，兄见公志迥异寻常，将来大有希望，经楼乃非公藏身之所，恐误前程，遂命诣石脑桥以加增识见，仍然为人作嫁。公年弱冠，作事精详，卤莽胥泯，学孔氏以能问不能，以多问寡，故同事诸前进罔不爱而敬、敬而畏之。公之获益实匪鲜。数年中，衣履费外，蓄积无多。厥后，谋集资斧，自行择铺筠阳南城，取牌名曰“天生堂”，择吉开张。公仍是非常勤谨，凡事必先之、劳之，且商场战线匪易加入，不有所得，必有所失。公有勤谨自持，劳苦不避之，坚忍以为之敌，故得门面广开，生意渐渐进步，成家创业是自此始。德配黄孺人系出名门，颇知礼仪，自于归冕臣公以来，事务一切公则维持于外，孺人则清理于内，进出来往者有敬恭、无轻亵，堂堂皇皇目之者，无不郑而重之。生意日添而日盛，货色日出而日新。故筠阳人士对于贾天生堂鲜不赞美者。若曰利益，只获蝇头，而论公与孺人商场中可称合璧矣！惜乎孺人自于归以来历有年数，古有云，不孝有三，无后为大，深恐店运不符，遂改迁近本乡之市中焉。其时公年已三十六，孺人仅年逾二十四，而生长子耀草，见胞兄荣灿无嗣，念其抚育长养，恩大如天，遂命为之嗣；续次子耀荥，命继亲兄荣第嗣；三子耀福，又继胞弟荣科嗣；四子耀寿，亦念下有胞弟荣贵无嗣，又命为之继；六子耀羊早殇；惟留五子耀珠以为于后。今得生孙一、女四。公生子六，命出继绝世四，而耀草继荣灿公嗣，亦得生子三、女六。由斯以观公与孺人立心不负于天，而天亦不负公与孺人。公之始从孤苦出，公之终得大璞完。公享寿六十有六，寿终正寝。孺人则享寿六十有二，寿终内寝。有是始自有是终，至创业兴家，淑身淑世，遗后嗣于裕如者，乃公与孺人之余事耳。兹因家乘重新，公嗣耀草、耀珠素与予相契合，请为公与孺人传。予不敢以固陋辞，爰将公与孺人始终实际历历可考者而直书之，以备后世子若孙而稽焉。是为传。

时民国二十一年壬申仲夏月榖旦，清邑庠生、愚弟李镇湘敬撰。

贾公耀笑暨德配况孺人合传

公讳耀笑，姓贾氏，世居筠南畲山里，为世布公之孙，荣喇公之四子也。生挺殊姿，幼蓄奇慧，尤负胆略，尝为舅氏邓某所器重。邓本漆商，于河南睢州之东关设肆有年。一日对公父而言曰：“若某既非凡质，素具远志，充闾之庆后复可期，且家无担石，宜早赋驾言，毋误前程。”父是其言，即允携之行。入阛阓，勤谨练达，事无巨细，部署井井有条。未几，能征贵贱，尤拥高资，舅欣得人。殆留之，何无忌。[1] 酷似其舅，共举大事，何惮无成也乎？乃不意至清咸丰中叶，捻匪倡乱，睢州一带蹂躏无遗，公则被擒于常李市矣。幸而公智能绐群丑，逸智井，越数日，由张山赛脱回东关，时捻匪之势稍为清兵所折也。市中半成焦土，积尸狼藉，惨不忍睹。访舅氏肆内，掠之一空，阒无人声。自度其必遇害，即欲以身殉难，复思又恐海燕飞回，痛哭思维，只有苟延残生，以听佳音耳。是又杜老所云“泪血渭阳情”也。无如形单影只，落魄天涯，囊内枵然，何以续命？不获已，吹箫乞市，自古已然，炼药卖针，何嗟及矣！由是得不复有沈颤之遇兵荒，二日一餐矣。有西藏人者，操桐油业于睢之各地，巨商也。盖油、漆二物本相属，而业斯者亦每相类聚也，是以与公往来甚密而知公之诚笃亦最深，尝以时局蜩螗而萌归志，将各处囤庋之油不估值概付公售，每岁仅征其母，不核盈。公以贞信自守，不数年致资累巨万。于是得势益彰，自行设肆于睢之长岗集焉。若公者，得不与雍容南阳之孔氏、栖身白社之董京媲美也耶？德配况孺人，《女诫》夙备，妇德无愆，健乃持门，柔能尽职。当公之初入市籍也，年仅寄资二缗。孺人知不利于米盐零杂，绝无怨色，而咀酸吮辛，依然织纴以自给。洎事蓄之寄，渐形无虞，而孺人馇蔬约己，莲心竟是不改。越清光绪初，公以病卒于外。噩耗至，即命长子扶柩归里，祭葬以礼。又次子维持肆务，勿弛旧业。亮哉！孺人女中络秀其与？可敬、可泣、可歌、可哭之，乃公协其象宜也。公生于清嘉庆二十四年己卯，于清光绪二年丙子卒。孺

---

[1] 原文如此。

人生于清道光六年丙戌，于宣统三年辛亥卒。子二人，讳代垱、讳代德，二公均有传传世。孙七人，克麦、克丹、克骄、克江、克好、克锡、克灿。克麦、克好、克灿抱才早逝，而克丹以下诸君子均克绳祖武，赫赫耀人耳目。且克丹、克骄、克锡三君恺亦赠之言，用表厥懿行。曾孙四人，守恒、守思、守秋、守芳，英物也。今年春，值家乘九新，其孙以公暨孺人素履綦详，不欲再行湮没而不传，嘱传于恺。恺以守恒、守思曾及余之门，且与克骄君有戚谊矣，爰据所述而笔之，不获以无侧艳之辞辞。

时民国二十一年壬申仲夏月穀旦，眷再侄孙恺顿首拜撰。

耀熠公暨德配李孺人王孺人合传

天下事可传者，固在中庸，不在奇杰，寻常世道之通论也。乃有特立独行者，天亦苦其心志，劳其筋骨，困乏其身，行弗乱其所为。而尚侠尚义超出于中庸克以奇杰著者，莫如贾公耀熠亦可以传矣。公生即宁馨，人夸英畏，自幼略识之无，虽形单影只，然诚信可人。随赞廷公到山西经商数年，娶李孺人归。孺人甘肃产也，唱随和洽，即四壁萧然，晏如也。惜无出而早瘗玉焉。继德配王孺人，稳泉塘产也。生子二，长桂庭、次悦庭，俱有父风，孺人亦甚爱之。长知孝道，兄弟友恭，俨然儒者。惜王孺人又中道镜破钗分。公再续弦杨孺人，得产四子：道庭、锦庭、爱庭、根庭。儿多母苦，不辞劳瘁，并视前二子如己出，而二子亦不觉其为后母也者。公初赤贫，惟尚义尚侠，在人以为难堪，在公若处之泰然，时而屠猪师吕望鼓刀之举，时而贸易法子贡货殖之奇，然居心等朱家、郭解之为人，有“几处报仇身不死”“千金散尽还复来”之概。平生甘苦，惟领略自知耳。其长子桂庭孝出天性，一切所需多取给焉。公享寿六十有一，天年告终，葬礼从厚，虽素封之家亦不是过。杨孺人现年六十，康健异常，衣食等件诸子不时争相供奉。其所以然者，谓非公尚义尚侠，特立独行，天之报施有以致之欤！故为之传，以志其奇杰云。

时民国二十一年壬申仲夏月榖旦，清邑庠生、愚弟周介顿首拜撰。

女兄贾母吴孺人七十行述

自吾姐之归贾耀铨也，迄今五十年矣。耀铨墓木已拱，吾姊犹留此寡弱之身，婆娑乎岁月，含辛茹苦，已届古稀。后凋之松柏，经霜雪而不变，岂修短有定数，何所遭之至不幸欤？吾姊嫔于贾氏，吾送之，少时犹能忆记。方是时，贾家势全盛，其姑在堂，为褚小斋先生之胞姊也。所居之室金碧辉煌，庭院甃以石，洁如也。良田美池，果蔬场圃，阡陌交通，先人之基业不可谓不厚，懿亲贵戚不可谓非高门好家，居被后人撞坏，此吾所以不能为姊丈耀铨恕也。汉疏广有言：贤而多财，则损其志；愚而多财，则益其累。耀铨不生于富厚之家，其浪荡败德未必至于如是。吾姊性柔顺，屈意承志于姑嫜之前，其夫之行为无能挽救，惟终朝以泪洗面而已。自耀铨弃世，而余之甥名代顺已授室，方冀其干蛊而广禋嗣，天或者许其中兴乎？乃亦患劳瘵，相继沦亡，仅遗一女而已。处如此之家庭，无生人之趣味，若使忧能伤人，安能郁郁以久乎？门祚衰薄，媳妇再醮，吾姊形单影只，如孤鹤之羁凄，深宵络纬，四壁凄凉，瓦冷霜华，自操井臼，设身处地何以为情？时耶？命耶？姐常来吾家，恒住数月，以此为消遣。吾父母爱之重之，视同己出。盖吾寡兄弟，伯父亦只有姊一人。吾少姊六岁，忽忽皆已老矣。自念未能取富贵与吾姊同安乐，年年奔走于衣食之途。回念昔时姊与伯母篝灯绩纺，吾咿唔书声相伴，沧桑白发，人事升沉，叹可言耶？吾姊命运虽穷，而志节冰霜，光荣贾族，承祧有后，瓜瓞绵庥，亦可以慰藉吾姊之属望矣。因撰述其平生大略，以光贵乘，后之君子得以览焉。

时民国二十一年壬申仲夏月榖旦，清云南补用知县、亲弟吴起銮和甫氏拜撰。

世嫂曾孺人传

孺人本曾氏，为高邑望族，先世素封，清咸丰兵燹后中落，少失怙，零丁孤苦，难以存给，乃同母氏鞠于外家之畲山贾，与吾世兄贾节之先生为中表亲，因缔婚焉。结缡后，虽糟糠而伉俪甚笃，安裙布而井臼躬操，至于菽水得堂上之欢，泯睚眦得妯娌之睦，特其余耳。所最能而可贵者，要在彼而不在此也。先是节之迫于家计，从其尊人连年幕游于外，北极幽燕，南走滇黔，足迹几半天下，孺人正位乎内，年终所得即贮蓄为之置产。居二十年，渐见丰裕，昔之家徒四壁者，至是而田连阡陌矣！惟是年将七七，前后仅生三女，未能一弄之璋，深恐嗣绝，慨然曰：“人有三不孝，无后为大。吾安忍坐视吾夫之无子以亢其宗也?”乃出所储六十金为夫置妾。节之初犹不之许，促之，乃置篷室二氏。未几，老蚌生珠，竟艮三索而得男。孺人及身犹亲见其二而没，虽天年未得，然可以瞑目于九泉矣！今夫妇女之才固难，若才而兼之德则更难，何也？盖自世俗浇漓，床笫之间，挟才能以骄其夫者有之，又或一己无出，不惟不能劝夫再置其室，且恐夫再置室生子以夺其宠，从而悍妒阻挠者，比比皆是也。今孺人之行为何如耶？茹苦含辛，才既足以兴家；无斁无恶，德复足以御下。吾知其得力于古戒旦之贤妃、化行南国之姒氏之教为多也。语云“女中君子”“巾帼丈夫”，吾于孺人有焉。用是而为之传，其生没与子女均详世系，不赘。

时民国二十一年壬申仲夏月穀旦，清花翎三品衔、知赣州府事、侍生李士隽拜撰。

贾母吴孺人六十有五行述

是岁，予馆于万岁寺养正学校。有贾君书麟者，吴孺人亲生子也。适值贵族家乘重修，来校请予为寿母文。予曰：“寿文者，不免铺张扬厉，掇藻摛华，借为开樽设宴光，其于孺人生平实行靡所底止。”书麟闻言，愿请纪实，垂诸谱牒，尚可备后世子若孙之稽考焉。予辞以固陋，却之再三未果，不得已，遂命书麟细述孺人生平实行而次其先后纪之。书麟曰：“吾母自十九于归先大人。先大人原配母珠湖傅氏，仅生一姊而逝，至今配院背刘者是原配母所生之姊也。后续娶母氏如前，生二兄：玉麟、克安；一姊，配相城简。兄姊尚需抚养，而续母遽亡。闻王父母所以急急于吾母之来者，是大有所倚借也。今则克安兄虽出继胞叔代科为嗣，而玉麟兄之教读婚娶，二姊之教嫁妆奁，虽其母之亡而不觉亡，此其间实费吾母劳苦之力居多也。所以邻里称道吾母对于兄姊故事者，迄今恒啧啧也。自吾母于归时，王父母尚健，兄弟聚首一堂，事翁姑、和妯娌，雍雍孝顺，颇有名称。从来先大人偕吾叔做客汉皋，开设漆铺，牌名‘贾松泰’。吾父负担毛坝，责吾叔主理汉皋，事各有专司，使家政一切俾吾母一人是赖。迨生二姊，一适西阳刘，一适田南简，继则生吾。人口渐次繁多，所出日日加大，即吾母之责任亦随之一日繁一日，兼有妇工促迫，极无宁日可知矣。故吾母寻常发生病故[①]，何莫由曩日殷忧过度所致？厥后，购良田、创华厦，工程不为不浩大也。外而吾父，内而吾母。其时吾兄出就外傅，吾年幼无知，历经三载始告厥成功，财力两疲，莫可告语，其间又未尝不加吾母之殷忧也。他如吾姊弟婚嫁之操劳，乃其余事耳。更有苦者，先大人患病床褥六年来，足不能立，手不能扶，凡饮食起居、浣衣濯足、请良医、晋药饵，夜以继日，坐以待旦，冬温夏清，不离须臾。以之言苦，苦无太兹；以之言劳，劳有孰甚？不幸先大人见弃，吾母行年四十有八，躄(擗)踊恸哭，几不欲生。又恐养生送死诸大节有缺，勉从顺便。幸叨皇天眷佑，今年寿登六十有五。玉麟兄得生子四、女三，吾亦得生子二、女二，俱已林立，可睹母之健

① 原文如此。

饭如常。由斯以观将来，吾母由古稀而增耄耋者正未可量。兹因谱修告竣，愿请先生为吾母纪之。”予闻是言，不胜欣佩。于是忘其固陋，随援笔而次其先后以录之。

敬附数俚言于后以赞曰：“卓哉寿母！德积厥厚。克光于前，能裕于后。相夫有功，教子不苟。妇工无亏，妇道有守。名扬中馈，亲操井臼。古称梁孟，今得匹偶。宜尔子孙，天命永受。海屋添筹，如山如阜。”

时民国二十一年壬申仲夏月穀旦，清邑庠生、愚侍生李镇湘顿首敬撰。

代垱公暨德配周孺人与继娶王孺人合传

传也者，传也，传其人之实也。人之实不外夫言行，言行可传，其以之修身齐家则自可传矣。小之修齐，大之治国平天下，亦无不可者。如贾公代垱公，其庶几焉。公，耀笑公之长子也，与乃弟代德公克承父业，自相师友，尝曰：“‘勤俭’二字为正心诚意之本。”昔大禹圣人惜寸阴，陶侃都督尚惜分阴，均明了一勤天下无难事者也。卫文公衣大布，晏子一裘三十年，公孙弘布被，皆知以俭为美德也。故公以之理店务、治家事、创业课子，胥井井有条而不紊。德配周孺人妇道克敦，阃仪足式。生四子：长克麦早世；次克丹、三克骄、季克江，各树一帜，噪“河东三凤”之誉。生女三，早世。孙守恒、守思俱业儒，守秋、守方亦头角峥嵘，将来之发皇未可量也。谓非公与孺人道德之所致欤？继德配王孺人相夫助子，萧规曹随，室家雍睦，有林下之风焉。其享寿古稀也宜矣！惜夫公与周孺人天不加之年，使之登大耋、跻期颐以标准。夫勤俭为修齐之本，扩充为治平之原也矣。公享寿五十有七，周孺人享寿五十，殆皆天数有定欤？予不文，谨以公之生平“勤俭”二字闻而笔之，以志不朽云。

时民国二十一年壬申仲夏月穀旦，清优附生、姻愚侄石生周介顿首拜撰。

代德公暨德配蓝孺人继娶蓝孺人合传

传者，传也。生前所为，传之后世，有关于名教，斯传不虚传。如贾公代德公暨德配蓝孺人，其生平事迹庶几可传矣。公，耀笑公之次子也。幼殊了了，见契于傅师；长更便便，克承夫父业。与乃兄代垱公埙篪迭奏，子母相权，为漆商之巨擘焉，迄今睢州长岗集犹啧啧称赞之不置。虽懋迁亿中，而律己尤严，衣冠古处，言语质朴，居恒尝戒子侄曰："生意者，当以义为准，义则无不利，苟一于利，不可也。何则利也者？固生命之源，要当妨乱之始也。正则为美，利天下，不言所利；不正则人禽浑合，万万不可也。愿尔曹当警戒之。"故公之经理店务四十余年，利以义取，每至巨万稛载而归也。介以为此戒扩而大之，即超贤人圣夫难之有。其原配蓝孺人，幽娴贞静，惜享年不永，于归后未及周年即谢世。继德配蓝孺人，克尽妇道，生子三，长克黎、次克好、三克本。黎、本俱已出继，现均物故。生女二，长适老屋萧，次适西港蓝，皆孺人之劬劳鞠育、煞费苦心以底于成也。惜昊天不吊，孺人年方四十有六，竟产后血虚而逝。再继娶傅孺人，勤劳不懈，今之敬姜也。生子二，克锡、克灿。生女二，一适杨桥雷，一适神峰谌。克灿早世，惟克锡硕果仅存，绳祖武，光前烈，为漆商中之数一数二者，亦足以见公之厚道，天之报施不爽也。今岁夏，贵乘重新，公令子克锡曾及门为请传。予不敏，又不得以不文辞，谨以素所闻于令子者笔之，以志公之盛德，即以传公与蓝孺人之不朽云尔。

时民国二十一年壬申仲夏月穀旦，清优附生、姻愚侄石生周介顿首拜撰。

澄秋公暨王孺人合传

天下事处富时则易，处贫时则难；处顺境则易，处逆境则难；由贫而富易，由富而贫难；由逆而顺易，由顺而逆难。此固人情之常。若我舅父贾公振声，号澄秋，府君则由富而贫、由顺而逆者。公系丙午科举人，济川公之长子。公之生也，其时极盛，富称百万，贵则兄弟举人。先外祖父补授浙江处州同知，随母赴任，襁抱提携，固所乐也。稍长读书，起居饮食已裕如也。平日之间，举凡目之所睹，无非富丽纷华之景；耳之所接，绝无村野鄙俗之言。是处境不可谓不顺矣。公则不为境遇所转移，力学读书，朝夕罔间。捻匪三次窜浙[①]，先外祖乃命公送母回籍。贼窜瑞，公又奉命东奔西逃，数年来颠沛流离，几无宁日。先外祖在任则招兵练勇，欲图抵御，以保城池，奈众寡不敌，乃带兵他往，以谋报复。数月于外，雨宿风餐，积劳成疾，遂于行营一病而逝。公闻耗，匍匐往浙料理丧事，奉梓回里。此时家计窘迫，日食浩繁，而且姊妹婚嫁集于一身，困苦艰难，日谋衣食，是处境不可谓不逆矣。而公之志又不为逆境所夺，若置贫富顺逆而胥忘之，而力学以图上进之心仍复孜孜不辍，卒能冠童军，游泮水，领癸酉乡荐，以成其名。谓非有颜子安贫乐道之贤，能如是乎？奈何年亦与颜子相近，不能终身以事母，以成其孝，此亦人生之大憾也！先外祖当家居之日，同气四人，一堂聚处。奎耀公居长，艰于似续，先外祖悯之，慨然曰："长兄不可以无嗣，其如典守宗祏何？"乃商诸先外祖母，援长男主器之义，遂将公承奎耀公之祧，以故奎耀公爱之如己出，公亦事之逾所生，一时慈孝之风、天伦之乐闻于里党，人咸称之啧啧焉。原配王孺人，淑慎慈惠，有古贤媛之风。入门未久，随事翁姑赴浙，无如天不假年，未几病终。继娶王孺人，端静有壸范，克相其夫，以成其志。故公处贫而不移其贞操，处逆而不失其固守，所以无内顾之忧者，皆孺人佽助之力也。举丈夫子二，长克让、次克绳，均克自树立，相以有成。孙曾森立，亦皆卓荦不群，他日丕振家声，正未有艾。

① 此处误。捻军从未到过浙江。

今春族谱重新，二表兄问传于余。余谊属至戚，不敢以不文辞，遂不揣固陋，因就平日饫闻余先母道及公之生平行状，次第其语，著之简端，以见公前后之际遇如此云。是为传。

民国二十一年壬申仲夏月穀旦，清邑庠生、愚外甥彭福申顿首拜撰。

岐孙先生暨德配曾孺人合传

窃思传者，传也，传其人之嘉言懿行也。有见其人而传之，有闻其名与事而传之。如先生者，志贤未尝谋面，壬子挂冠旋里，与曾君继周时相过从。每于评论人才，曾君以先生之嘉言懿行津津而乐道之。曾君，先生之内弟也。言之恳切，志贤所以闻而知之者也。先生讳均，字子良，号岐孙，谱名家騳，庭光公之长子，举人明耀之胞侄也，邑之畲山人，家世以文学著称，为望族。先生幼慧而能读，为诸先达所器，每展诵，目数行下。胞伯庭训异其才而叹曰："吾家千里驹也。"稍长，尤淫于典籍，日诵千言，自经史外旁及诸子百家罔弗披览。作文敏捷，秀丽清真，词章亦典赡精华，字习《灵飞经》，笔力劲健，当时目为金马玉堂之选。德配曾孺人，布政司理问泰阶公之次女。年十一，慈母见背，依婶母贾孺人抚育，习《内则》，娴姆训，四德兼全，巾帼足式。十七归先生，勤俭自持，孝事翁姑，和谐妯娌，内外无间言。先世叠遭粤匪乱，家渐落，至先生愈窘，欲弃儒就商。孺人不以为然，亦不肯以家计虑先生。斯时，伯岳举人铎、叔岳大挑知县鉴怜其才，共相劝勉。幸胞姑系先生之叔岳母，家稍丰盈，时将佽助，于是改业之心遂泯。年二十四，补郡学博士弟子员。辛卯，棘闱堂备，一时文明噪甚，士林群仰，就傅者争相延聘。筠州孝廉高濬哲公识先生之才，聘为西宾，意气甚洽。先生因淫于书，致感深疾，爰请假回养。参术罔效，竟于甲午六月玉楼遽召，所遗惟坟典索邱，别无储蓄。得生二子，幼子甫晬。孺人纺织自给，以母道而兼父道，其势危，其境亦甚苦矣。先是王父岐山公喜诵《金刚经》，功名鼎盛，后嗣繁昌。孺人亦承祖志，信佛皈依，抚二孤以养以教，数十年来处境渐甘，见义必为，遇急必周，凡有善举无不乐从，尽其力之所能逮，乡里咸敬重之。年六十八而逝，如登仙然，毫无床褥之苦。长子克状出继代松为嗣；次子克全业商，颇知大义，虽置身阛阓，而排纷解难，好善乐施，悉遵孺人遗命。其家虽不及王父之兴隆，而家裕履丰亦孺人信佛之明验也。先生生于清咸丰辛酉年五月初五日子时，殁于清光绪甲午年六月初八日辰时。孺人生于清同治壬戌年八月二十四日亥时，殁于民国己巳年十月初五日子时。同葬金猫山。兹当贾氏家乘重修，曾君为先生请传于予。予思为传者必择其人而传之，先生虽未谋面，独欣欣然而乐为之传焉。儒者之学，母范之贤，俱当特书。爰诠次其事如右①，以谂来者。

时民国二十一年壬申岁孟夏月穀旦，清赐进士出身、甘肃宁远县知县、眷愚弟单志贤顿首拜撰。

义林公传

人之行事可传者，非必勋名赫赫，震耀耳目，即此赋性豪侠，遇事慷慨，于地方公益事项赖以提倡而维持，从无有出而梗之者，斯其人之义气足以厌服人心，而其行事亦宜以传示于后。如义林先生者，不其然乎？先生讳秋华，字义林，谱名家骅，世居畲山村，为庭光公四子。先生先世鼎盛，世业诗书，一门簪缨罔替，登贤书、游泮水者不可胜计，而联紫绶者亦不乏人。先生因年居季，又值家道中落，以故不获从事学业，幼即务农。然先生虽未尝学问而器识宏大，有非乡曲所能比拟，观其生平行事从可知也。先生因三兄骐生君瑞城佐理钱业，经济渐充，遂有感焉，于是弃农服贾，操习木业，自往赣州采办，

① 原文竖排，故言“其右”。又，下文有“于左”字样，同理。

屡获巨资。由是置田购产，不数年果称素封。迨其家既丰裕，志愿益宏，施棺木，济贫困，又于其家开设杂货一肆便利乡人。而其最注意者，内外种种公益事项更竭力提倡维持，而森林、水产、制作、生殖之道，莫不悉心穷究，均卓有成效。尤有异者，先生性豪侠，喜交结，凡拳术技士往往宾而礼之，以故独得其秘，而医药亦擅其长。乡邻有患伤残者求之无不应手立愈。虽然先生之技精矣，然尝与人言，每以不获修文为憾。故其嗣君克为令伊肄业江西鸿声中学，卒业后复促之转升省立第一高中部，常以远大自期。惜乎天不假年耳！先生竟于庚午八月二十四日一病不起，享年五十有六。而嗣君克为亦以忧伤成疾，后先生四月而终。呜呼！时耶？命耶？抑天道之难知、人事之莫测耶？盗跖寿终，颜回命短，气数颠倒，自古而然，尚何言哉？先生子二：长蚤卒；次克为，生女一，无嗣。德配周孺人痛遭不造，力谋续承，继胞侄解元四子守倡为长子嗣，炳元三子守信为次子嗣，俾先生无后而有后，洵不愧贤内助焉。嗟乎！先生之厚德及人，将见兰芽茁秀，瓜瓞联芳，则天之克昌厥后者正未有艾也。女三：长适官塘李氏，次、三均适和溪陈氏。今以家乘重修，伊侄炳元请为先生传其事以示后。余因任山畲学校教职二年，于先生行事甚悉，谨即其素所见闻者叙述之，以告后之贤者。至生殁年月具载谱牒，兹不赘。

时民国二十一年壬申岁仲夏月穀旦，清邑增生、世愚弟罗熠枢敬撰。

德斋先生传

畲山贾氏，高安上南乡望族也。先世科名鼎盛，照耀谱牒，间有隐德未彰、不获以学显，而其公平正直为乡族所重者，亦宜有以纪载流传于后，俾后之人知。子孙之繁衍，书香之继起，皆由于积累之厚。如德斋先生者，讵不信欤？先生讳代培，号德斋，珪耀公之冢嗣也。先珪耀公家计稍啬，先生幼时未获从事于学。及长，佐珪耀公经商于市。虽其时小贩经营，然与人交易曾不稍欺。不数年，贸易之盛较设肆于市者尤形发达，则其公平之称有以见信于乡也如斯。然先生不以家道渐丰稍萌骄逸之念，仍兢兢以勤俭自持。居家则事父母以孝，待兄弟以和，遇戚友以信，训子孙以严。至其处于宗族也，恂恂以礼；与人晋接，和气婉容溢于眉宇。然遇族中子弟有不谨者，辄严以相绳，从不稍假以词色，故族中皆敬惮之，则其正直之性有以见重于族也又如斯。尤有进者，先生每念先世诗书世家，孝弟之风、仁厚之俗见称于昔，因以幼时失学，未能仰承先绪，故决志以季子仕云就于学县立高级小学，丙寅岁获卒业。而先生竟于是年五月无疾而终，享年六十有六。德配雷孺人，温恭淑慎，克尽母仪，家庭之内谨饬有序，诸媳环侍，莫不肃然。先生治外，孺人治内，故其兴也勃焉。子四：伯双龙能克承父业；仲双凤、叔双麟均佐兄经商，以勤谨称；季仕云现充义务学校教员。女三，均适名门望族。孙六，长孙守明亦聪颖，在学校肄业。然后知先生积累之厚，其克昌厥后宜也。余民国十九年膺山畬义务学校校长。余不获辞，谨即先生之素行质言之，俾后人志之不朽云。

时民国二十一年壬申仲夏月榖旦，清邑增生、世愚弟罗炤枢拱之鞠躬敬撰。

贾公代发传

贾公讳代发，号达轩，耀光公之令嗣也。公生时母氏早失明，无能鞠育，即雇乳母卵翼，衣之食之，出入顾复，在在胥赖其扶持。耀光公先在湖北草市开设漆铺，睹家运之颠连，念妇孺之困苦，日以为忧。公才龀龄，遂携之同赴草市。入塾就学，初授句读辄能成诵，塾师奇之。阅数岁，遂废学效计然业。耀光公以年老力衰难以支理，即收店携公言旋。家居数载，公甫授室，耀光公与母氏即先后弃养。公致敬尽礼，倍极其诚，棺殓之资，丧葬之费，家道遂因而中落焉。终制后，公欲谋生计，就瑞郡南城开设小铺，生意不能发展，岁未一周即歇业。公之颠连困苦而竟如此哉！嗣遇族兄代徐赴施南，公再四思维，欲复旧业，即与之商约结伴同往。施在万山中，箐密林深，天梯石登，徒步难行。公资本不广，购货不多，一年一去一归来，不避险阻，不惮艰辛。数年间，稍获蝇头，家渐饶裕，拟素封矣。公处施日久，人地习熟，幸际"亦生号"刘木斋延公勛勷店事，主宾鱼水，声气应求，分庄茅坝概烦经理。公至，孚以诚信，待以公平，施人咸服其正直，以故交易日隆，生意畅茂，未及一纪，利获亿万，骎骎乎遂成巨富矣！其在家也，戚党姻娅有困厄，赒恤之唯恐后，族有公益义举辄先倡之。睹神庙卑污，出资修塑；悯道路欹仄，石面康庄。至若通有无、济缓急，有求立应。公之好善乐施，轻财仗义，以视世之悭啬者判若天渊也。其在施也，同乡之习于摴蒱饮博者必切戒之，或荡尽其资，辄佽助之，俾复其业；有亲老而不能归省者，给道里之费促之行，毋使久羁；有失业无依者，出资以济，不致空乏。每遇岁暮，饥寒交迫者遍市，公恻然悯之，即捐数百金酌给以账(赈)施，人赖以活全者甚众，至今诵公之德于不衰。孰意壬戌秋杪，茅坝之场匪寇窃发，神兵猖狂。公闻耗，守义不去，竟为神兵杀伤。亲视含殓[①]，克银在旁主持丧事，祭奠举觞，躄(擗)踊号泣，停柩寺堂。癸亥春，扶榇回里，开堂设奠，周亲三党登途执绋，安厝祖山之阳。今公之舍生取义，杀身成仁，方之古之志士仁人何多让焉？今岁重新家乘，克财昆玉欲为先君传请于余。余谊属葭莩，尘砚久封，不敢以不文辞，因就畴昔先君在家时，往来过从，鸡黍言欢，得闻其生平行谊甚详，故不揣谫劣，爰濡毫而为之传，且系以赞曰："财毋苟得，难毋苟免。三代遗直，义尽人显。"

时民国二十一年壬申仲夏月穀旦，清郡庠生、姻侍生唐戴

① 原文如此。

尧祖勋氏顿首敬撰。

克迪公暨德配傅孺人及宋孺人合传

传也者，传也。传其人之生平所行所为有益于身家、有功于世道，言顾行，行顾言，言坊行表，斯为之立传也可。一善行，一善言，夫唱妇随，见义勇为不稍懈，即为之合传亦无不可。如贾公克迪暨德配傅孺人及继娶宋孺人，其庶几焉。克迪公者，庆堂公之长子也，号文馨，山畲之特出也。英姿卓荦，天性纯良，聪颖异常，文史足用，后关怀家政，弃儒就商，经营于吉、赣，信用昭著，利获不赀，以故设立花庄、盐铺，财源畅茂，日愈发达。创业垂统，教子弟以诗书，见贫苦而周济，每遇善举必为首倡，其享大年、寿古稀之有三者，谓非所行所为有益于身家、有功于世道之所致欤？德配傅孺人，山畲之名媛也。精女红，娴妇道，相夫挽鹿，教子丸熊。生子三，长守甫、次守梓、三守桐，王氏之三珠树焉。生女一，适寒溪邑庠生陈家修，姻娅相传，贤名卓著，皆孺人之教训也。宜夫享高年，登大耋，何期瑶池早赴，孺人享寿仅二十有一焉。继娶宋孺人，一遵孺人之法，视前子女如己出，真所谓萧规曹随也。生子守立、守棉，二龙激浪，双凤凌云。女二：一适汇头太学生鄢公道录之子；一适清江池头钦加四品衔诰封朝议大夫黄公讳兴之孙、邑庠生河亮长子，名生瑞。孺人俱措置裕如，以故克迪公无内顾忧。兼以长子守甫能独树一帜，文武精通，驰名于世；次子守梓善于筹划，克承旧业；三子守桐志在青云，屡列前矛(茅)，文场健将；四子守立，汉镇漆业堪称巨擘；五子守棉，业商常德，货殖居奇。是窦桂之齐芳，真克家之有子也。无何民国元年(宣统三年)未起义之前两月，忽接四子守立亲家之凶电。虽抱西河之痛，环顾四子俱克撑持门户，即达东门之观。惜宋孺人享寿只大衍之数，竟于清光绪三十三年丁未舍克迪公而仙逝。克迪公虽再续弦傅氏，老伴优游，自得至乐，家事各自树立，无庸过问，只以房款支绌，慨然倡守集会，担任会计。不数年，众款遂足，于是铨公房众题额赠公以“嘉乃丕绩”四字，赞美公德，此公而忘私有功于世道者之的也。举凡善言善行，傅、宋两孺人均乐唱随，为之合传，不亦宜乎？第介谫劣无文，不足以表扬公与孺人于不朽，而公与孺人之言行深入人心，乡邻之口碑自可传于不朽也。谨觍缕而为之合传。

民国二十一年壬申仲夏月穀旦，清邑庠生、姻愚侄石生周介顿首拜撰。

克丕公暨德配余孺人合传

传者，传也。或传于乡，或传于国，或传于天下，万事要皆有丰功伟绩。下而至匹夫匹妇，嘉言懿行，薄技微长，亦可以传于后世。吾因是有感克丕公暨德配余孺人焉。公讳克丕，字振先，号弼基，代获公之长子，姻兄守焱之令尊也。其为人温和，恒操商业，阛阓中称巨擘，待伙伴若弟兄。晚年归家经理庶务，和邻睦族，排难解纷，值有慈善公益事项，亦当从中竭力赞襄。其持己以敬，交友以诚，视同胞笃友于，待犹子若比儿，其生平卓越有足征者。德配余孺人，妇道是懔，妇职无亏，相夫勤俭，持家教儿，德威并著，以故人财媲美，家道咸宜，惜天不永年。举丈夫子三，长守焱、次守晏、三守江。女一，适西阳刘。守江早逝。孙三凤，曾孙五龙，均头角峥嵘。孙女及曾孙女林立。公援例授登仕郎，享寿八十有九。人咸谓天之报施不爽，殊不知公之德有以致之，故大德者必得其寿也。兹者守晏之子祥林，予婿也，述今岁族谱重修，乞予为王父、王母传。予不文，旋又嘉其孝思之恳至，故综核其生平大概，述其颠末焉耳。

时民国二十一年壬申仲夏月穀旦，清邑庠生、姻愚侄傅楫顿首拜撰。

贾母罗孺人传

中国自家族之制兴，其间之由否而泰、由啬而丰者，权故操于男子，而功多成于妇人。此鸡鸣戒旦，国君所犹赖有贤妃之警也，况家道乎？譬如操舟者然，篙楫虽备，帆樯虽驾，要必有同心协力者相与牢司其舵，而后乘长风破巨浪始克有济也。不观罗孺人之于贾献章先生乎？孺人者，首先为献章司舵之人也。入门后，伉俪之相得固不待言，乃上事翁姑，下和娣姒，早得堂上欢。是时献章学商于外，不克时日归省，孺人实代供子职焉。家非素封，而晨昏无缺，人咸称之。先是献章兄弟五人，妯娌之间同居共爨，不无睚眦。乃孺人一以退让，出之宴如也。厥后二老相续下世，献章亦立业于镇江，孺人即往就焉。居肆中，与献章相助为理，辛勤倍至，白盐赤米手自摒挡，女织男工躬兼为役。幸而生意居奇，动辄厚利，故虽献章之善为经营，要皆孺人平素资助之力居多也。尤足尚者，孺人性慈善，好施予。凡亲邻戚族有称贷者，有则无不立应，恒曰："吾曾受遇窘境而告急于人者矣！倘所求不得，往往因此一勺而涸千里之舟，所差不亦多乎？吾甚不欲昔之受窘于人者今仍以之窘人，甚愿以己之不急者以急人之急，夫岂若是硁硁者？为受人之济则可，以之济人则不可，缓急有无相通之谓何？是乌用此阿堵物为邪？"其识大体类如此者。乃积劳成疾，年未五十而即下世，惜哉！举丈夫子二、女一，均详谱系，不赘。夫吾人凡有一德之足称者，即不忍湮没而不彰也。予亦本此意特表而出之，用是而乐为之传。

时民国二十一年壬申仲夏月榖旦，清[1]国务院铨叙局第一科科员彭和书敬撰。

贾母张孺人传

孺人者，江苏广陵秀士张文元先生茂才之爱女也。生有异

① 原文如此，下同。但清代并无国务院。

质，六七龄授以句读即能成诵，且眉视目听，动辄得如人意，以故先生特爱之如掌珠焉。择婿殊苛，议者踵至，先生辄不之许。有诘之者，曰："吾此女而实子之者，将欲以赘焉。吾人非不欲名门阀阅、富商巨贾与联姻娅也，第恐一旦官游远出，十年八载不获一见，夫何乐而有此女也？"厥后，二老相继见背，孺人自顾零丁，莫克报女而子之之恩于万一，将矢此身，不欲适人，依兄嫂居有终焉之志。兄嫂亦不之夺，以手足待之，委以家政焉。代主持者十余年，人情之若往若来，财帛之或出或入，内外纪纲，措之裕如，人咸服其明而有巾帼丈夫之目。是时献章正值罗孺人弃世，急欲求凰而续鸾胶，乃有为之作伐者。初孺人尚不欲也，嗣经兄嫂再三劝导，复耳献章名足以相当，遂许之而委贽焉。入门后，家事店事正待襄理，乃孺人驾轻就熟，六辔在手，一尘不惊。献章遇有疑难事，反取决之，常语人曰："其明敏不啻胜吾十倍。"盖孺人知书达理，举止有大家风，性缄默，寡言笑，然端凝中寓和顺色，使人乐得亲之而为之用。故遇事有济，不至掣肘。献章广交游，好接纳，往来多知名之士。孺人亲主中馈，终宵不倦，有古人翦发延宾之风。佥谓献章自得孺人之贤内助，事业之顺实超胜于前，若有载福以俱来者。抚罗孺人子如己出，厥后所生瑞芳兄妹等稍长，孺人教之友爱，相率怡怡，人莫辨其为异母兄弟也，于此可见其贤德之一斑。夫故之所谓女中君子者，非徒托诸空言也，必其才其德除相夫教子外，复表见于事实有足令人矜式者，始足尚也。若孺人者，其庶几乎？惜乎艰难缔造，与夫子宏其基、骏其业，莫克与夫子偕其老而享其荣也，与罗孺人前后如出一辙者，吾甚惋之，而为之言，究未知足以传其万一否也。子女与生殁均详谱系，不赘。

时民国二十一年壬申仲夏月穀旦，清国务院铨叙局第一科科员彭和书敬撰。

守杜先生传

士之可称于世者，非必有奇材异能可以炫世而赫俗，即此庸德之行、庸言之谨，居家则孝亲敬长，处乡则泛爱亲仁，勤俭持身，谦恭接物，其质朴古风常令人称道之不已。如守杜先生者，又岂可多得耶？先生讳守杜，克焦公长子。先是，克焦公世隶于耕，家计甚窘。及先生长，言于公曰："厚生之道，农不如商，盍请经商可乎？"公曰："以子之才，宜无不可，且我家近市，经商尤易，当善自为之。"由是抱亿中之才，逐什一之利，毕力经营，置良田，创华厦，不数十年而积资巨万。奉父母以孝养终，《书》曰远服贾以孝养厥父母，其是之谓欤？先生昆仲二人，家庭之内常怡怡然，无纤芥之嫌。年未四十，即抚弟仲子钟士为嗣，亲爱如己出。《诗》曰："兄弟既翕，和乐且耽。"《书》曰："惟孝友于兄弟，施于有政。"先生有焉。清光绪年间，亲朋为先生援例晋捐一职，乡党咸以为荣，族绅有诈先生者欲得其贿，先生一笑置之，辄不与较，以是人服其量。先生常以幼年失学，每勖其子钟士曰："汝宜力教诸孙，毋怠厥志。"后民国十六年，长孙宝成竟以县立高级小学毕业，学业蜚声，门庭焕耀，然后知先生孝友传家，厚德及人，天之克昌厥后者正未有艾也。先生生于清道光二十七年十月初五日辰时，殁于清宣统元年五月二十二日申时，享年六十。德配徐孺人，温恭淑慎，鞠子抚孙，劬劳备至，老而忘倦，族党之中翕然称颂。子钟士现亦从事商业，克承厥志。孙六，宝成其长孙也，与予同事山畲学校教职。今以重修家乘，请传于余。余以谊不获辞，谨即先生之素行质言之以志于后云。

时民国二十一年壬申仲夏月榖旦，清邑增生拱之弟罗炤枢敬撰。

守蚌公传

士大夫盱衡当世，品论人才，某也贤，某也不肖，不可远于谀，尤不敢邻于诬，诬之固以败之，谀之适以毁之也。须平情酌理，无党无偏，方为大公至正之道。故声闻过情，君子耻之。畲山贾生信成，前从吾门调纲兄之令嗣，守蚌公之嗣孙也。顷者，再于予曰：“今岁重修族谱，先祖之恩未报，欲赐一言以为传，则拜贶多矣！”予亦知守蚌公之素行，不可已无言。公自幼习农事，操商业，事亲敬长，先意承志，持己以敬，待人以忠。他如赈济贫乏、修治桥道，凡公益诸大端，靡不极力从中赞成，力量不胜而量力相助，其处心积累者如此。尤可嘉者，治家有法，教子义方，子若孙雍容辑穆，媳妇辈妯娌和谐，内外兼该，条理不紊。由公主持于外，尤得贤内助辅持于内，以故家号小康，人颂硕德。孙曾林立，均头角峥嵘，正有将兴未艾象。上天报施之德不爽，不于其身，必于其子孙。所谓积善之家，必有余庆，不诚然乎？予谫劣无文，爰由信成素述其大略，证诸父老兄弟无间言，不可近于谀者，尤不邻于诬，故执管而直书之云耳。

时民国二十一年壬申仲夏月，清邑庠生、姻世愚弟傅辑(楫)鞠躬敬撰。

稼轩公传

当读“君子疾没世而名不称焉”之语，未尝不掩卷而叹息曰：“人生天地间，不能与天地同留，直与草木同腐耳。”然欲垂诸久远，必名与实相符，即微长足录，亦可为法于后世，而励后嗣者也。如畲山守田公，其生平大概有可称述者焉。公讳守田，号稼轩，克领公之四子，兜纲之令尊也。自幼业绍箕裘，崇尚朴实，遵淮南杜康为先师，少事诗书而其举止动作于经传默相契者，本此意自励以勖诸子，曰：“一年之计在于春，一日之计在于寅，一生之计在于勤。”每于农忙之时，犁雨锄云，手胼足胝，日出而作，日入而息，常以此“勤”字灌输胸中。自奉必须俭约，衣服勿事华美，至事亲敬长、见宾承祭诸大节即各从其丰，几与丰俭适宜，勤而不足再加俭，勤持家之意相吻合也。故三年耕而有一年之蓄，九年耕而有三年之蓄。庶几家道小康，续置产业，有蒸蒸日上之势。惜天不永年，花甲将周，得年五十有八矣。德配王孺人，举丈夫子三，长针纲、次兜纲、三战纲。女孙林立。针纲早逝；兜纲亿中之才，不凡之子；战纲高级小学毕业，肄业中学校，方兴其未艾矣。兹值贵族重修家乘，战纲特造吾室，乞予为传。予与战纲谊属师生，故得知其大略。爰不揣固陋，搦管而直言之，聊述其底蕴云耳。

时民国二十一年壬申仲夏月縠旦，清邑庠生、世愚弟傅楫鞠躬敬撰。

守立公传

天道固难知，盗跖寿而颜子短，人情诚莫解，恶者存而善者亡，此天数也欤！然天乃唯一至公，善恶报施丝毫不爽，使有寿而无名，虽寿不足贵，有名而不寿，又何妨以争千古，不争百年。如贾公讳守立，字道生，其人者有如是矣。道生公者，文馨公之第四子也，天性聪颖，力行孝弟忠信。曾入幼学，勤读不辍，不幸家道中落，乃投笔，商于武汉，持筹握算，亿则屡中，为漆业中之巨擘。公德配谌孺人，产自名门，于归望族，孝翁姑，和妯娌，堪称内助之贤。公可一意商场，无须关怀家政也。公好慈善，见贫苦废疾，尝以重金济之。讵料经营忽左，棘手忧心，致染脑膜炎疾，竟成不起，百医罔效。呜呼！以公之才之德，自应轰轰烈烈做一场世界，标名万古，而赍志没地也，能不悲哉？然其时公之全眷已返家逾年矣。谌孺人忽得离鸾之报，几为化石之人；志矢《柏舟》操，心如古井水；痛夫短颜渊，律己同文母；永作未亡人，誓从兹已矣。或有吊公者，恨伯道之无儿；亦有誉公者，喜乔玄之有女。长适愚婿学道，次适圳溪邓，均能清贫自守，赞助勗襄，似不亚于男也。先生虽无子，继侄主后，神其佑之，永久绵绵，将来之发皇未可量也。如是虽未获报于生前，定可期于身后，有若操左券者。今当贵乘重新，而岳母四十又九之谌孺人嘱学为公传，时恰充县立山畲小学校长，录公实事，谨以传之。公年二十有九，于清宣统三年闰六月初三日辰时终于汉，厝于汉阳王家湾十里步第五牌，有碑可详。敬笔之，以垂不朽云。

时民国二十一年壬申仲夏月穀旦，愚子婿南烈周学道谨撰。

三、寿序、记、案牍、地契

笔溪五十寿序

予友贾上舍，筠南之望也。予初客于筠，君方以年少较艺二千余人中，而予交邑之耆宿无不称君才者。君所居十里即吾清江，故姻友交游半在吾邑。而尝从白明经玉溪游，玉溪入郡未尝不为余称君，盖其时余心仪君久矣，而君固早知余者也。其后十数年，君以冢嗣德辉暨从子玉圃依余讲艺于江城。久之，复招余至所居，设馆于翠竹精舍，于是与君晨夕抗谈，而十数载之神交获共慰于平生也。君笃学，早工进士之文，试群俊中日有声，既以家政剧，乃注籍太学，用所业笃教诸子。而为人慷慨，然诺高简，不苟言笑。里有纷构，辄数语亭平之，莫不忻服，或出己资以息其争。兴礼敦义，周乏扶危，凡有裨于族、有济于乡者，竭其心力，倾囊不少顾。余尝见世之人惜及锱铢，不以毫毛惠人，究未尝有加于所积，而君好行其德，岁费恒不赀，亦未尝遽受其困。然则义固无损于人，而君之识则诚达矣。君之教诸子也，非特隆师而严课之，凡乡族后进无不勉之使学，或竟佽以膏斧之资。当余在翠竹精舍，每归弥旬，君必至馆，日省阅课程，委曲诱进，邴邴乎其喜也。比余以豫州纂志之行，别君且数年归，而君之二子德辉、水心复从予于江城，则君年五十矣。是岁九月廿三日为诞之期，予以读《礼》愧莫留一觥，而玉圃书来，谓君不欲受庆，或得先生之交，庶为君之所可，而乡族姻友获以展其情也。予惟古者五十始服官政，士之显于世，以为天下用者。君甫及其年，顾自戢其才而为义于乡。夫王烈、黄宪固亦与李膺诸公并著国史，而君六子诸孙俱授以学，则所以为寿者将在。自兹以往，而今固无庸数数矣。余知君既深，故道君生平，特序相交之后先，盖不特不欲为泛然之辞，亦古人叙事之体宜然，且以示玉圃。今为孝廉，宜有志于古人之文也。是为序。

清乾隆五十五年，岁纪上章阉茂修元之月日在房宿，年通家、同学、世愚弟钱时雍顿首拜撰。

笔溪六十寿序

国家当累洽重熙之日，太和洋溢，协气充周，人多敦庞寿恺，有以永其天年而教导其子孙，使其秀者沐浴诗书，奋力于文章，以副熙时棫朴作人之化。而江右为理学名贤之区，欧、曾、黄、王之所笃生，周、程、朱、张之所过化，自昔称为人文渊薮。庚申恩科，予奉命典试江西，披阅乡闱诸卷，类多渊懿醇雅，美不胜收，得一卷尤老练浑成，知为有学之士，取列三十三名。迨揭晓，则高安贾生麟书也。既来谒，见其人彬彬恂恂，气度温雅，与其文相称。因请于余曰："麟书获受一日之知，然使由勉自濯磨幸预乡贡者，父教使然也。"兹季秋廿三日为甲子初度之期，获赐一言以张之。庶执爵称庆，有以酬义方之恩勤乎？予惟为寿之文，非亶称以耄耋期颐而已，必将道其生平之实，使其义可风而言足为教，是以君子尚之。古之言寿者，莫隆于《三百篇》，尤莫隆于《天保》之诗，曰"单厚"、曰"戬穀"，可谓至矣！譬以山阜、冈陵、松柏，可谓备极其形容矣！乃推其本则曰民之质矣！日用饮食故观于质，而人之所以致寿者可知矣。麟书乡邑同榜生为予言，君为人敦实而质直好义，踸踔有为，持身持家能励勤积著以殖其业，殷裕甲于一乡。少时笃学能文，试群俊中有声，既不即售，乃注籍太学，而以所业教其诸子。隆师丰饩，专督而勤课之，里党后进兼能委曲诱掖，勉之以学。乡邻争构以数语亭平之，莫不感服。又好行其德，拯疾困，周危急，同族、同乡有义举无不身为之倡，竭心殚力，虽尽倾私橐无所惜，以是六子俱才。麟书为之长，仲子淡成亦早为诸生，其诸子及孙皆英英有秀发之望，盖君之质行如此。《诗》所谓“遍为尔德”者也。夫天下惟质为可久，亦惟质而后可以生文，以君之遍德为之质，故能使其子孙发于英华，以著其文章。吾观世人封殖自厚，谓可以长保其所有，顾徒为子孙骄纵之助，转瞬而荡然者不鲜也。君惟不吝所有以自累，而质直以好行其德，故能昌其子孙而弥寿考，以益厚其福泽，所必然者也。麟书兄弟勉之，其益自奋，他日连镳甲第，黼黻皇猷，以显扬君之令名，而君叠受封章，乐杖履之康强，引熙恬之岁月，以上应圣人久道、文明之化，俾兹土人士有所观感而兴起焉。是所谓言足为教，而予所以风励多士者，亦于是乎在矣。

清钦命江西正主考、文渊阁直阁事内阁学士兼礼部侍郎、年通家弟李钧简顿首拜撰。

笔溪公七十寿序

嘉庆十五年庚午九月廿三日，为族叔祖笔溪公古稀初度，邑荐绅先生与里党世好姻娅将其为诗歌文词，跻堂以侑一觞，而公晚年习静，闻之恳辞再三，坚不受庆。诸君子重违其意，亦以帣韝鞠𦙶徒劳老人筋力，故不敢以琐节繁文相慁。于是族父老暨群从昆弟咸聚而谋曰：“若公之生是天之笃祐于吾家，而为祖宗之所佑启、子侄之所矜式者也。兹其诞辰而无一言于公之盛德，㧑谦固宜，而吾侪将何以为情耶？矧其勤施于族数十年之尽瘁不遑者，又曷以贻后之人，俾有所观感而兴起乎？且谓公之行谊，其表著于乡党而为当世名公巨卿之所推重者，人人能言之，而其所以行于族者，则惟吾宗之人目睹之、身受之而心铭之者也，是不可以无述。”而因以命辛，辛窃念吾族自刑部公发祥以来，簪缨接武，诗书孝友之泽绳绳相继，著望一邑，其后亦稍陵夷矣。比数十年科甲蝉联，人文蔚起，百废具兴，弗坠先绪者，伊谁之力哉？征父老言，辛固早欲云云也，兹其何敢以不文辞？当乾隆初，族群不逞之徒觊觎祖茔吊钟山之有煤也，蜂聚蚁合，乘间窃挖，族之良善扼腕愤恨，莫能制，而无赖之子遂晾之四分祭田，析而散之各房。其后，乾隆戊子，太傅朱文端之侄必场复侵挖台盆岭龙脉，时大宗祠祖遗之业荡然无撮土粒粟之存，又共慑于势无敢挺身出抗者。公时甫弱冠，昌言于众曰："先世为此龙脉不惮奔京诣省，吁请封禁，今坐视其推(摧)残崩塌而莫可如何，不孝不勇，非夫也！"与其从兄嗣谊，族兄嗣邑、嗣闻等奋不顾身，闻公禁阻，由是龙脉终克保全。既又聚其族人遍喻以亲睦联属之谊，令大宗祠之田涣者复萃，而募义劝捐得数百金，乃益置公产、修祀典，俾以其余出贷称息，选之族公慎而敏事者，协谋而交赞焉。今一切经费绰然有余，每岁时俎豆荐馨，衣冠肃穆，一堂之上昭穆咸在，蔼然洽一本之欢者，非公之纠合宗族不至此。先是，大宗祠自前明宣德时创建，岁久倾圮，虽迭次修葺而未改旧观，谋欲重建者数矣，佥虑所费之不赀也，议遂中辍。公竭心力、出重资以先族人，而富室争踊跃相助，鸠工庀材，早作夜思，事无巨细咸躬任其劳，历三年而告成。今寝室堂庑宏敞壮丽，有逾于前，而丹漆黝垩焕然更新，获以妥先灵而式观瞻者，此又公之功也。曩者吾族之士赴试郡中，多寄寓旅舍，迁徙无定。公以谓阛阓杂处，有荒温习，乃为置一公宇，拓其基而新之。自是角艺者得安宅之居，负贩者有息肩之所，此又公之功也。其他建文昌宫以资讲贯，修翠竹庵以卫水口，新本祭庙以崇庇佑，殚心瘁力，纤细无遗，固未易更仆数也。辛少公十年，于群从中辱，公独加刮目焉。其感佩特深，而固有所不暇叙，以兹之所述，亦犹体诸父老之意，而非予一人之私言也。若夫公立身行己之大节，与诸郎君之能世其家，则已见于钱、李二公之文，今第举其勤施于族者，明著之以示后之人，抑以家人之言情有异于祝嘏颂祷之词，故从其略也。

桂园愚侄孙辛顿首拜撰。

笔溪公八十寿序

筠南贾封翁笔溪老先生初舣舟吾玉杏花门，徒步入城至广文在郊先生署，与家人相见，而舆仆未之知也。既乃霁怀款接同学诸生，竟日无倦容，曰吾所敬礼者，论人品心术，不问势利，龌龊世态，久不入冷眼中矣。闻县署前徐布衣景元与封翁同庚，终老杜门，食贫守素，有乃祖敬斋先生风。亟语在郊先生，具文申报，举明春乡饮，推是心以宏奖士类，何虑礼义意微、廉耻道丧哉？方封翁为上舍时，清江钱寄圃先生与友善，每乐道封翁尝与年少角艺二千人中，为曰“明经及门，首屈一指”也。而在郊先生及其从兄玉圃孝廉，并出寄圃先生门，曾以古人之文相勖，诚未知寄圃先生所得力于古人之文何如，要其所以称道封翁必有能无愧古人者，然后能以古人之文重，即无古人之文，而其无愧古人之实，亦岂专以文重也？古人之实，则立心制行而已矣。立心正，惟恐他人之心不粹然同出于正；制行严，惟恐他人之行或苟焉未克自严。严正之气胜，故其勇敢有力，于族鄙足以相先；其纡回曲折，于伦类足以相成；其磊落光明之概，足以轻视仆马驺从，独来独往而不使人疑；其饮食笑言之真，足以感发意气性情，知学知守而不使人废。夫志节之所谓颓然废者，无风厉之者也。顾而风厉之非，其实又相与群然疑矣。若举动先不予人以可疑，而激扬所及，虽废者可以立起。礼义廉耻之不泯，谁谓宏奖之力无所本而然哉？窃因封翁所以礼遇士者，而信寄圃先生之于封翁，称言为不苟已。先是乾隆己酉，封翁寿五十，寄圃先生为之序。其后十二年，嘉庆庚申，在郊先生举于乡。又十九年，先生任吾玉广文。明年己卯二月初八日，封翁寿八十矣！精神俊爽，风采动人，门下士因先生之为封翁洗腆，而咸颂封翁之勇于义、绝于俗，以奖厉多士为己任也！爰征予言，予方读《礼》，未及晤先生教，而遥闻矍铄翁舣舟入城事，杏花门外又增一韵典矣！何必摭古人“桃李新阴在鲤庭”，以虚文藻饬焉。

清例授文林郎、戊申科乡进士、候选县正堂、从吉年家眷愚侄蔡世钹顿首拜撰。

重建昼锦堂记

吾贾氏宗祠之建自二世祖太守公解组归里，第取法于韩魏公，自额于堂曰“昼锦”，用以崇祀先人，昭示子孙。盖数百年于兹矣！其间阅十四传，代有修葺，要皆因仍旧规，补缀穿漏，使之完缮而已，未尝扩而大之、更而新之也。嘉庆戊午，族叔瑞征请于叔父笔溪公曰：“君子将营宫室宗庙为先。吾族蒙祖宗余庇，子姓繁衍，拓基立址，筑室结庐，历世以来，创构增居者不知凡几。独宗祠日就倾圮，其何以妥先灵、肃瞻仰?”笔溪公曰：“是宜改作，勿仍旧贯，规模斯扩，资费无惜。”咨于同族绅士暨诸父老，皆应曰：“诺。”会集族人，佥谋合一倾囊乐输，罔不踊跃从事。于是构巨材，琢坚石，瓴甋砖埴之需俱庀，辨方正域，规度崇广，群工毕萃，是斫是虔，冯冯登登。二公总率经理，日临省阅，无间寒暑。族中诸彦襄役董事，莫不矢公矢慎，致力竭诚。既落成，计资费五千七百金有奇。群而观之，既坚以固，亦崇且广，恢宏巨丽，甲于乡党，乃命辛纪其端末。是役也，起工于嘉庆四年八月廿二日，至五年秋九月始告功。首事总理者：笔溪公，名绍文，太学生；瑞征叔，名玉书，太学生。佐理董役者：元窕、嗣心、必灏、必蛟、世魁，世魁，太学生；绅士：立山、三捷、嗣尧、嗣德、必阁、必智、必宰、醇、淡成、献珍、世泰、世亨、世伟、世晓、铎；父老：元帅、嗣登、嗣虎、嗣烰、嗣成、嗣试、嗣乖、必猛、必中、必静、世攀、世讲、世早，皆与有劳焉。例得并书而记之。

辛谨识。

芳陂山图考[①]

芳陂山脊以前原属吾族祖茔，脊以后之小坑岭乃水田所易邓氏山也。合而观之，东界麒龙塝山，又东界范坟山，西界水田，南界水田，北界水圳。先是邓姓向小坑岭采煤，有碍坟冢，讦讼连年，控经上宪，本府理刑官判以水田易之。今里人"水田换荒山"之谣正谓此也。其地开茔六所，一名黄峰吊薮，一名飞燕伏梁，一名筲箕挂壁，一名鱼形，一名狮子脑，一名球山。六山参差迤逦，连亘无间，其东则长沙范氏祖茔溪子陂焉。茔后峰塝畲坪有贾范合买者，有贾范各买者，总无他族业境毗连。案卷、印约、契据并附谱末，以备他日糜烂有所考核云。（下略）

批词

一、问得一名贾善，即贾承汝，年四十岁，瑞州府高安县人。状招承汝有在官父贾一凤，现充本府儒学生员，与不在官族人贾的等共有土名芳陂山坟地一所，历葬祖冢在上。及有在官邓隆同与伊在官族人邓尖、闪等共有土名小坑岭煤山一所，与芳陂山相联。原以岭脊为界，岭以前系承汝等坟地，以后系邓隆同等煤山，与邓姓住居相近，向各照界管业。万历二十五年二月初，邓隆同等前来小坑岭界内开井挖煤。承汝等得知有碍祖冢，要行阻遏，将情告府，批县禁止，将各问拟不应，事理申详，批允追赎发落讫。本年十月内，隆同仍来本山取煤，承汝等复向理阻，二比语言不逊，各不合互相厮嚷。散后，承汝又不合添写灭断杀命事。祖有芳陂山，考妣百冢穹落门首，强来山背挖煤，穿扬祖冢。三月告府批县，断案招存。今乘问官入觐，犒兵数百，叠开多井，哓夜锄挖，犯杀贾游、李氏等，牛猪暴死等情，以贾一凤出告具状，于本年十二月初一日赴本府告准。邓隆同亦将勘断明冤事，内称祖业小坑岭洪武到今挖

① 文中小标题均为整理者所加。

煤，霸遭窝主贾的等恃将千烟禁谋杀命，告府批县，亏央宦亲挟息，机乘官覲，复扯杀犯李氏架捏等情具状诉府，致蒙并行提解邓相、拱袍、贾佛潘、贾一凤，并今不在官生员贾应时到等府。审得贾姓之坟山与邓氏之煤山背相傍也，邓氏挖煤实于贾姓不利，其如物各有主何？若贾氏诸生实有孝子慈孙之心，便须与价购之，岂得专以重祖虚词为解也。况查旧案，即县断亦然，人同此心，更无别断。仰两姓经里并地邻父老从公处断结案。随蒙备牌行县，即将前山从公处断明白，取各结状，具由连人解审。蒙县行拘，今不在官，经里刘忠普等结勘间，隆同又不合以孽儒一凤等窝强盗、杀官兵款犯案证。哭祖小坑岭历历挖煤养生赡差，遭谋挟献未允，前初二烽兵杀占，刃伤邓巢，干戈挠乱，男妇星窜等项虚实情词以邓隆同名字具词，于本年十月初三日赴提学老爷王台下告准，蒙批：本府查报。蒙批。看得贾善妄顶父老具结，并将邓隆同等告词文案发行本县查审间，承汝亦要赴上告，理不合添写挖煤等情状，具状本月赴分守道来台下告准，批：仰府刑馆究报。邓隆同亦将详案烛翻等情诉馆。承汝又要捏告，不合添写伐冢伤命等事，内称土豪邓尖、闪、万金作恶，势吞小民，妒仔芳陂山祖冢，一门命脉窎落门首，屡图平治，八月内蓦聚百凶，邓勉、邓象轩等枪刀围山，伐冢锄煤，墓底掘崩，棺散骸扬，犯死贾月、贾由、蓝氏等命，地邻南田等骇惨等项虚情，仍以贾一凤名字具状。本年十一月初四，赴抚院老爷夏告准，蒙批：本府理刑官查报。并行间，蒙县将邓隆同、贾善具招申报本府。随蒙查将告词招尽备牒本馆并审。邓隆同又不合添写占杀人命事，土豪贾偁等富孽非常，势占煤山，嗔不顺献，前二十日，统凶贾的、伏等杀死彼弟邓继，痛阻触凶杀死，江淮见证等项虚情，以邓隆仔名字具告于本年十一月二十四，同不在官邓明抱本院告准，蒙批：仰府查报。致蒙理刑厅催提承汝与邓隆同，贾一凤，邓尖、闪、象轩，南田，江淮等名到馆，逐一研审，看得二比各执情词不一，遽难遥断。牌行本县徐知县押各犯并邓弓手亲诣山，所踏看得贾、邓所争之山原以岭脊为界，岭以前属贾坟，岭以后为煤井。坟有三处，井实甚多。随命弓手分脊丈量，属东一处自岭脊起至煤井二十六弓，属西一处自岭脊起至贾坟十弓，自岭脊起至新开无煤虚井十二弓，自岭脊起至旧开煤井三十一弓。盖立于山岭，南顾则贾坟迄在目前，北顾则煤井亦在睫下，相距不甚远也。而邓掘贾坟则全无实迹矣。具由申报至馆，蒙吊承汝、邓隆同觌面质审，据南田、江淮咸称，承汝祖坟芳陂山附近邓氏住宅有贾氏山下田亩，愿与邓氏处贸煤山，以获祖茔。又蒙责二比丈明山亩及踏田亩高下。随据承汝、邓隆同具约回称，丈得小坑岭中长一百九十八弓，东广四十六弓，西广六十六弓，积算共山四十六亩二分。承汝有土名石洪山下及弦上旱田五亩，又山畲桥子头张家堆下田五亩，共计田一十亩，该载米九斗四升三合三勺，立约付与邓隆同。蒙审邓贾二姓构讼两载，屡经府县，终难息争，以贾氏为祖而利于获山，邓氏嗜利而重于出偿，此其告不一而足也。第青衿之体面可全，而小民之隐情宜恤，此中若非曲为处分，难令两造输服。今临山踏勘，贾氏坟山与邓氏贾山岭分前后，形胜未广，岭以前至贾坟止量十弓，岭以后属邓，至煤井一处十二弓，一处二十六弓。盖该县所云立于山头，南顾贾坟近在目前，北顾则煤山亦在睫下。大抵恐贾姓之坟愈久愈众，邓氏之煤日凿日深，时虽山岭中分，将来不至穿坟透穴不已。缘邓氏初非无意得偿贾田，在贾不免有假词挟制之意，即断狱者亦不得拂百姓以从十之欲耳。况一以挖冢致告，一以人命具词，彼其结怨益深而其炽祸益烈。且山在贾氏坟冢之后，逼近邓氏住宅之前，幸此山之下原有贾田买自邓氏，邓氏亦有利田之心，而贾氏实未尝以田贸更以山，虽百亩亦不能抵数亩之田也。细思贾氏所告在挖煤，而所欲在得山，邓氏虽以山为宝，而尤以田为至宝。若计亩均贸，邓氏将头可断而山不可弃。贾氏其田至宝，而祖尤为至重。量得邓山四十六亩相连贾氏之坟山，约可值金三十，断令贾氏原买邓氏之田十亩抵换此山四十六亩，田付邓氏承种，山付贾氏管业。

庶贾氏以其所爱易其所必当爱，亦遂仁人孝子之用心；邓氏以其所不爱易其所可爱，更便小民谋利之私心。两情俱服，执约咸输，所告各诬均拟徒赎。贾一凤生员，其子承汝代罪也。允服无词，取供在卷，将承汝取问罪。

一、(一)名邓隆同，年五十岁，系本府本县，招与贾承汝同。

一、(一)名贾一凤，年五十岁，邓尖年四十六岁，闪年五十岁，邓象轩年四十五岁，南田年四十五岁，江淮年四十七岁，俱同前。

一、议得贾承汝所犯，贾承汝、邓隆同俱除不应轻罪外，承汝等，邓尖、闪等妒山鸾落门首，蓦聚邓勉等围山伐冢，墓底掘崩，棺散骸扬等情得实，邓尖等合坐以伐掘坟冢、开棺见尸者。邓隆同所告贾偁势占煤山，统凶贾的等杀，杀弟邓继，痛阻触凶杀死等情得实，贾偁等合坐以殴杀人命者。各绞。今俱虚。承汝、隆同俱各依诬告死罪未决者，律各杖一百，流三千里，俱有《大诰》减等，杖一百，徒三年，俱民审。承汝、隆同俱稍力照例赎罪。呈详。允呈，追完赎库收缴。南田、象轩、一凤、尖、闪、江淮查发宁家。

一、招出一凤、承汝、隆同各告纸银二钱赎罪，徒工价一十两八钱，俱追贮库，照例发落。

一、招称隆同祖有小坑岭山四十六亩二分在于承汝祖坟芳陂山岭后。邓氏在山挖煤，贾氏虑伤祖坟，至相讦告不已。合断令贾承汝等将原买邓氏山下田十亩抵换此山，田付邓氏承种，山付贾氏管业，以杜讼端。其田亩税粮，隆同照数收归输差。各告余情俱虚，俱无照。

契据(一)

高安县十一都七图邓隆同今立贸约一纸，为因有祖山一障，土名小坑岭，东至大畲坪，西至水田，南至水田，北至贾坟岭脊，以上四至分明，隆同等向于其山取煤。有贾氏见得其山与伊坟山护脉相近，虑恐日后邓氏子孙效前取煤，延犯界脉，因而争竞。二比讦伸院道，送府太爷张老爷，蒙委县踏，将山丈量，中长一百九十八弓，东广四十六弓，西广六十六弓，两广及长共积算四十六亩二分，具由申蒙审断。承汝等地名石洪山下及弦上旱田五亩，又山畲桥子头张家堆下旱田五亩，二处计共旱田一十亩，该载民米玖斗四升三合三勺，与邓氏耕管，贸易小坑岭，以息二比缠讼之端。贸换之后山付贾氏永远管业，禁遮来脉，不许图利挖煤并采穴安葬，其田内税粮查照原丈弓口，依号弓口收归邓隆同户内输纳。各遵贸约，毋得生情，今恐无凭，立此贸约，永为照用。

万历二十六年　日立

贸约人：邓隆同；

户丁：邓鐎、邓黑、邓群、邓轩。

契据(二)

新二乡十一都七图邓隆同今立杜后承官议约一纸。为有祖遗小坑岭等煤山一障，与八图贾承汝祖坟芳陂山界址相连，先年隆同在于本山挖煤，有伤龙脉，告经两院，发批本府，刑厅张爷断令贾氏将水田十亩贸易去讫。迄今隆同子孙在于陆地及山界相连所在挖煤，贾姓登山见得有碍龙脉，具词告府行拘。间有被告邓通等中亲雷真、陈毓、范嶷等，见得二比止因挖煤屡告，屡费无益，劝令和息，填井止挖，以息讼端。为此写立议约，以杜后患。议定自小坑岭外相近贾坟龙脉一带处所，日后邓姓子孙永远不许挖锄，当日接授煤利银三两是实。如有仍蹈前辙再行开挖者，执此闻公，甘受重罪无词，罚后仍依此约为定。今恐无凭，立此杜后议约，永为照用。

崇正(祯)元年十月十六日立议约

族长：邓隆同；

各房尊长：邓黑、邓钱、邓良、邓鋧、邓通；

书约人：邓师；

同立人：邓启芳；

中人：雷真、陈毓、范嶷。

瑞州府朱批：准永遵不许违犯。

芳陂山后一带契据①

（一）

一号土名麒龙垴，一障二脑。乾隆三十九年甲午冬月，范姓得买九都二图九甲陈江楠、陈江二、陈周夏、游谟寿、游谟禄等之山，去价十一千二百五十文。东至合水古井，并陈游二姓麒龙山，南至邓姓界圳，又南一至路，西至贾山，北至陈游山贴西，又北至五岭，皆范姓众山。以上六至分明。

中见人：陈周怀、游鸿棉、游万佛、游廷瑞、陈周华。

（二）

一号土名麒龙垴，一障二脑。嘉庆十三年戊辰冬月，贾范二姓合买九都二图九甲游谟禄、陈惟快等之山，去价十五千文。东至游姓陆地，南至邓姓苗田，西至范姓麒龙垴，北至陈游合水。

中见人：谌友满、陈惟国、游谟祥、陈惟旭。

（三）

一号土名社公岭。嘉庆十四年己巳四月，贾范二姓合买九都二图九甲游谟禄、陈惟快之山，去价七千五百文。东至游地，南至得业人麒龙垴尾，西至得业人山，北至戴家坟山。

中见人：陈惟旭；

依口代笔人：游谟祥。

（四）

一号土名大畲坪山一边。嘉庆十六年辛未又三月，贾范二姓合买邓贤科、邓贤梦、邓贤样、邓孙如等之山，去价四千文。东至贾范山，南至邓龙山水圳，西至贾山，北至范山。

中见人：邓国教、李大茂、傅代桐、李安和、邓贤闭、雷远山、陈正渊、傅雨图、邓斯堂、邓贤桂、陈正茂、李安妹、雷淳山、游谟祥。

以上四号印契俱长沙埠范名瞻梅收执。

---

① 文中序号均为整理者所加。

台盆雷子二岭图考

台盆、雷子二岭总名大凹岭，为吾族阳基緊(紧)脉，里邻傅、雷、蓝亦与焉。雍正时地匪覬覦煤利，借蓝坟数冢立契献宦家，倚势侵挖，奔京控相国乃止，是为壬子岁也。越庚申，宦复肆挖，再叩廷尉公而寝。乾隆壬午，宦恃契据再挖，控县主沈断价银三十两，勒宦当堂立契卖于贾众，立谳存案。邑绅士又劝令增银十八两，另立永禁之约，以杜后患。岁戊子，邹、刘地匪复拴串宦之后计图开挖，颁县主黄亲勘，蒙将前后各山概行给示封禁。其山之远脉由钧山下抄里穿田上池头面前，地起中腰里鼻孔岭、馒头岭、矮岭，而西起尖峰岭，折转过大禾岭，越仙女岭、判官岭，自二岭而下迤逦数山，皆吾族世业。考黄鹿仔山册载平字一千零十九号，东至邹松水塘，西至邹同山，南至水田，北至真子山、台盆岭，北有璋公之蜈蚣胁。又有游子陂，由台盆岭而东草坪，过脉起黄鹿仔山。又东南起一峰，分阴阳二支：一支南渡作吊钟岭；一支东渡起三峰，名三台山，平列中出为吾族阳基紧脉，是皆当究明保护者也。敬录京状谳语契约案卷封禁告示于左：

诉为受献势挖戕灭生灵事。窃惟大人阁下济世盐梅，及时霖雨。彤廷论道，佐一人以致升平；丹陛陈谟，俾万姓而登衽席。每遗书以训后戒，即匪彝常饬身以齐家，令寻绳检，固已遐迩诵德，抑且中外闻风，夫何继武、象贤咸称公子，至于壤(攘)法乱纪，佥曰犹儿？兹缘蚁等来龙实发脉于台盆、雷子二岭，居址之远近虽异，性命之关系则同。计户籍三千有余，论人口一万莫罄。若云山煤可采，何以至今尚存？实则地脉有灵，故尔从古罔犯，祸因丧心，蓝伦借坟数冢，听信谌辉、姚积、朱晚唆拨，朋谋立契，投献府中，朱讳必场老爷欣然收纳，顿起觊覦。突今二月召集千人，不辨蓝伦坟界几何，将蚁两山贴北挖尽。纱笼高挂，远瞻灯烛辉煌；韦鞭倒悬，近睇声势赫濯。假地棍为羽翼，借煤夫为爪牙，号令一行，勇敢百倍。蚁等匍前叩首，反遭詈言，旋即造府控援，亦成空举。郡县虽近，诚恐理难敌情；宪司非遥，又恐越渎取咎。几思陟山拼阻，罔死谁怜？将欲赴都哀鸣，奋飞何及？立视龙脉崩伤，因致疠疫叠起，见者侧目，闻者拊膺。乃复召集棍党，谋将霸挖南陵。蚁等惊惶叩府复浼。讵料必场存心惨毒，出话骄盈，限以秋初驾临，不留寸壤空隙，将高山必成平地，而丘垤尽为川河，数千户之居址何安，万余人之性命焉托？蚁等昼夜辗转，常虑救死无门；彼此图维，犹幸求生有路。阁下德敷海甸，岂父母之邦竟忘保全？威靖边陲，宁桑梓之地弗加荡涤？爰是思延一线之脉，不惮万里之程。别西江以就途，忧喜交集；指北斗而载道，生死何知。叩首阶前，陈情台下，恳乞驰书一封，谕必场仰体九重，毋伤朝廷百姓；传檄一道，饬县主高悬三尺，立剿乡曲群奸。庶两山之余脉可存，而众姓之残喘弗绝。德符再造，户颂一路福星；恩并二天，人歌万家生佛。民等毋任激切悃恳之至。谨此披根(肝)沥血上诉。

立卖契人二十九都朱必场今立卖山文契一纸，原得买十一都四图蓝本洪台盆、雷子二岭，总名大凹岭，东至贾山，西至刘必胜山，南至贾山，北至蓝田。因此山出煤开取，以致贾姓及众姓控告纷纷。蒙县主审讯，断价三十两赎回蓝本洪卖契以全龙脉，以息讼端。今凭中亲剖，令贾姓及众姓等添增价银十八两，连断价银共四十八两，正切此山系贾姓等龙脉所关，自愿立写卖契，山归贾众等管业，当堂银契两交，蓝本洪原契并付，禀息销案，永禁开挖，自卖之后贾姓亦不得开挖以全龙脉。该山永世封禁，如有开挖，断卖人原价取赎。恐后无凭，立此文契，永远存照。

见断中人：谌元长、罗又敷、常元奕；

依口代笔人：朱陞。

清乾隆二十八年九月　日立　卖契人朱必场

瑞州府高安县为怙恶成惰等事

乾隆三十五年三月二十三日，奉本府正堂张宪票，内开本年三月二十日奉巡抚部院海批，据该县民贾必斋状控邹早等聚众挖煤一案等情，奉批：仰瑞州府飞饬高安县确勘是否有碍田墓，曾经官禁之山，聚众挖煤即行究逐。如系无碍，驾(架)词混渎，即拿抱告枷责具报等因。奉此合就抄词转行，为此票仰该县迅速前往该山确勘详报，如系无碍，驾(架)词混渎，即拿抱告枷责，具详以凭察核转详。倘稍玩延，酿成事端，该县即大干未便，火速火速。计粘抄词一纸，内开告状人瑞州府高安县贾必斋、抱告贾嗣昌，为怙恶成惰迫粘奔吁飞檄劈祸事，词称：缘惨邹早等恶仗兄帮，县捕愍示灭法，屡抗肆挖。蚁众一坊五十余姓，屡沐叠封示禁，田庐坟墓，万民生命所关来脉。去十月间，仗怙设局势纳。蚁等案内有名于陷阱，浼止不止，延腊协同各团地保报县，叠号竖法示儆销祸。县主仁慈，国法不法，由任经胥豢祸案而成惰案，目下更召煤夫，添开多井。泣五十余姓案内无名，岂止万民？雍正壬子，不惮奔京叩门，公赎找价，一旦岂忍抗挖生灾？见蚁浼止不止，求法不法，屡抗屡纵，怙恶法灰，愈禀愈甚，忿憾拼阻，非颁法授，势酿大祸，立在眉睫，累案有名，重辟无幸，为此抄粘历案审谳，奔吁各宪。初三报府，次拦巡宪。初五府主同公上新，畏祸在迫，未候批发，奔脚疾雨，舡延误期，越拦宪舆，吁恩作主，严飞檄县，谕迅救惰，毋任经胥怙恶法灰，豢祸成惰，严拿恶首，枷责示儆，劈杜大祸，肃法维风，保良安民，舍访密查，并吊县案，金神阅对，毫虚倍处，急迫切告。计开被告邹早、邹寒、邹长、邹续、邹翠，干证蓝枝、王安生等情到县。查此案，先于本年三月十二日奉宪台抄词檄行，奉驲监兼巡道赵批：据贾必斋呈为怙恶法灰豢祸成惰迫粘呼吁迅谕劈祸事，词称：缘惨邹早等恶梦思煤利，视王法若空间(闲)，差押禁是儿戏，仗怙设局，愍示灭法抗挖。蚁众历沐封禁，赏示杜患，万民田庐坟墓，阴阳两感，生命攸关龙脉。去腊，协同各团地保报县，屡恳叠号，乞拘示儆销祸。黄主仁慈，录批姑息，今正仍肆抗挖。闻篆三呼批，任经胥承，不出票差不禀核，怙恶法灰，豢祸案而成惰案，愈禀愈甚，更召煤夫数百，添开多井。泣众等姓五十有余，人众户杂，见蚁案内有名，浼止不止，求法不法，人人切齿，忿憾拼阻，切难家制户浼，势酿席祸，在于眉睫，情迫凌肤，累及无辜。冒此抄粘前沈主案情审谳及今黄主示禁奔报各宪，初三报明府主，因畏祸迫，未候批发，越号宪天行辕，乞恩作主，迅檄谕县，毋任经胥，严拿恶党，法枷责示儆，劈销大祸，拔累陷阱，保民安良，恳吊县案叠山，舍赐片刻，金神查对，如虚甘处，迫切上告等情。奉批：仰瑞州府速查禁报，如抗提究，毋任滋讼。粘县刊谳并发等因。又于本年三月初八奉宪台批，据贾必斋抱告，贾嗣昌呈为粘情迫呼吁劈大祸事，词称：缘惨邹早等恶视王法是空闲，差押禁为儿戏，仗怙设局，召夫百余抗挖。屡沐封禁，出示严禁，万民生命所关龙脉。去腊，协同各团地保报县，叠号屡恳示儆销祸。黄主仁慈，因法惜法，由任经胥承，捺不出票，叠批差查，纵延不覆，愈禀愈甚。召夫数百，添开十数余井。泣众等姓人多户杂，见蚁案内有名，浼止不止，求法不法，忿憾拼阻，切难家制户浼，酿席祸端，在于眉睫。情迫抄粘案情谳示吁呼尧阶，并报各宪，号恩朱饬谕县，严拿恶党，枷责示儆，劈杜大祸，保民安良。恳吊县案叠山，舍赐片刻，金神查对，如虚甘处，迫切上告等情。奉批：该山是否历经封禁，仰高安县即亲诣查勘，分别严禁究逐。具报粘单并发各等因批行下县。奉此查卷。

乾隆二十七年二月间，朱必场在于契买大凹岭即台盆岭山搭棚采煤，贾杰等纠众出阻，讼经前县沈祖惠，于是年四月二十五日审明谳开。审得朱必场具控贾杰等一案，缘必场于雍正五年契买蓝姓土名大凹岭山一障，内产有煤。必场买后雇工开采，该地士民以龙脉攸关，理请终止。本年二月必场复图开采，各士民又行出阻。必场遂以业不由主并被抢衣物等词控县。今经庭讯，众供该山实关合地龙脉，碍难开采等语。查产煤山场原应报官勘明无碍城池、陵墓、田庐，并验明煤色，方许开采。今既据士民屡行阻采，显有关碍，已无待屡勘而始知也。但山系朱姓价买，虽禁采于一时，恐滋衅于后日，酌断众姓孙日等照依朱姓原买契价公凑银三十两给还必场收领，将山断为贾等公物，立碑永禁开采。倘有私采情事，责成地保禀报，从重治罪。至所控被抢衣物现无干证到案，毋庸深求。原契涂销存卷，余人逐释，仍着原差统取各遵领备案。此判。等情谳结在案。又于乾隆三十三年二月初五日，据贾必斋等以串匪犄挖等事，具控朱必场与邹如等复于台盆岭及大禾岭等山挖煤，吁请封禁前来，随经准理。于是年四月十四日审明该山实有关合地龙脉，开采于众不利，断令将台盆、大禾等岭一体封禁，毋许开挖，并给示严禁，亦在案。至乾隆三十四年十二月十九日，据贾必斋等又以仗党灭法等事，具控邹早等灭断复行开挖禁山等情。当经差查押令封禁又在案。兹贾必斋等复以前情上控宪辕，并控奉抚宪、巡宪，均奉批行勘禁下县。奉此，遵即传齐案内人证，于四月初九日前诣该山，逐加查勘。勘得该处山场自西而东南峰头叠叠，山之南北均有田亩，山内开挖煤井，不一而足。贾姓住居山南，邹姓住居山北，相距约三里余。邹姓屋后山之上有一大岭，名大禾岭，坐北向南，内有煤井十余口，系乾隆三十三年邹如等在山开挖。贾必斋等控，经审明，断禁之山由大禾岭过东相连一山，土名仙女岭，内有煤井数口，系现在邹早等开挖、贾必斋等讼争之山。查该山棚寮已经邹早等讼后自行拆去，煤夫亦皆停挖散去。仙女岭过东相连一山名判官岭，又过东相连一山名雷子岭。该山岭脊背向北处名台盆岭，又名大凹岭。台盆岭东西两旁相近处有傅、贾等姓坟冢在内，该山亦有煤井数口。据贾必斋指称，朱必场等在山挖煤，报经前县沈祖惠断还山价。封禁之山，由雷子岭过东相连一山名大港口，又过东一山名南安岭，各有煤井数十口。称系远年所控，现在封禁不争。由雷子岭而下，中隔草坪一片，向南另起三峰，土名三台山，偏西相连有羊羔岭、撞钟岭二山，均系贾姓坟冢，内有煤井数十口。据贾必斋等称，系乾隆三十年族间人所挖，今已封禁不争等情。勘毕随饬画工绘具山图，就即查讯。问据地保蓝枝供："这大禾岭过东一带山场原是邹姓的山，因有关贾必斋等众姓来龙，从前朱、邹等姓在山挖煤，曾经众姓控阻，屡奉封禁。去年邹早等又在大禾岭相连的仙女岭挖煤，故此贾必斋等又经投小的出控的。如今已蒙勘明，另求将全山一概封禁，众姓就没别说了。"问据地邻王安生供与保长蓝枝供同。问据贾必斋供："这大禾岭过东一带山场原是邹姓祖业，小的家住居这山南首，共数十姓有千余烟户都靠这山作来龙的。内台盆岭东首是小的家祖冢，台盆岭中间系刘姓的坟，仙女岭北边是傅姓的坟，岭下南北又是众姓田亩，若开采煤炭实有伤害小的众姓田墓人口。故此雍正年间，朱邹二姓在山挖煤，小的众姓曾控，经前任各宪封禁。乾隆二十七年，朱必场雇工在台盆岭即大凹岭山挖煤，又经小的族内贾杰具控前县沈主，蒙断小的众姓出银三十两赎回大凹岭山契，封禁在案。乾隆三十三年朱姓复纠同邹姓在大禾岭、台盆岭挖煤，小的众姓出控。蒙案下审明，给示一体封禁。不想去年十月间，邹早等复在仙女岭挖煤，小的控告案下，已蒙饬差禁止。到今年三月内，邹早们公然又在这山搭棚纠众开挖，小的众姓情急才上赴各宪台下控告的。今蒙验明要求，与小的们作主，全山一概永远封禁，不许开挖，就沾恩了。"诘："这大禾岭等山都是邹姓祖业，因有关龙脉，恐开挖有碍田墓、人口，出来控禁。因何你家羊羔岭、撞钟岭二山内葬有坟，又敢开挖多井采煤呢?"供："羊羔、撞钟二岭并非来脉，故此族间人从前在山开井采煤，后因恐伤坟墓，随即止挖，如今小的情愿一体封禁就是了。至大禾岭等山虽是邹姓的山，但他家从前开挖实曾伤犯过小的众姓好多人畜，故此小的家与众姓见他开挖必要出阻的。小的家并不与他争山，他家尽可栽蓄柴薪取用，何必定要开采煤炭呢？求公断。"问据贾嗣昌、傅弼、雷联、何映明、黄邦荣、雷一喜等同供，俱与贾必斋供同。问据邹早供："大禾岭过东一带山场相连共有六十嶂，都是小的家祖遗，世守管业。内雷子岭有台盆岭一山，又名大凹岭，是朱姓得买蓝姓之业。从前朱必场在台盆岭挖煤，贾姓说这山是大家来龙过脉，控经前县沈主断价封禁。乾隆三十三年，小的家在自己大禾岭山挖煤，彼时朱姓复在台盆岭开挖，贾姓出控，并指小的家大禾岭是他来龙。蒙案下拘审，断令一并封禁。小的家已遵断停挖了。因小的家专靠这些山场过活，大禾岭过东相连另有仙女岭，也蓄有煤，故此小的家去年十月里前往开采。彼时因案下饬差查禁，没开得成。到今年三月里，小的复搭棚雇工往挖。不想贾姓又借端出控，的实系妄阻，求详察。"诘："大禾岭一带虽是你家祖山，但现勘山之南北均有他人田墓，本有妨碍。况从前你与朱姓在台盆、大禾二岭挖煤，审明当令封禁。这仙女岭在大禾、台盆二岭中间，如何又开得呢？今断令合山一概封禁。你可依么？"供："小的家除此山场，别无采取柴薪地方。如今只断仍听小的栽蓄柴薪，贾姓不来争斫，小的家情愿遵断封禁，永远不挖就是了。"问据邹寒、邹续、邹长、邹翠同供，与邹早供同。各等供。随据各出具遵断，永远封禁，不敢再行开挖，遵依甘结前来。据此，该高安县知县黄勘审得贾必斋具控邹早等聚挖煤一案，缘邹姓屋后有山场一带，自西而东，土名大禾岭山、仙女岭、判官岭、雷子岭、大港口、南安岭，相连多障，悉系邹姓祖遗之业。由雷子岭而南，相连贾姓住居后龙之三台山。贾姓即以邹姓山为伊姓来龙过脉，由来已久。其雷子岭脊背向北处，土名台盆岭，又名大凹岭，系先年朱姓得买蓝姓之业。雍正年间，朱姓在台盆岭采煤，贾姓以有伤龙脉，人畜不宁，经众理止。至乾隆二十七年，朱姓复挖，贾姓等讼，经前县沈祖惠审明，断令众姓缴还朱姓原买蓝姓契价，将山封禁在案。乾隆三十三年，朱姓复与邹姓在于台盆、大禾二岭互相采煤，贾必斋等众姓连词复讼。又经审明，采煤实于众姓不利，断令将大禾岭与台盆岭一体封禁，并给示严禁。又在案相安一载，邹姓见大禾岭相连之仙女岭均蓄有煤，遂于乾隆三十四年十月前往开采。贾必斋等复以违禁伤龙等情出控，当经饬差查禁。邹早等旋即止挖。讵至本年三月内，邹早等仍复搭棚纠工往开，致贾必斋等上控宪辕，并控抚、巡二宪。奉批查勘，遵经前诣该山，逐加履勘。查自大禾岭起过东一带山场，相连多障，俱系邹姓祖业，惟雷子岭过南始与贾必斋等众姓之后龙三台山毗连。据贾必斋等指称系伊村来龙过脉，开挖有伤伊等众姓人畜之说，事虽不经，但现勘山之南北，实有他姓田墓在下，一经采煤，干碍诚所不免。自未便因系邹姓己业，听其开挖，致滋讼端，应请将邹姓之大禾岭及相连之仙女、判官、雷子、台盆、大港、南安各岭概行封禁，毋许挖煤，仍听邹姓自行栽蓄柴薪，以供炊爨之用。贾姓等不得再行争阻滋事，所有贾姓后龙西首羊羔、撞钟二岭并着一体封禁，以免彼此复生觊觎，以杜争端。邹早等在原禁大禾岭相连之仙女、判官岭己山采煤尚非违禁复挖，应免置议，余属无干，概行省释，是否允洽？缘奉饬勘理，合将勘讯过缘由录供绘图并粘同原奉批词，具文详请宪台俯赐核转。为此备由具申，伏乞照详施行。

江西省瑞州府正堂纪录三次记功四次张为怙恶法灰等事

本年闰五月二十五日，奉兼巡道赵批本府具详。该县贾必斋具控邹早等挖煤伤脉，议请封禁，以杜讼端缘由。奉批：既据并详抚宪，仰候抚宪核示，饬遵录报，缴山图存等因。又奉布政使司颜，票开乾隆三十五年闰五月二十二日，奉巡抚部院海批，本府详同前由，奉批：邹姓大禾岭等处一带山场，据勘均有他姓田墓在下，自未便听其开挖采煤，有碍田墓。仰布政使司转饬同贾姓羊羔、撞钟二山概行永远封禁，毋再复生觊觎，滋事干咎，缴图存等因。奉此合就檄行，备票行府。即便转饬高安县遵照院批，将邹姓大禾岭等处一带山场并贾姓羊羔、撞钟二山一概永远封禁，毋再生讼滋事。该府仍将此案全详及山图即日补具一套送司备案毋违各等因，奉此合并抄看转行。为此票仰该县即便遵照宪批，将邹姓大禾岭等处一带山场并贾姓羊羔、撞钟二山一概永远封禁，毋再生讼滋事。仍即饬令经承照稿即缮空白详册一本，并绘具山图一纸，一并送府以凭转详，送司备案，毋得迟延，致干差催未便，火速火速。

瑞州府高安县正堂加三级记功一次黄为严禁开挖以杜后患事

卷查贾必斋与朱绅等互控挖煤一案，据该地士民以龙脉攸关，公请禁挖，并呈前县历禁开挖各案。今复有民人邹如、刘贺、王安生等，伙众登山采挖煤炭，有伤各姓龙脉，以致贾必斋等状控前来。庭讯之下，据邹如、刘贺各供，现在自己大禾、细公各私山采煤，并未侵挖雷子、台盆二山等语。查系合并严行禁挖。为此仰该地各姓居民人等知悉，嗣后雷子、台盆、大禾、细公各岭有碍龙脉之山一概禁止，不许开采侵挖。倘有地棍私自开采，该地保人等指名密禀，以凭严拿，尽法究处，绝不姑宽，各宜凛遵毋违。特示。

清乾隆三十三年七月十四日示

宗族发展与村落繁荣

一、畲山贾氏的崛起历程

贾湖父子定居高安坪湖后，贾氏宗族人口并没有迅速增长。乾隆四十五年(1780)，高安县训导胡洪瑸为《贾氏四修族谱》撰写序言，其中转引了贾家人的一段话："吾家十四世以前，屡值兵燹，宗祀不绝如缕矣。"[①]这段话简明扼要地说明了高安贾氏的早期发展情况，特别提到频繁的战乱对贾氏宗族造成了比较大的冲击。元末发生了旷日持久的大规模战乱，全国人口大幅度下降，各地地广人稀。于是到了明洪武年间，高安贾氏族人开始分迁各地。贾怀"学精天文地理，择所居之美，得畲山里，遂迁之"[②]。

贾怀迁居畲山之前，这里曾有蓝、金、黄、孙、雷、罗六姓居住，且已形成村落。贾怀来畲山定居后，全村七姓人共同出资修建了七宝祠，以示团结和睦，共祭祖先。贾怀定居畲山后育有四子三女，长子贾信，次子贾谟，三子贾睿，四子贾智。随着时间的推移，贾氏在畲山迅速繁荣发展，其他六姓则逐渐消亡或外迁。贾氏在畲山的崛起与贾怀的长子贾信的显达有重要关系。贾信，字舜夫，青少年时曾师从江西名士练子宁，

---

① 《贾氏四修族谱旧序》，载《畲山贾氏十修族谱》卷首。

② 《畲山贾氏重修族谱旧序》，载《畲山贾氏十修族谱》卷首。

“赋资颖拔，明《书经》，时以博学擅名”[1]。因德才兼备，贾信被举荐为礼部儒士，从此走上仕途。宣德年间，贾信出任刑部广东清吏司主事，后升任工部郎中，官至广东廉州知府。贾信历官三朝，由于政声卓著，其父母也得到朝廷敕封。据贾氏族谱记载，贾信的长子贾铨，“才力度量超越前人，立庄田二十余所”[2]。可见，当时畲山贾氏宗族的政治、经济实力已非同一般。贾信的显达对提升畲山贾氏宗族的实力和社会名望都大有帮助，族谱的修纂、宗祠的营建和大量田产的购置正是在贾信的直接支持下进行的，由此奠定了畲山贾氏宗族数百年繁荣发展的重要基础。

从《畲山贾氏十修族谱》记载来看，明代贾家村人口的增长较为平稳，而清中后期贾家村人口增长尤为迅速。至道光二十二年(1842)，畲山贾氏族人贾献珍写道：“近数十年来，人丁益增，烟户益繁，各执其业，托业不一。”[3]宗族人口的快速增长，也使族谱的不时编修变得更为紧迫：“丁众户繁，若不急为兴修，久必有遗忘散失之虑。”[4]

清末，由于国势衰落，社会动乱频仍，贾家村的政治、经济实力也逐渐衰弱。当时，不少在外经商的贾家人陆续回家避乱，宗族财力顿时下降。光绪二十八年(1902)，族人贾又山在《畲山贾氏八修族谱序》中写道：“门第不如昔之盛也，人才不如昔之优也，生齿不如昔之盈也，财源不如昔之厚也。”[5]尽管如此，贾氏数百年的根基还是十分雄厚，至1932年时仍然有丁口数千，财源也尚充足。

目前畲山贾氏族谱上登记人口达4000多，村中常住人口达2300多，在高安已经是数一数二的大村落了。

---

① 《畲山贾氏重修族谱旧序》，载《畲山贾氏十修族谱》卷首。

② 《季良公传舜夫公支下世派》，载《畲山贾氏九修族谱》卷一。

③④《畲山贾氏六修族谱序》，载《畲山贾氏十修族谱》卷首。

⑤ 《畲山贾氏八修族谱序》，载《畲山贾氏十修族谱》卷首。

二、宗族发展中的文化追求

高安贾氏始祖贾湖因任筠州刺史而最终选择定居高安。仕宦之家的本色使高安贾氏十分重视子弟教育和科举功名，耕读传家是贾氏宗族的核心价值观。当年，贾湖就在高安坪湖置下田庄，以农耕为宗族经济之根本。田庄的产出一方面供给宗族生活所需，另一方面就是为子弟读书提供强有力的经济支持。贾湖的三个儿子“俱读书好善，自号居士”①。贾氏族谱所载家训曰：“延师教子，父母当然。每岁必择请学行俱优之士董戒督率，庶可望其有成焉。”②可见，令子弟读书是“望其有成”。这就是我国古代耕读文化的写照，而这种文化赖以生存和发展的基础是小农经济和科举制度。

畲山贾氏开基祖贾怀生于元末，长于明初，从小家境较好，受到过良好教育，虽然没有博得功名，但却“学精天文地理”③。因此，贾怀对子女的教育也十分重视，四个儿子均有学识，尤以长子贾信出类拔萃。明清两代，畲山贾氏宗族中一些知识分子十分热心宗族事务。这些人既是贾家人中的文化精英，也是维护宗法制度、凝聚宗族力量的核心。贾怀第四世孙贾瑚便是如此。贾瑚二十岁便以文章闻名于瑞州府学，为人正直坦荡，在族人中有较高的威信，在协调矛盾纠纷、处理宗族事务中发挥了重要作用。明正德十四年(1519)，贾瑚主持重修了畲山贾氏族谱，次年修成，为后世修谱树立了典范。深受儒家思想影响的贾家商人，在富足后不仅斥资修建华丽的家宅光耀门庭，也非常注重修祠、挖渠、铺路、架桥等宗族公益事业。贾氏宗祠，由昼锦堂、拜亭、寝宫、观音堂四部分组成，宗族会议与祭祀仪式都在宗祠内举行。其气势更为恢宏，更完整地体现出宗族的凝聚力和严格的内在秩序。规模宏大的宗祠成为了村落

---

① 《鄢陵贾氏族谱源流》，载《畲山贾氏十修族谱》卷首。

② 《旧谱家训(共计十一条)》，载《畲山贾氏十修族谱》卷首。

③ 《畲山贾氏重修族谱旧序》，载《畲山贾氏十修族谱》卷首。

的中心。宗祠建筑中有大量匾额和堂联，如昼锦堂的“进士”“兄弟同科”“荣封三代”等金字匾额，处处体现出重视文化教育的氛围。下面笔者分别介绍贾家村的科举文化与商业文化。

（一）科举文化

高安自古文风昌盛，早在唐代，国子监祭酒幸南容就在其家乡高安洪城创办桂岩书院，藏书授徒。此后，桂岩书院历经时代变迁而长盛不衰，在我国书院教育史上有着突出地位。不仅如此，高安历代有记录的书院多达 22 座，其中华林、白云、筠阳、凤仪等书院远近闻名。重教兴学之风使高安历代人才辈出，例如北宋史学家刘恕，元代音韵学家、戏曲家周德清，明代史学家陈邦瞻，清代名臣朱轼和现代著名物理学家吴有训等。

明清时期，贾家村经济文化实力雄厚，加之族人普遍重视对子弟的教育，因此村内有众多私塾，贾家子弟可以就近入学。如今，随着时间的推移，村内的桂园、翠竹精舍等私塾等已不复存在，现在保存较完好的私塾还有明月轩、皖月轩、文昌书院、鹤鹿书院四座。这些私塾的建筑特色相近，都是带小庭院的一进式建筑，厅堂与庭院无隔墙，有着与一般民居不同的厢房结构，利于采光。私塾格调古朴、典雅、庄重，处处散发出浓郁的文化气息。

据统计，明清时期江西瑞州府共有进士 197 名，其中高安县有 90 名。[①] 明清两代，贾家村共产生举人 9 名，有功名的文人总计 120 余人。可见，畲山贾氏读书应举代不乏人，但令人感到有些遗憾的是没有产生令读书人最感荣耀的进士。贾家村的 9 名举人都出现在清中后期，这恰恰是贾家村经济高度繁荣的一个时期。

---

① 谢宏维：《论明清时期江西进士的数量变化与地区分布》，《江西师范大学学报》(哲学社会科学版)2000 年第 4 期。

鹤鹿书院

表3　贾家村明清科考情况简表

姓名	时间	类别
贾廷玉	明嘉靖元年(1522)	明经进士
贾允聘	明崇祯十年(1637)	明经进士
贾克生	清康熙二十八年(1689)	明经进士
贾步青	清雍正四年(1726)	副贡
贾席珍	清乾隆五十一年(1786)	举人
贾麟书	清嘉庆五年(1800)	举人
贾醇	清嘉庆二十一年(1816)	举人
贾献珍	清道光元年(1821)	举人
贾赉成	清道光八年(1828)	副贡
贾荣圭	清道光二十年(1840)	明经进士
贾济川	清道光二十六年(1846)	举人
贾明耀	清咸丰九年(1859)	举人
贾奎耀	清咸丰九年(1859)	举人
贾师荣	清同治九年(1870)	副贡

续表

姓名	时间	类别
贾代清	清同治十二年(1873)	举人
贾荣干	清光绪十五年(1889)	举人

（二）商业文化

明清时期，畲山贾氏迅速发展成为高安大族，而其族人早就认识到人多地少的局限性。生活于清乾隆年间的贾嗣谊曾言：“高安山多田少，人浮于土，非贾于四方，难以为生。”[①]因此，历史上贾氏宗族外出经商者众多，主要经营木、漆、茶、布、盐、酒、果、煤等行业。他们外出经商，源源不断地将钱财送回家乡，使宗族经济实力不断壮大，为村落的繁荣发展奠定了坚实的经济基础。贾家村现存的122栋明清建筑中，以商业堂号命名的有60处之多(如洪发堂)，这些堂号都是贾家人在外经商时用过的。

贾家村是当地的一个商业中心。村旁有个傅家圩，就是当地的主要集市之一，贾家人是集市上的主要经营者。贾家村内至今仍然保存着两处当铺和一处作坊，显示出贾家村当年浓厚的商业氛围。贾家人有尊商的传统，他们将农、工、商与士相提并论，贾氏族谱中便记录了大量族人经商的事迹，这在轻商重士的封建社会是难能可贵的。例如，贾氏族谱记载：“传者，所以传其人之真也。无论士农工商，各有其真。凡可以维风于世、垂训于后者，皆在可传之数。”[②]又载：“族中增修族谱，族中士农工商，凡有嘉言懿行、隐德奇材，以及一技之长、一节之善，莫不采辑登之。”[③]贾家人一直教导子孙不忘先祖创业之艰难，或是读书应举，或是外出经商，或是在家务农，都要艰

① 《梅坞贾君家传》，载《畲山贾氏九修族谱》卷末。

② 《成象公传》，载《畲山贾氏九修族谱》卷末。

③ 《耀开公传》，载《畲山贾氏九修族谱》卷末。

洪发堂内景

苦奋斗，做出成绩。例如，贾上达是生活于清嘉道年间的一个普通农民，他“偕诸子手胼足胝，不辞劳瘁。农工稍暇，则贳钱以逐什一之利。久之而家计渐丰，田产日增”[1]。可见，贾上达十分勤劳，利用农闲时节经商，终于使一家人过上了富裕的生活。

贾家读书人思想亦较为通达，不会一门心思只读圣贤书，而是会灵活地寻找人生出路。他们一旦仕途受阻则毅然弃儒从商，走经商致富之路，同样实现了人生抱负。所以，贾家历代经商蔚然成风，富甲一方的商人代代都有。贾家人在外经商的成功，使得村落建设和族人读书应举也有了坚实的物质基础。村中许多建筑用料上乘，雕刻精美，装饰华丽，没有雄厚的经济实力做支撑是不可能做到的。

清中后期贾氏宗族人口快速增长，而外出经商的族人也日益增多，一方面缓解了人多地少的生存压力，另一方面经商致富又为族人读书应举提供了良好的物质条件。有的家庭甚至出现仕儒商并存的现象，即以商养学、以学入仕、以仕保商，从而形成良性循环。由于经商致富者众多，嘉庆年间贾家人集巨资重修了贾氏宗祠。贾家人经商有耕贾并举者、有弃农经商者、有废学业贾者，都是在灵活变通中寻求生存与发展。从商业经营形态来看，贾家人有的是在家建立家庭作坊，有的在附近集市上开设店铺，更多的则是到外地做生意。畲山贾家经商讲究智、仁、义、德，在注重物质积累的同时，也不断提高自己的精神境界。贾家经商致富者仗义疏财、造福乡梓的事迹众多，此处仅举一个人的例子：贾秋华，在乡多行善举，“内外种种公益事项更竭力提倡维持，而森林、水产、制作、生殖之道，莫不悉心穷究”[2]。

---

① 《上达公传》，载《畲山贾氏九修族谱》卷末。
② 《义林公传》，载《畲山贾氏九修族谱》卷末。

三、村落规模的持续扩大

明清时期，畲山贾氏宗族人丁兴旺，村落建设规模也在不断扩大。贾家村房屋坐北朝南，明初的村落建设以怡爱堂为中心展开。明中期，畲山贾氏宗族实力不断增强，村落沿官道方向进行南北扩展，村落南部建筑增多。此外，由于宗族人口不断增多，在贾璋、贾瓒的主持下，贾家人在村北辟地兴建房屋，使村落规模进一步扩大。明末清初，受村庄主入口门户空间和南北条形格局的影响，贾家村又开始往东和西北方向的坡地扩张。

畲山贾氏宗族在清代的发展胜过明代。清乾隆至咸丰的一百余年是畲山贾氏宗族的繁荣发展时期。贾家人这一时期外出求学、为官、经商者数量达到高峰。贾家村现有的规模基本在此期间形成。当时，贾家人在外经商获利，纷纷携带大量钱财回乡置田建屋，村落面积因此大为扩展，并形成了“八关六十四巷”的布局。

清末民国时期，社会局势混乱，畲山贾氏宗族经济衰落，逐渐失去了往日的辉煌。中华人民共和国成立后，尤其是改革开放后，贾家村经济、文化重现繁荣景象，村落建设进一步发展，村落总面积达到约 300 亩。

附录

一、贾氏世系简图（部分）

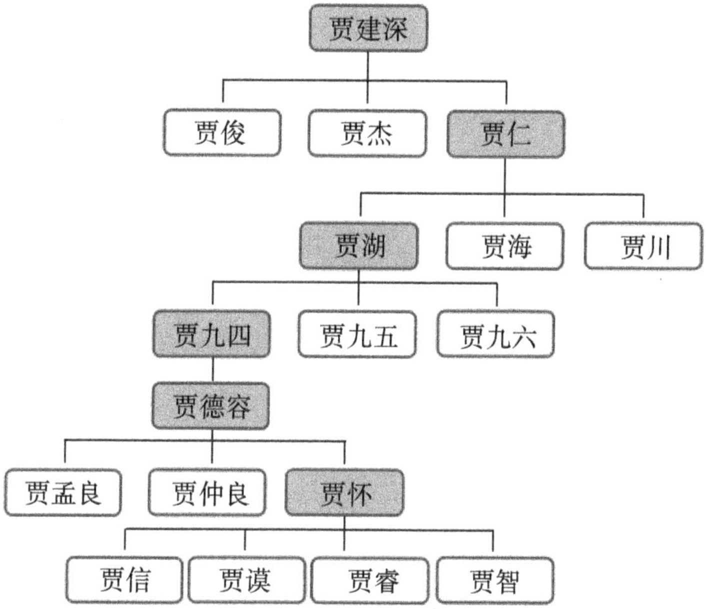

二、现存古建筑

表4 现存古建筑情况简表

<table>
<tr><th colspan="2">建筑名称</th><th>始建朝代</th><th>类别</th><th>保存完好度</th><th>备注</th></tr>
<tr><td rowspan="4">贾氏宗祠</td><td>昼锦堂</td><td>明</td><td rowspan="4">宗祠</td><td rowspan="4">优</td><td rowspan="4">省级文物保护单位</td></tr>
<tr><td>拜亭</td><td>明</td></tr>
<tr><td>寝宫</td><td>明</td></tr>
<tr><td>观音堂</td><td>明</td></tr>
<tr><td colspan="2">怡爱堂</td><td>明</td><td>民居</td><td>优</td><td>省级文物保护单位</td></tr>
<tr><td colspan="2">赐福堂</td><td>明</td><td>民居</td><td>优</td><td>省级文物保护单位</td></tr>
<tr><td colspan="2">厚德堂</td><td>清</td><td>民居</td><td>优</td><td></td></tr>
<tr><td colspan="2">舜夫公祠(陆家厅)</td><td>明</td><td>宗祠</td><td>优</td><td></td></tr>
<tr><td colspan="2">明月轩</td><td>清</td><td>书院</td><td>良</td><td></td></tr>
<tr><td colspan="2">泰盛堂</td><td>明</td><td>民居</td><td>优</td><td>省级文物保护单位</td></tr>
<tr><td colspan="2">义德堂</td><td>明</td><td>民居</td><td>优</td><td></td></tr>
<tr><td colspan="2">泰友堂</td><td>清</td><td>民居</td><td>优</td><td></td></tr>
<tr><td colspan="2">崇义堂</td><td>清</td><td>民居</td><td>优</td><td></td></tr>
<tr><td colspan="2">瓒公祠</td><td>明</td><td>宗祠</td><td>良</td><td></td></tr>
<tr><td colspan="2">璋公祠</td><td>明</td><td>宗祠</td><td>中</td><td></td></tr>
<tr><td colspan="2">长发堂</td><td>清</td><td>民居</td><td>优</td><td>朱德旧居</td></tr>
<tr><td colspan="2">公盛堂</td><td>明</td><td>民居</td><td>良</td><td></td></tr>
<tr><td colspan="2">洪发堂</td><td>清</td><td>民居</td><td>优</td><td>贾代发、贾石旧居</td></tr>
<tr><td colspan="2">养恬堂</td><td>清</td><td>民居</td><td>优</td><td></td></tr>
<tr><td colspan="2">慰先堂</td><td>明</td><td>民居</td><td>良</td><td></td></tr>
<tr><td colspan="2">东当铺</td><td>清</td><td>商铺</td><td>优</td><td></td></tr>
<tr><td colspan="2">西当铺</td><td>清</td><td>商铺</td><td>良</td><td></td></tr>
<tr><td colspan="2">荆怡堂</td><td>清</td><td>民居</td><td>优</td><td></td></tr>
<tr><td colspan="2">恒泰堂</td><td>清</td><td>民居</td><td>良</td><td></td></tr>
</table>

续表

建筑名称	始建朝代	类别	保存完好度	备注
种德堂	明	民居	中	
义聚堂	清	民居	优	
永泰堂	清	民居	中	
皖月轩	清	书院	良	
生顺堂	清	民居	中	
崇顺堂	清	民居	中	
恒顺堂	明	民居	良	
长顺堂	清	民居	优	
德昌堂	清	民居	优	
裕德堂	清	民居	良	
福聚堂	明	民居	优	
裕后堂	明	民居	良	
万金堂	明	民居	良	
余庆堂	明	民居	中	
吉顺堂	清	民居	良	
隆兴堂	清	民居	中	
鸿泰堂	清	民居	优	
祥和堂	明	民居	优	
合泰堂	清	民居	良	
体仁堂	清	民居	优	
文昌书院	清	书院	中	
昌祥堂	清	民居	良	
鸿元堂	清	民居	中	
汉公祠	明	宗祠	中	
洪兴堂	清	民居	良	

续表

建筑名称	始建朝代	类别	保存完好度	备注
鲁公祠	明	宗祠	中	
洪泰堂	清	民居	良	
三合堂	清	民居	中	
周公祠	明	宗祠	良	
鹤鹿书院	清	书院	良	

注：上表根据《高安市新街镇贾家历史文化名村保护规划（2006—2020）》整理而成，村中还有60余栋没有具体名称的古民居未列入上表。洪泰堂在保护规划中被列为明代建筑，但根据族谱中的《睦邻公暨蓝孺人合传》记载，“洪泰”是贾耀乡（字睦邻）在清光绪年间创立的商号名，因此，洪泰堂应为清代建筑。

三、村落大事记

明洪武年间，贾怀由高安坪湖迁至畲山定居。

明宣德年间，贾怀长子贾信主持纂修贾氏族谱。

明正德十四年至十五年（1519—1520），贾瑚主持二修贾氏族谱。

清乾隆二年（1737），贾步青主持三修贾氏族谱。

清乾隆四十四年至四十五年（1779—1780），贾定远主持四修贾氏族谱。

清嘉庆四年至五年（1799—1800），贾玉书、贾绍文主持重修贾氏宗祠昼锦堂。

清嘉庆十六年至十七年（1811—1812），贾绍文主持五修贾氏族谱。

清道光二十二年（1842），贾献珍主持六修贾氏族谱。

清同治十一年（1872），贾世擎主持七修贾氏族谱。

清光绪二十八年（1902），贾又山主持八修贾氏族谱。

1932 年，贾耀祥、贾春华主持九修贾氏族谱。

1995 年，贾克玖等人主持十修贾氏族谱。

2002 年 8 月，贾家村被中共宜春市委评为“全市‘三个代表’重要思想学习活动先进集体”；被中共宜春市委、宜春市人民政府评为“2002—2003 年度宜春市第一届‘文明社区’”。

2003 年 4 月，贾家村被宜春市爱国卫生运动委员会评为“爱国卫生示范村”。

2004 年 7 月，贾家村被中华人民共和国司法部、民政部评为“全国民主法治示范村”。

2004 年 8 月，贾家村被高安市人民政府评为“高安市重点文物保护单位”。

2005 年 4 月，贾家村被江西省城乡社区建设工作领导小组评为“全省农村先进村落社区”。

2006 年 3 月，贾家村被宜春市旅游局评为“农业旅游示范点”。

2006 年 10 月，贾家村被全国老龄工作委员会办公室评为“全国敬老模范村居社区”。

2006 年 12 月，贾家村被江西省人民政府评为“江西省文物保护单位”。

2007 年 6 月，贾家村被中华人民共和国建设部、国家文物局评为“中国历史文化名村”。

2007 年 7 月，贾家村被江西省人民政府评为“江西省历史文化名村”。

2007 年 8 月，贾家村被江西省旅游局评为“江西省乡村旅游示范点”。

2008 年 3 月，贾家村被宜春市旅游发展工作领导小组评为“2007 年度宜春市十佳乡村旅游点”。

2008 年 4 月，贾家村被中共江西省委、江西省人民政府评为“江西省创建文明村镇工作先进村镇”。

2009 年 4 月，贾家村被宜春市旅游发展工作领导小组评为

"2008 年度宜春市十佳旅游景区(点)"。

2010 年 2 月，贾家村被中华人民共和国住房和城乡建设部、国家旅游局评为"国家特色景观旅游名村"。

2010 年 12 月，贾家村被国家人口和计划生育委员会、中国计划生育协会评为"人口和计划生育基层群众自治示范村居"。

2011 年 8 月，贾家村被中共高安市委、高安市人民政府评为"2006—2010 年全市普法依法治理先进单位"。

2011 年 9 月，贾家村被中国生态文化协会评为"全国生态文化村"。

2013 年 2 月，贾家村被江西省旅游景区质量等级评定委员会评为"江西省 AAAA 级乡村旅游点"。

2013 年 2 月，贾家村被中共宜春市纪委、宜春市监察局评为"宜春市农村基层党风廉政建设示范点"。

2013 年 2 月，贾家村被中共新街镇委员会、新街镇人民政府评为"2012 年度综合先进单位"。

2013 年 3 月，贾家村被中共江西省委、江西省人民政府评为"江西省第四届文明村镇"。

图书在版编目(CIP)数据

畲山之望:高安贾家村档案/龚志强,江小蓉编著.—长沙:
岳麓书社,2018.8
(江西古村落档案丛书/王德保主编)
ISBN 978-7-5538-0899-4

Ⅰ.①畲...　Ⅱ.①龚...②江...　Ⅲ.①村史—高安
Ⅳ.①K295.65

中国版本图书馆 CIP 数据核字(2018)第 035448 号

SHE SHAN ZHI WANG: GAO'AN JIAJIA CUN DANG'AN
畲山之望:高安贾家村档案
编　　著:龚志强　江小蓉
责任编辑:胡宝亮
责任校对:舒　舍
书籍设计:风格八号

岳麓书社出版发行
地址:湖南省长沙市爱民路 47 号
直销电话:0731-88804152　0731-88885616
邮编:410006
岳麓书社网址:www.yueluhistory.com

2018 年 8 月第 1 版第 1 次印刷
开本:640mm×960mm　1/16
印张:18
字数:233 千字
ISBN 978-7-5538-0899-4
定价:65.00 元

承印:北京虎彩文化传播有限公司

如有印装质量问题,请与本社印务部联系
电话:0731-88884129